Knaur.

Knaur.

Über die Autorin:

Waris Dirie, geboren 1965, floh im Alter von 14 Jahren aus ihrer Heimat Somalia, um ihrer Zwangsverheiratung zu entgehen. In London schlug sie sich mit Gelegenheitsjobs durch und wurde schließlich als Model entdeckt. Seit 1994 ist sie UN-Sonderbotschafterin gegen Genitalverstümmelung. Mit der 2003 von ihr gegründeten Waris-Dirie-Foundation kämpft sie weltweit gegen FGM (Female Genital Mutilation).

Waris Dirie lebt heute in Wien. Im März 2005 wurde ihr die österreichische Staatsbürgerschaft verliehen. Ihr Sohn lebt in der Zwischenzeit bei seinem Vater in den USA.

Waris Dirie
mit Cathleen Miller

Wüstenblume

Aus dem Amerikanischen
von Bernhard Jendricke
Christa Prummer-Lehmair
Gerlinde Schermer-Rauwolf
Barbara Steckhan

Knaur Taschenbuch Verlag

Die amerikanische Originalausgabe erschien 1998
unter dem Titel »Desert Flower«
bei William Morrow, Inc., New York.

Wüstenblume ist Waris Diries Lebensgeschichte, basierend auf ihrer Erinnerung. Alle im Buch vorkommenden Personen sind Personen des wirklichen Lebens. Um ihre Privatsphäre zu schützen, werden die meisten von ihnen unter Pseudonym vorgestellt.

Besuchen Sie uns im Internet:
www.knaur.de

Vollständige Taschenbuchausgabe April 2007
Knaur Taschenbuch
Ein Unternehmen der Droemerschen Verlagsanstalt
Th. Knaur Nachf. GmbH & Co. KG, München

Umschlaggestaltung: ZERO Werbeagentur, München
Umschlagabbildung: Koto Bolof, Agentur Z, New York
Druck und Bindung: CPI – Clausen & Bosse, Leck
Printed in Germany
ISBN 978-3-426-50194-8

2 4 5 3 1

Für Mama

Auf dem Weg des Lebens – sei es in tobenden Stürmen, im wärmenden Sonnenschein oder mitten im Auge eines Zyklons – hängt es allein vom Willen ab, ob man überlebt oder nicht. Deshalb widme ich dieses Buch der Frau, auf deren Schultern ich mich stütze und deren Kraft nie versagt: meiner Mutter Fattuma Ahmed Aden.

Sie zeigte vor ihren Kindern selbst angesichts größter Not noch unerschütterliche Zuversicht. Gerecht teilte sie ihre Liebe zwischen uns zwölf Geschwistern auf (allein das schon eine erstaunliche Leistung) und legte eine Weisheit an den Tag, die den klügsten Gelehrten beschämen würde.

Wenngleich sie viele Opfer bringen mußte, beklagte sie sich fast nie. Und wir, ihre Kinder, wußten stets, daß sie vorbehaltlos gab, was sie hatte, wie wenig es auch sein mochte. Mehr als einmal mußte sie den Verlust eines Kindes beklagen, dennoch bewahrte sie sich die Kraft, für das Überleben der anderen weiterzukämpfen. Ihre Großzügigkeit und ihre innere wie äußere Schönheit sind einzigartig.

Mama, ich liebe, schätze und achte dich. Und ich danke Allah, dem Allmächtigen, daß er mir dich zur Mutter gab. Möge es mir vergönnt sein, deinem Vorbild zu folgen und meinen Sohn mit der gleichen unerschöpflichen Liebe aufzuziehen wie du deine Kinder, darum bete ich.

Oh, du bist das feine Tuch, in das der junge Herr sich hüllt,
Der kostbare Teppich, für den man Tausende zahlt.
Werde ich je eine finden, die so einzigartig ist wie du?
Ein Schirm kann zerbrechen, du jedoch bist stark wie geschmiedetes Eisen.
Oh, du bist wie Gold aus Nairobi, aufs feinste verziert,
Du bist die aufgehende Sonne, das erste Licht des Morgens,
Werde ich je eine finden, die so einzigartig ist wie du?

Altes somalisches Gedicht

1. *Die Ausreißerin*

Ein leises Geräusch weckte mich. Ich öffnete die Augen und starrte direkt in das Gesicht eines Löwen. Sofort war ich hellwach. Ich riß meine Augen so weit auf, als ob das Tier vor mir darin Platz finden müßte. Da ich seit Tagen nichts gegessen hatte, war ich viel zu schwach, um aufzustehen, und meine Beine gaben schon bei dem Versuch zitternd unter mir nach. Matt ließ ich mich an den Baum zurücksinken, in dessen Schatten ich, geschützt vor der gnadenlosen Sonne der afrikanischen Wüste, Rast gemacht hatte. Ich legte ruhig den Kopf an den Stamm, schloß die Augen und spürte die rauhe Baumrinde an meinem Schädel. Der Löwe war so nahe, daß ich in der sengenden Hitze seinen fauligen Atem roch. Und so sprach ich zu Allah: »Nun ist es vorbei, Herr. Nimm mich zu dir.«

Meine lange Reise durch die Wüste war zu Ende. Ich hatte weder einen Schutz noch eine Waffe und erst recht nicht die Kraft, fortzulaufen. Doch selbst im günstigsten Fall hätte ich gegen den Löwen nicht ankommen können, auch nicht durch die Flucht auf den Baum. Denn wie alle Katzen sind Löwen ausgezeichnete Kletterer und mit ihren langen Krallen weit schneller als ein Mensch. Bevor ich den Baum auch nur zur Hälfte hinaufgestiegen wäre, hätte er mich schon mit einem Prankenhieb erledigt. Tapfer schlug ich die Augen auf. »Komm und hol mich«, sagte ich zu dem Löwen. »Ich bin bereit.«

Es war ein prächtiges Männchen mit einer goldenen Mähne und einem langen Schwanz, mit dem er hin und her schlug, um die Fliegen zu verscheuchen. Er war etwa fünf oder sechs Jahre alt, jung und gesund. Und ich wußte, er konnte mich mit einem Schlag töten; nicht umsonst hieß er der König der Wüste. Im Laufe meines Lebens hatte ich oft genug beobachtet, wie er Weißschwanzgnus und Zebras schlug, die Hunderte von Pfund schwerer waren als ich.

Der Löwe starrte mich an. Langsam blinzelten seine honiggelben Augen. Ich starrte regungslos zurück. Der Löwe wandte den Blick wieder ab. »Mach schon. Komm und hol mich.« Er blickte mich erneut an und sah wieder fort. Schließlich leckte er sich das Maul und setzte sich auf seine Hinterbacken, stand aber gleich wieder auf und stolzierte mit aufreizend geschmeidigen Schritten vor mir auf und ab. Völlig überraschend drehte er sich plötzlich um und trabte davon. Wahrscheinlich war er zu dem Ergebnis gekommen, daß ich zu wenig Fleisch auf den Rippen hatte und es sich nicht lohnte, mich zu verspeisen. Ich sah ihm nach, bis sein gelbbraunes Fell mit dem Wüstensand eins geworden war.

Als mir klarwurde, daß der Löwe mich nicht reißen würde, atmete ich keineswegs erleichtert auf. Ich hatte mich nicht gefürchtet, ich war zum Sterben bereit gewesen. Doch offensichtlich hatte Allah, der immer mein bester Freund gewesen war, für mich etwas anderes im Sinn, hatte er einen Grund, mich am Leben zu lassen. »Was wird das sein?« fragte ich mich. Und ich bat: »Nimm mich, und führe mich.« Dann rappelte ich mich hoch.

Auf dieser alptraumhaften Reise befand ich mich deshalb, weil ich vor meinem Vater davongelaufen war. Ich war etwa dreizehn und hatte mit meiner Familie, einem Nomadenstamm, in der Wüste Somalias gelebt, als mein Vater eines Tages verkündete, meine Heirat mit einem alten Mann sei beschlossene Sache. Mir war klar, daß ich rasch handeln mußte, denn sonst würde plötzlich mein künftiger Mann vor mir stehen, um mich abzuholen. Also erklärte ich Mama, daß ich fortlaufen würde; ich wollte zu meiner Tante, der Schwester meiner Mutter, die in Mogadischu, der Hauptstadt Somalias, wohnte. Natürlich war ich nie zuvor in Mogadischu gewesen – und auch sonst in keiner Stadt. Ich hatte auch meine Tante noch nie gesehen. Doch mit der Zuversicht eines Kindes ging ich davon aus, daß sich wie durch ein Wunder alles zum Besten wenden würde.

Mein Vater und der Rest der Familie schliefen, als meine Mutter mich weckte. »Geh jetzt«, sagte sie. Ich sah mich um, ob es irgend etwas gab, was ich mitnehmen konnte, doch da war nichts – keine Wasserflasche, kein Krug Milch, kein Korb mit Essen. Barfuß und nur in einen Schal gehüllt rannte ich in die schwarze Wüstennacht.

Ich hatte keine Ahnung, wo Mogadischu lag, und so lief ich einfach drauflos. Zunächst kam ich wegen der Dunkelheit nur langsam voran; immer wieder stolperte ich über Wurzeln und Steine. Schließlich beschloß ich, mich einfach erst einmal hinzusetzen. Denn überall in Afrika gibt es Schlangen, und vor Schlangen hatte ich schreckliche Angst. Bei jeder Wurzel, an die ich stieß, bildete ich mir ein, es sei eine Gift verspritzende Kobra. Ich setzte mich hin und sah zu, wie der Himmel allmählich heller wurde. Aber noch ehe die Sonne aufging, huschte ich davon wie eine Gazelle. Ich rannte und rannte und rannte, Stunde um Stunde.

Gegen Mittag war ich weit in die rote Wüste vorgedrungen und mit meinen Gedanken noch viel weiter geeilt. Wohin lief ich verdammt noch mal überhaupt? Ich hatte keine Ahnung, an welchen Ort mich die eingeschlagene Richtung bringen würde. Unermeßlich weit erstreckte sich das Land vor mir, nur hin und wieder unterbrachen eine Akazie oder ein Dornbusch die Leere. Meilen über Meilen nichts als Sand. Meine Schritte wurden allmählich langsamer, bis ich hungrig, durstig und müde nur mehr dahintrottete. Dumpf und ratlos fragte ich mich, was mich in meinem neuen Leben erwartete. Wie würde es weitergehen?

Während ich noch über diese Frage nachsann, glaubte ich plötzlich, die Stimme meines Vaters zu hören. »Waris! Waris!« rief er. Ich wirbelte herum, blickte suchend umher, konnte jedoch niemanden entdecken. »Vielleicht habe ich mir das nur eingebildet«, dachte ich. »Waris! Waris!« tönte es von überallher. Die Stimme klang flehend, ich hatte aber trotzdem Angst. Wenn er mich fand, würde er mich zurückbringen und zwingen, diesen Mann zu heiraten, mich außerdem vielleicht noch schlagen. Nein, es war keine Einbildung, da war mein Vater, und er kam immer näher. Jetzt lief ich wirklich, so schnell ich konnte. Trotz meines Vorsprungs von mehreren Stunden hatte Papa mich eingeholt. Wie mir später klarwurde, war er einfach meinen Fußspuren im Sand gefolgt.

Dabei hatte ich gemeint, mein Vater sei zu alt, um mich einzuholen, denn ich war jung und schnell und er in meiner kindlichen Vorstellung fast schon ein Greis. Heute muß ich lachen, wenn ich daran denke, denn zu dieser Zeit kann er nicht älter als Mitte dreißig gewesen sein. Wir waren alle ausgesprochen gut trainiert: Da wir weder über Autos noch über öffentliche Verkehrsmittel verfügten, legten wir alle Strecken zu Fuß zurück. Und ich war schnell, ob ich nun entlaufene Tiere einfing, eine Wasserstelle suchte oder mich bei Einbruch der Dämmerung beeilte, um noch bei Tageslicht zum Lagerplatz zurückzukehren.

Nach einer Weile war von meinem Vater nichts mehr zu hören, und so verfiel ich in einen normalen Laufschritt. Wenn ich immer weiterrenne, wird Papa irgendwann müde und kehrt zu den anderen zurück, überlegte ich. Doch als ich mich umdrehte, sah ich ihn hinter mir einen Hügel hinunterkommen. Er hatte mich gleichfalls entdeckt. Voller Angst rannte ich schneller. Und noch schneller. Ich stürmte die Sanddünen hoch und glitt an ihnen herunter. So ging es stundenlang, bis mir irgendwann klarwurde, daß ich ihn seit einiger Zeit nicht mehr gesehen hatte. Und ich hörte ihn auch nicht mehr rufen.

Mit klopfendem Herzen kauerte ich mich schließlich hinter einen Busch und sah mich um. Nichts. Ich lauschte aufmerksam. Niemand zu hören. Als ich an eine Felsplatte kam, hielt ich an, um mich auszuruhen. Doch ich hatte aus meinem Fehler der letzten Nacht gelernt, und als ich meinen Weg fortsetzte, blieb ich auf dem harten Boden am Rand der Felsen, bevor ich eine neue Richtung einschlug, damit mein Vater keine Fußspuren mehr entdeckte, denen er folgen konnte.

Papa, so überlegte ich, befand sich jetzt wohl auf dem Rückweg zu den anderen, denn mittlerweile ging die Sonne unter. Allerdings würde er sie bei Tageslicht nicht mehr erreichen. Er mußte durch die Dunkelheit laufen, sich seinen Weg anhand der abendlichen Geräusche unserer Familie suchen, sich nach den Stimmen lachender, schreiender Kinder und dem Muhen und Mähen der Tiere richten. In der Wüste wird der Klang vom Wind weit getragen, und wenn wir uns nachts verlaufen hatten, dienten uns die Geräusche als Wegweiser.

Nachdem ich eine Weile an den Felsen entlanggelaufen war, schlug ich eine neue Richtung ein. Welche, spielte keine Rolle, denn ich wußte ja ohnehin nicht, wo Mogadischu lag. Ich rannte weiter bis Sonnenuntergang, bis die Dunkelheit anbrach und die Nacht so schwarz war, daß ich nichts mehr sehen konnte. Ich hatte mittlerweile so großen Hunger, daß ich an nichts anderes mehr denken konnte als an Essen. Meine Füße bluteten. Ich setzte mich unter einen Baum und schlief ein.

Am Morgen weckte mich die brennende Sonne.

Als ich die Augen öffnete, sah ich über mir die Blätter eines prächtigen Eukalyptusbaums, der in den Himmel ragte. Nach und nach wurde mir klar, was geschehen war. *O Allah, ich bin ganz allein. Was soll ich nur tun?*

Ich stand auf und lief weiter. Dies hielt ich über Tage hinweg durch; wie viele es waren, weiß ich nicht. Ich weiß lediglich, daß es Zeit für mich nicht mehr gab, es gab nur noch Hunger, Durst, Angst und Schmerzen. Wenn ich abends in der Dunkelheit nichts mehr sehen konnte, setzte ich mich hin und ruhte mich aus. Und mittags, wenn die Sonne am höchsten stand, hockte ich mich unter einen Baum und machte Rast.

In einer dieser Mittagspausen weckte mich der Löwe aus meinem Schlummer. Mittlerweile war mir meine Freiheit egal; ich wollte nur noch zurück zu Mama. Nach meiner Mutter sehnte ich mich mehr als nach Essen und Trinken. Und obwohl wir es gewohnt waren, einen oder zwei Tage ohne Nahrung und Flüssigkeit auszukommen, wußte ich, daß ich auf diese Weise kaum noch länger überleben konnte. Ich fühlte mich so matt, daß mir jede Bewegung schwerfiel, und meine Füße waren so aufgeschürft und entzündet, daß mich jeder Schritt schmerzte. Als der Löwe vor mir saß und sich hungrig das Maul leckte, hatte ich bereits aufgegeben. Ein schneller Tod durch das Raubtier erschien mir als willkommener Ausweg aus meinem Elend.

Doch der Löwe sah die Knochen, die sich unter meiner Haut abzeichneten, sah meine eingefallenen

Wangen, meine hervortretenden Augen, und wandte sich ab. Ich weiß nicht, ob er Mitleid mit mir hatte oder zu der vernünftigen Einschätzung kam, daß ich keine lohnende Mahlzeit abgeben würde. Aber vielleicht hatte in diesem Augenblick auch Allah seine Hand im Spiel. Er würde nicht so unbarmherzig sein, überlegte ich, und mich verschonen, nur um mich des viel grausameren Hungertodes sterben zu lassen. Er hatte mich für etwas anderes vorgesehen, und so flehte ich ihn an, mir beizustehen. »Hier bin ich, leite mich.« An den Baumstamm gestützt, richtete ich mich auf und bat um seine Hilfe.

Dann marschierte ich wieder los. Nach wenigen Minuten kam ich an einen Flecken, auf dem Kamele grasten. Ich suchte mir das Tier aus, das die meiste Milch hatte, lief zu ihm hin und saugte an seinem Euter wie ein Baby. Der Hirte sah, was ich tat. »Verschwinde, du kleines Miststück!« brüllte er und ließ seine Peitsche knallen. Doch verzweifelt, wie ich war, saugte ich weiter und schluckte soviel Milch, wie ich konnte.

Mittlerweile lief der Hirte brüllend und schimpfend auf mich zu, denn er wußte, wenn er mich nicht rasch verjagte, wäre das Euter leer. Ich aber hatte mich schon sattgetrunken und rannte wieder los. Der Mann jagte mir nach, und seine Peitsche traf mich ein paarmal, ehe ich ihm entkam. Doch ich war schneller als er, und fluchend blieb er in der Nachmittagssonne stehen.

Nun, da ich getrunken hatte, kehrte meine Kraft zurück. Ich lief und lief, bis ich auf ein Dorf stieß. Eine derartige Ansiedlung mit Gebäuden und Straßen aus festgestampfter Erde hatte ich noch nie zuvor gesehen. Ich marschierte mitten auf der Straße, weil ich davon ausging, daß man das so tat. Staunend verrenkte ich den Hals, weil ich soviel wie möglich von der seltsamen Umgebung in mich aufnehmen wollte. Eine Frau, die vorbeikam, musterte mich von oben bis unten. »Was bist du dumm!« rief sie. »Für wen hältst du dich?« Dann wandte sie sich an die anderen Passanten. »Du meine Güte! Seht euch ihre Beine an!« Sie zeigte auf meine blutigen, verschorften Füße. »Herr im Himmel! Sie muß eines von diesen dummen Mädchen vom Lande sein.« Die Frau kannte sich aus. »Wenn dir dein Leben lieb ist, Kleine, geh von der Straße! Geh von der Straße!« Sie zeigte auf den Straßenrand, dann lachte sie.

Ich schämte mich furchtbar. Mit hängendem Kopf trottete ich weiter mitten auf der Straße, denn mir war nicht klar, was die Frau gemeint hatte. Kurz darauf kam ein Lastwagen. Rasch sprang ich zur Seite. Dann stellte ich mich dem Verkehr entgegen, und während die Autos auf mich zurasten, streckte ich die Hand aus. Ich hoffte auf jemanden, der anhielt und mir half. Das kann man nicht unbedingt trampen nennen, denn damals wußte ich noch nicht, was trampen war. Ich stand einfach auf der Straße und streckte die Hand aus, um jemanden anzuhalten. Ein Wagen schoß an mir vorbei und riß mir beinahe den Arm ab, und so zog ich ihn blitzschnell an den Körper. Beim nächsten Mal streckte ich die Hand nicht ganz so weit heraus wie zuvor und trat ein wenig zur Seite, ging jedoch weiter die Straße entlang. Während ich den Leuten, die in ihren Autos an mir vorbeifuhren, ins Gesicht sah, betete ich stumm, daß einer anhielt und mich mitnahm.

Schließlich stoppte ein Lastwagen neben mir. Auf das, was dann geschah, bin ich nicht gerade stolz, doch es ist nun einmal passiert, und so muß ich auch die Wahrheit sagen. Wenn ich daran denke, wie der Wagen vor mir stehenblieb, wünsche ich selbst heute noch, ich hätte meinem Gefühl getraut und ihn weiterfahren lassen.

Auf der Ladefläche lag ein Haufen spitzer, etwa faustgroßer Steine für eine Baustelle. Zwei Männer saßen in der Kabine; der Fahrer öffnete die Tür. »Hüpf rein, Süße«, sagte er in Somali. Ich fühlte mich wehrlos, mir war übel vor Angst.

»Ich will nach Mogadischu«, erklärte ich.

»Wir bringen dich, wohin du willst«, antwortete er grinsend. Beim Lächeln zeigte er rötlich verfärbte Zähne. Ich wußte, daß diese Farbe nicht von Tabak stammte, sondern von einer Pflanze, die ich meinen Vater einmal hatte kauen sehen – Khat, ein Rauschmittel vergleichbar mit Kokain, das die Männer in Afrika nehmen. Frauen dürfen es nicht anrühren, und das ist auch gut so, denn die Männer, die es kauen, werden davon zügellos, reizbar und aggressiv. Khat hat schon manch ein Leben zerstört.

Mir war klar, daß ich in der Patsche saß, doch weil ich mir nicht zu helfen wußte, nickte ich nur. Der Fahrer bedeutete mir, auf die Ladefläche zu klettern. Froh, nicht direkt neben den beiden sitzen zu müssen, stieg ich hinten auf. Ich hockte mich in eine Ecke und machte es mir auf den Steinen so bequem, wie es ging. Mittlerweile war es dunkel und kalt geworden, und als der Laster losfuhr, kauerte ich mich hin, um im Fahrtwind nicht allzusehr zu frieren.

Als nächstes erinnere ich mich, daß der Beifahrer auf den Steinen neben mir kniete. Er war Mitte vierzig und häßlich, unglaublich häßlich! Er hatte kaum noch Haare, war fast schon kahl. Wohl zum Ausgleich hatte er sich einen kleinen Schnauzbart wachsen lassen. Seine wenigen noch übriggebliebenen Zähne waren Stummel und vom Khat schmutzigrot. Trotzdem stellte er sie stolz zur Schau, als er mich angrinste. Solange ich lebe, nie werde ich dieses Gesicht vergessen, das lüstern auf mich herabstarrte.

Außerdem war er fett, wie ich feststellte, nachdem er sich die Hose heruntergezogen hatte. Sein erigierter Penis schwankte. Er griff nach meinen Beinen und versuchte, sie auseinanderzudrücken.

»O bitte nicht! Bitte nicht!« jammerte ich. Ich schlang meine mageren Schenkel übereinander und schloß sie fest zusammen. Er rang mit mir, zerrte an meinen Beinen. Als er merkte, daß er damit keinen Erfolg hatte, hob er die Hand und schlug mir mit aller Kraft ins Gesicht. Ich stieß einen schrillen Schrei aus, der hinter mir in der Nacht verhallte.

»Verdammt! Mach die Beine breit!« Mittlerweile hockte er mit seinem ganzen Gewicht auf mir. Die rauhen Kanten der Steine schnitten mir in den Rücken. Er riß die Hand hoch und schlug mich erneut, diesmal noch härter. Bei seinem zweiten Schlag wurde mir klar, daß ich mir etwas einfallen lassen mußte, denn ich besaß zu wenig Kraft, um gegen ihn anzukommen. Außerdem wußte dieser Mann offensichtlich ganz genau, was er tat. Im Gegensatz zu mir hatte er Erfahrung und zweifellos schon viele Frauen vergewaltigt – ich war einfach nur die nächste. Ich wünschte ihm aus tiefstem Herzen den Tod, aber ich hatte keine Waffe zur Hand.

Deshalb spielte ich ihm vor, daß ich ihn wollte. »Na gut. Na gut«, säuselte ich. »Aber erst muß ich noch pinkeln.« Ich sah, daß er immer erregter wurde – he, diese Kleine wollte ihn haben –, und er ließ mich los. Ich ging in die entgegengesetzte Ecke der Ladefläche, hockte mich hin und tat, als würde ich urinieren. So gewann ich ein paar Minuten, in denen ich mir meine nächsten Schritte überlegen konnte. Als ich meine kleine Vorstellung beendet hatte, stand mein Plan fest. Ich nahm den größten Stein, den ich finden konnte, verbarg ihn in der Hand, kehrte zurück und legte mich neben den Mann.

Als er auf mich kletterte, schlossen sich meine Finger fester um den Stein. Dann donnerte ich ihm meine Waffe mit aller Kraft seitlich an den Kopf, mitten auf die Schläfe. Bei meinem ersten Schlag wurde er benommen. Ich schlug ein zweites Mal zu, und er sank in sich zusammen. Wie ein Krieger verfügte ich plötzlich über gewaltige Kräfte, von denen ich nie gedacht hätte, daß ich sie besaß. Aber wenn dich jemand angreift und dich töten will, wirst du stark und merkst erst dann, was alles in dir steckt. Obwohl der Mann reglos dalag, schlug ich noch einmal zu. Blut trat aus seinem Ohr.

Sein Freund, der Fahrer, beobachtete das Geschehen von der Kabine aus. »Was zum Teufel ist da hinten los?« brüllte er. Gleichzeitig suchte er nach einer Stelle im Busch, wo er anhalten konnte. Ich wußte, wenn er mich in die Finger bekam, war es aus mit mir. Als der Laster langsamer wurde, krabbelte ich zum hinteren Ende der Ladefläche und ließ mich wie eine Katze auf den Boden fallen. Dann rannte ich um mein Leben.

Der Fahrer, ein alter Mann, sprang aus dem Wagen. »Du hast meinen Freund umgebracht!« schrie er heiser. »Komm zurück! Du hast ihn umgebracht!« Ein kurzes Stück verfolgte er mich durch das trockene Gestrüpp, dann gab er auf. Das dachte ich zumindest.

Doch er kletterte wieder ins Fahrerhaus, startete den Motor und folgte mir mit dem Lastwagen in die Wüste. Das Scheinwerferlicht strich neben mir über den Boden, laut dröhnte der Motor in meinen Ohren. Obwohl ich so schnell rannte, wie ich konnte, holte der Wagen auf. Verzweifelt schlug ich Haken, rannte im Kreis. Irgendwann hatte er mich endlich aus den Augen verloren; er gab auf und fuhr wieder zurück auf die Straße.

Gleich einem Tier auf der Flucht vor seinem Jäger hastete ich über die Ebene. Ich ließ die Sandsteppe hinter mir, durchquerte ein Stück Dschungel, kam wieder in die Wüste, ohne zu wissen, wo ich war. Die Sonne ging auf, aber ich lief weiter. Schließlich stieß ich auf eine andere Straße. Obwohl mir übel vor Angst war, wenn ich daran dachte, was alles geschehen konnte, beschloß ich, wieder zu trampen. Ich wollte den Lastwagenfahrer und seinen Freund so weit wie möglich hinter mir lassen. Was mit meinem Angreifer geschehen ist, nachdem ich ihn mit dem Stein niedergeschlagen hatte, habe ich nie erfahren. Doch einen der beiden wiederzusehen, war so ungefähr das letzte, was ich wollte.

Als ich an diesem Morgen im Sonnenschein an der Straße stand, muß ich einen reizenden Anblick geboten haben. Mein Schal war nur noch ein schmutziger Fetzen. Seit Tagen war ich durch die Wüste gelaufen, meine Haut und meine Haare waren staubverkrustet, meine Arme und Beine mager wie vom Wind gepeitschte Zweige und meine Füße wie bei einem Leprakranken mit Wunden überzogen. Als ein Mercedes vorbeikam, streckte ich die Hand aus und winkte. Ein elegant gekleideter Mann lenkte den Wagen an die Seite, und ich kletterte auf den Ledersitz. Bei all der Pracht verschlug es mir den Atem. »Wohin willst du?« fragte der Mann.

»Dahin.« Ich wies in die Richtung, in die der Mercedes bereits fuhr. Der Mann öffnete den Mund, zeigte blitzend weiße Zähne und begann zu lachen.

2. *Vom Aufwachsen mit Tieren*

Ehe ich von zu Hause fortlief, hatte es für mich nichts Wichtigeres gegeben als die Natur, die Familie und die enge Beziehung zu den Tieren, die unser Überleben sicherten. In meinen ersten Lebensjahren war ich, wie alle anderen Kinder auf der Welt, vernarrt in Tiere. Eine meine frühesten Erinnerungen ist die an meinen Lieblingsziegenbock Billy. Billy war mein Schatz, mein ein und alles, und vielleicht liebte ich ihn deshalb so sehr, weil er noch klein war, so wie ich. Ich steckte ihm jeden Leckerbissen zu, den ich auftreiben konnte, bis er der pummeligste und glücklichste Ziegenbock der ganzen Herde war. »Warum ist dieses eine Tier so fett und die anderen so mager?« fragte meine Mutter immer wieder. Billy bekam bei mir alles, was er brauchte, ich striegelte und streichelte ihn und sprach stundenlang mit ihm.

Mein Verhältnis zu Billy war typisch für unser Leben in Somalia, denn das Schicksal unserer Familie war mit dem unserer Herden aufs engste verknüpft. Da wir von den Tieren abhängig waren, empfanden wir große Achtung vor ihnen, die sich auf all unser Handeln auswirkte. Wir Kinder mußten die Herden hüten, eine Aufgabe, bei der wir mithalfen, kaum daß wir laufen konnten. Wir wuchsen mit den Tieren auf, uns ging es gut, wenn es ihnen gutging, wir litten, wenn sie litten, und wir siechten dahin, wenn sie starben. Obwohl wir Rinder, Schafe und Ziegen hielten und ich meinen kleinen Billy sehr liebte, stand doch außer Frage, daß unser wichtigster Besitz die Kamele waren.

Ein Kamel ist in Somalia etwas ganz Besonderes; hier gibt es mehr Kamele als in jedem anderen Land der Welt, sogar mehr Kamele als Einwohner. Unzählige der mündlich überlieferten Gedichte unseres Landes beschäftigen sich mit dem Kamel und seiner Bedeutung für unsere Kultur. Meine Mutter sang beispielsweise oft ein Lied, dessen Text sinngemäß lautet: »Mein Kamel ist fort. Es ist bei dem bösen Mann; entweder schlachtet er es, oder er nimmt es mir weg. Daher bitte ich, flehe ich, gib mir mein Kamel zurück!« Seit meinen frühesten Kindertagen weiß ich, daß diese Tiere in unserer Gesellschaft so kostbar sind wie pures Gold. Ohne sie hat man in der Wüste keine Chance.

Ein somalischer Dichter hat es einmal so formuliert:

Die Kamelstute ist dem eine Mutter,
dem sie gehört;
doch der Kamelhengst ist die Ader,
an der das Leben hängt ...

So wird sogar ein Menschenleben in Kamelen aufgewogen; der Preis für einen Ermordeten beträgt hundert Kamele. Wenn der Clan des Mörders der Familie des Toten nicht hundert Kamele gibt, kann der

Stamm des Ermordeten Vergeltung üben und ihn angreifen. Auch der traditionelle Brautpreis wird gewöhnlich in Kamelen gezahlt. Wichtiger ist jedoch, daß uns die Kamele jeden Tag aufs neue überleben halfen, denn kein Tier ist so gut für die Wüste gerüstet wie das Kamel. Normalerweise muß es einmal in der Woche getränkt werden, aber es kann auch bis zu einem Monat ohne Wasser auskommen. Gleichzeitig gibt uns die Kamelkuh Tag für Tag ihre Milch, die unseren Hunger stillt und unseren Durst löscht, was enorm wichtig ist, wenn keine Wasserstelle in Reichweite liegt. Selbst bei höchsten Temperaturen speichert das Kamel Flüssigkeit und kann so überleben. Zum Fressen begnügt es sich mit den dürren Büschen in unserer kargen Landschaft, so daß die Grasflecken den anderen Tieren bleiben.

Kamele tragen uns und unsere spärlichen Besitztümer durch die Wüste; mit Kamelen bezahlen wir unsere Schulden. In anderen Ländern steigt man einfach in sein Auto und fährt los, doch wir hatten als Transportmittel neben unseren eigenen Füßen nur das Kamel.

Vom Charakter her ähnelt das Kamel dem Pferd. Es entwickelt eine enge Beziehung zu seinem Herrn und tut für ihn Dinge, die es für sonst niemanden tun würde. Die Männer reiten die jungen Kamele zu – ein gefährliches Unterfangen – und bringen ihnen bei, einen Reiter zu tragen und seinen Befehlen zu gehorchen. Dabei ist eine strenge Hand erforderlich, denn sobald Kamele Schwäche spüren, werfen sie den Reiter ab oder schlagen aus.

Wie fast alle Somalis lebten wir als Hirten auf dem

Lande. Zwar mußten wir täglich ums Überleben kämpfen, doch gemessen an den Maßstäben unseres Landes galten wir mit unseren großen Herden von Kamelen, Rindern, Schafen und Ziegen als wohlhabend. Wie es bei uns üblich war, hüteten meine Brüder die großen Tiere wie Kamele und Rinder, während wir Mädchen für die kleineren verantwortlich waren.

Wir waren Nomaden, immer unterwegs, nie länger als drei, vier Wochen an einem Ort. Ständig mußten wir weiterziehen, um Nahrung und Wasser für unsere Tiere zu suchen – die beiden Lebensgrundlagen, die in dem trockenen Klima Somalias nur schwer zu finden waren.

Unsere Unterkunft bestand aus einer tragbaren Hütte aus Gras, die ähnlich eingesetzt wurde wie ein Zelt. Wir bauten ein Gerüst aus Zweigen, das eine Kuppel von knapp zwei Metern Durchmesser bildete. Meine Mutter hatte dafür Matten aus Gras gewebt, die auf diesem Gerüst ausgebreitet wurden. Wenn wir weiterzogen, nahmen wir die Matten ab und schnürten sie gemeinsam mit den Zweigen und unseren anderen Habseligkeiten auf den Rücken der Kamele. Kamele sind ungeheuer kräftig; sie trugen außerdem noch die Babys und die kleinen Kinder, während wir anderen neben ihnen herliefen und die Herden zu unserem neuen Lagerplatz trieben. Sobald wir auf einen Flecken mit Wasser und Pflanzen stießen, schlugen wir wieder unser Lager auf.

Die Hütte war die Unterkunft für die Kleinsten, sie bot uns Schatten vor der Mittagssonne, und sie diente als Lagerraum für die frische Milch. Nachts schliefen wir anderen unter freiem Himmel, wobei sich die Kinder auf einer Matte aneinanderkuschelten. Nach Sonnenuntergang wird es kalt in der Wüste, und da wir weder genügend Decken für jedes Kind noch warme Kleidung besaßen, wärmten wir uns gegenseitig mit unseren Körpern. Mein Vater bekam den Platz ganz außen, damit er die Familie schützen konnte.

Bei Tagesanbruch standen wir auf. Als erstes mußten wir hinausgehen zu den Tierpferchen, um die Herden zu melken. Wo immer wir waren, schnitten wir Zweige von den Bäumen, aus denen wir die Umzäunung der Pferche bauten, damit die Tiere des Nachts nicht fortliefen. Die Jungtiere bekamen getrennt von ihren Müttern ihren eigenen Pferch, um zu verhindern, daß sie die ganze Milch wegtranken. Zu meinen Aufgaben gehörte das Melken der Rinder. Wir stellten aus einem Teil der frischen Milch Butter her, ließen aber noch genug davon für die Kälber übrig, die nach dem Melken hereingelassen wurden.

Zum Frühstück tranken wir dic nahrhafte Kamelmilch. Sie ist wegen ihres hohen Anteils an Vitamin C gesünder als jede andere Tiermilch. Weil unser Land so trocken war, konnten wir darauf keine Feldfrüchte anbauen, und so gab es weder Brot noch Gemüse. Manchmal folgten wir der Spur von Warzenschweinen, großen afrikanischen Wildschweinen, die uns zu Pflanzen führten. Sie erschnüffelten eßbare Wurzeln, die sie mit Hufen und Schnauzen ausgruben, um sie zu verspeisen. Oft genug ergänzten wir mit ihrem Fund unseren bescheidenen Speisezettel.

Das Schlachten von Vieh, um Fleisch zu essen, galt bei uns als Verschwendung; wir töteten es nur in Notfällen oder zu besonderen Anlässen wie einer Hochzeit. Die Tiere waren viel zu kostbar für uns, um sie zu töten und zu essen, wir hielten sie wegen ihrer Milch und um sie gegen andere Dinge einzutauschen, die wir brauchten. Wie ernährten uns von Kamelmilch, eine Portion zum Frühstück und eine weitere am Abend. Manchmal reichte es nicht für alle; dann bekamen die Kleinen zuerst, anschließend die älteren Kinder und so weiter. Meine Mutter rührte nichts an, ehe nicht alle anderen satt waren; genaugenommen habe ich sie nie essen sehen, obwohl sie das natürlich getan haben muß. Aber auch wenn das Abendessen einmal völlig ausfiel, wurde kein großes Aufheben darum gemacht. Kein Grund zur Sorge, kein Anlaß zum Jammern und Klagen. Die kleinen Babys mochten weinen, doch die größeren Kinder kannten die Spielregeln und legten sich einfach schlafen. Wir versuchten, fröhlich und ruhig zu bleiben: Morgen würde sich, so Allah wollte, ein Ausweg finden. *In'schallah* lautete unsere Philosophie, Allahs Wille geschehe. Unser Leben hing, wie wir wußten, von der Natur ab, und es war Allah, der sie lenkte, nicht wir.

Ein großes Ereignis war für uns – ähnlich wie ein Feiertag für die Menschen in anderen Teilen der Welt –, wenn mein Vater einen Sack Reis mitbrachte. Zu dem Reis aßen wir unsere selbstgemachte Butter, die wir gewannen, indem wir die Kuhmilch in von meiner Mutter gewebten Körben schüttelten. Manchmal tauschten wir eine Ziege gegen Mais aus den feuchteren Gebieten Somalias. Entweder verarbeiteten wir ihn zu Maisbrei, oder wir gaben ihn in eine Pfanne über dem offenen Feuer und machten Popcorn daraus. Trafen wir mit einer anderen Familie zusammen, wurde geteilt, was immer wir besaßen. Wenn die einen etwas Besonderes hatten – Datteln, Wurzeln oder ein frisch geschlachtetes Tier –, kochten und aßen wir es gemeinsam. Wir teilten unseren Wohlstand, denn obwohl wir die meiste Zeit allein, also lediglich mit einer oder zwei Familien unterwegs waren, gehörten wir doch zu einer größeren Gemeinschaft. Das hatte auch seine praktische Seite, denn da es keinen Kühlschrank gab, mußten Fleisch und andere verderbliche Dinge immer sofort verzehrt werden.

Jeden Morgen nach dem Frühstück wurden die Tiere aus dem Pferch gelassen. Mit sechs Jahren war ich dafür verantwortlich, die Herden mit sechzig, siebzig Schafen und Ziegen zum Grasen in die Steppe zu treiben. Ich nahm meinen langen Stock und machte mich allein mit der Herde auf den Weg. Durch das Liedchen, das ich dabei sang, wies ich ihnen den Weg. Wenn ein Tier aus der Herde ausbrach, scheuchte ich es mit meinem Stab zurück. Sie gingen immer bereitwillig mit, denn sie wußten, wenn sie den Pferch verlassen durften, gab es etwas zu fressen. Man mußte in aller Frühe aufbrechen, um einen guten Platz mit frischem Wasser und ausreichend Gras zu finden. Jeden Morgen suchte ich so schnell wie möglich Wasser, damit ich den anderen Hirten zuvorkam, denn andernfalls würden ihre Tiere das wenige, das es gab, wegsaufen. Und sobald die

Sonne höher stieg, heizte sich sowieso der Boden dermaßen auf, daß alle Flüssigkeit verdampfte. Ich achtete darauf, daß die Tiere sich satt tranken, denn es konnte durchaus eine Woche vergehen, bis wir wieder auf eine Wasserstelle stießen. Oder zwei, vielleicht auch drei, wer wußte das schon. In einer Dürreperiode war es das Schlimmste, mitanzusehen, wie das Vieh starb. Wir zogen weiter, immer weiter, die Tiere versuchten durchzuhalten, doch irgendwann konnten sie nicht mehr. Wenn sie zusammenbrachen, fühlte ich mich elend wie sonst nie im Leben, denn ich wußte, daß ihr Ende gekommen war, und ich konnte nichts dagegen tun.

Das Weideland in Somalia gehört niemandem. Daher war es meine Aufgabe, geschickt zu sein und immer wieder Flecken mit ausreichend Gras für meine Ziegen und Schafe zu suchen. Meine Instinkte waren geschärft, kein Wölkchen am Himmel entging meinem aufmerksamen Blick. Aber auch die anderen Sinne setzte ich ein, denn aufziehenden Regen kann man riechen und spüren.

Während die Tiere grasten, paßte ich auf, daß die in Afrika allgegenwärtigen Raubtiere nicht zu nahe kamen. Hyänen schlichen sich immer wieder an und rissen ein Lamm oder ein Junges, das sich von der Herde entfernt hatte. Außerdem gab es Löwen und Wildhunde. Während sie in Rudeln jagten, mußte ich ganz allein mit ihnen fertigwerden.

Am Stand der Sonne las ich ab, wann ich aufbrechen mußte, um vor Anbruch der Nacht wieder bei meiner Familie zu sein. Oft genug verschätzte ich mich jedoch, und dann bekam ich Probleme. Während ich durch die Dunkelheit stolperte, griffen die Hyänen an, denn sie wußten, daß ich sie nicht sehen konnte. Sobald ich die eine entdeckt hatte, kam eine andere von hinten angeschlichen. Kaum hatte ich die eine verscheucht, war schon die nächste zur Stelle. Die Hyänen sind am schlimmsten, denn sie lassen nicht locker und geben erst Ruhe, wenn sie etwas gerissen haben. Sobald ich des Abends die Tiere in den Pferch trieb, zählte ich sie mehrmals durch, um sicherzugehen, daß keines fehlte. Eines Abends kehrte ich zurück und hatte eine Ziege zu wenig. Ich zählte noch mal, dann ein drittes Mal. Plötzlich fiel mir auf, daß ich Billy nicht gesehen hatte. Ich mischte mich unter die Herde und suchte ihn. Heulend lief ich zu meiner Mutter. »Billy ist fort, Mama! Was soll ich tun?« Aber natürlich war alles zu spät. Sie streichelte mir den Kopf, während ich um meinen kleinen fetten Liebling weinte, den die Hyänen gefressen hatten.

Welche Schicksalsschläge uns sonst auch trafen – Dürreperioden, Krankheit oder Krieg –, die Sorge um unsere Tiere stand für uns immer an erster Stelle. In den Städten Somalias verursachten die ständigen politischen Wirren große Probleme für die Bevölkerung, doch wir waren davon meist abgeschnitten, so daß uns nichts davon weiter berührte. Aber als ich etwa neun Jahre alt war, schlug ein großes Heer in unserer Nähe sein Lager auf. Uns war zu Ohren gekommen, daß die Soldaten Mädchen, die allein unterwegs waren, vergewaltigt hatten, und ich kannte eine, der das zugestoßen war. Die Armee Somalias hätte für uns genausogut ein Heer vom Mars sein können; die Soldaten gehörten nicht zu unserem Stamm, sie waren keine Nomaden, und wir gingen ihnen, soweit möglich, aus dem Weg.

Eines Morgens trug mir mein Vater auf, die Kamele zu tränken, und so zog ich mit der Herde los. In der Nacht war offensichtlich das Heer eingetroffen und hatte an beiden Seiten des Weges sein Lager aufgeschlagen – Zelte und Wagen so weit das Auge reichte. Ich versteckte mich hinter einem Baum und beobachtete die Männer in ihren Uniformen. Weil ich an die Geschichte des Mädchens dachte, fürchtete ich mich, denn ich hatte niemanden dabei, der mich beschützte, so daß die Männer mit mir tun konnten, was ihnen gefiel. Von Anfang an haßte ich sie. Ich haßte ihre Uniformen, ihre Lastwagen, ihre Gewehre. Außerdem wußte ich nicht, was sie hier zu suchen hatten; auch wenn sie vielleicht zur Rettung Somalias im Einsatz waren, wollte ich nichts mit ihnen zu tun haben. Trotzdem brauchten meine Kamele Wasser. Es gab einen Weg, auf dem ich einen Bogen um das Lager schlagen konnte, der jedoch für die Herde zu lang und zu verschlungen war. Also machte ich die Kamele los und ließ sie ohne mich das Lager durchqueren. Wie ich gehofft hatte, marschierten sie geradewegs an den Soldaten vorbei auf die Wasserstelle zu. Ich huschte im Schutz der Büsche und Bäume um das Lager herum und stieß an dem Wasserloch wieder zu den Tieren. Als es dunkel wurde, wiederholten wir das Ganze und kehrten ungeschoren wieder zur Familie zurück.

Wenn ich abends heimkam und meine Herde in den Schutz des Pferchs getrieben hatte, wurde noch einmal gemolken. Die Kamele trugen hölzerne Glocken am Hals. Ihr hohler Klang ist Musik für die Nomaden, denn sie läuten die Abenddämmerung ein, wenn das Melken beginnt. Und dem, der nach Einbruch der Dunkelheit noch unterwegs ist und das Lager sucht, dienen sie als Wegweiser. Während wir unseren Pflichten nachgehen, wird das Himmelszelt immer schwärzer, und ein heller Stern geht auf – Zeit, die Schafe in den Pferch zu treiben. In anderen Ländern kennt man diesen Stern als die Venus, den Planeten der Liebe, doch in meinem Land heißt er *maqal hidhid*, »die Schafe heimtreiben«.

Für mich war das häufig die schwierigste Zeit des Tages, denn da ich schon seit Sonnenaufgang bei der Arbeit war, konnte ich meine Augen oft kaum mehr offenhalten. Einige Male schlief ich ein, während ich durch die Dämmerung lief, und die Ziegen rempelten mich an, oder mir sank beim Melken das Kinn auf die Brust. Wenn mein Vater in diesem Augenblick vorbeikam, war der Teufel los! Ich liebe meinen Vater, aber manchmal konnte er richtig gemein werden – wenn er mich ertappte, wie ich bei der Arbeit schlief, schlug er mich, um mir einzubleuen, daß ich meine Arbeit gewissenhaft und aufmerksam auszuführen hatte. Wenn wir unsere Aufgaben erledigt hatten, gab es Kamelmilch zum Abendessen. Dann sammelten wir Holz für ein großes Feuer, setzten uns in seinen wärmenden Schein und unterhielten uns und lachten miteinander, bis wir schlafen gingen.

An diese Abende erinnere ich mich am liebsten, wenn ich an Somalia zurückdenke: wie wir satt und zufrieden mit meiner Mutter und meinem Vater, mit Brüdern und Schwestern im Kreis saßen und miteinander lachten. Wir versuchten stets, fröhlich und zuversichtlich zu bleiben. Nie hockte jemand da und jammerte und klagte oder fing gar an, über den Tod zu sprechen. Unser Leben war hart; wir brauchten all unsere Kraft zum Überleben, und ungute Gedanken hätten an unserer Substanz gezehrt.

Obwohl wir weitab von den Dörfern lebten, fühlte ich mich nie einsam, denn ich hatte meine Geschwister zum Spielen. Ich kam in der Reihenfolge etwa in der Mitte, hatte einen älteren Bruder, zwei ältere Schwestern und mehrere jüngere Geschwister. Wir spielten endlos Fangen, kletterten wie die Äffchen in die Bäume, hüpften Kästchen, wozu wir mit den Fingern Linien in den Sand zogen, sammelten Kieselsteine und gruben Löcher in den Boden, um das afrikanische Spiel Mancala zu spielen. Wir hatten sogar unsere eigene Version von Jacks, doch anstelle eines Gummiballs warfen wir einen Stein in die Höhe, und ebenso benutzten wir Steine anstatt der Metallstücke als Jacks. Dieses Spiel mochte ich am liebsten; ich war darin sehr geschickt und versuchte ständig, meinen kleinen Bruder Ali zu überreden, es mit mir zu spielen.

Doch vor allem war es eine reine Lust, als Kind in der Wildnis aufzuwachsen, frei in ihr umherzulaufen, ein Teil von ihr zu sein und ihren Anblick, ihre Klänge, ihre Gerüche in sich aufzunehmen. Wir beobachteten ein Rudel Löwen, wie sie den ganzen Tag faul in der Sonne lagen, sich auf dem Rücken wälzten, die Beine in die Luft streckten und schnarchten.

Die Jungen spielten Fangen, genauso wie wir. Wir liefen mit Giraffen, Zebras und Füchsen um die Wette. Besonders gern mochten wir den Klippdachs, ein Tier von der Größe eines Kaninchens, das aber eigentlich zur Familie der Elefanten gehört. Geduldig warteten wir vor ihren Höhlen, bis sich ihr kleiner Kopf zeigte und wir sie durch den Sand hetzen konnten.

Bei einem meiner Streifzüge fand ich ein Straußenei. Ich beschloß, es mitzunehmen, denn ich wollte mitansehen, wie der kleine Strauß schlüpfte, und ihn dann als Haustier behalten. Das Ei hat die Größe einer Bowlingkugel, und gerade als ich es aus seinem als Nest dienenden Sandloch nehmen und forttragen wollte, kam die Straußenmutter und heftete sich an meine Fersen. Strauße sind verflixt schnell, sie schaffen bis zu sechzig Stundenkilometer. Sie hatte mich bald eingeholt und begann – Ka-Ka-Ka –, nach meinem Kopf zu hacken. Ich hatte Angst, sie würde mir die Schädeldecke einschlagen wie eine Eierschale. Rasch legte ich ihr Baby auf den Boden, und dann rannte ich um mein Leben.

An Waldgebiete stießen wir nur selten, aber wenn es doch einmal geschah, taten wir nichts lieber, als die Elefanten zu beobachten. Sobald wir in der Ferne ihr schmetterndes Trompeten hörten, kletterten wir in die Bäume, um sie ausfindig zu machen. Wie Löwen, Affen und Menschen leben die Elefanten in größeren Gemeinschaften. Wenn sie ein Baby in ihrer Mitte haben, sorgen alle ausgewachsenen Tiere – Cousine und Cousin, Tante, Onkel, Schwester, Mutter und Großeltern – dafür, daß ihm keiner zu nahe kommt. Wir Kinder standen oben im Baum und freuten uns. Den Elefanten konnten wir stundenlang zusehen.

Doch mit der Zeit wurden diese glücklichen Tage im Kreise der Familie immer seltener. Meine Schwester lief fort, mein Bruder ging auf die Schule in der Stadt. Ich erfuhr traurige Dinge über meine Angehörigen und über das Leben. Der Regen blieb aus, und es fiel uns immer schwerer, die Tiere zu versorgen. Das Leben wurde härter. Und auch ich wurde härter.

Zum Teil rührte das daher, daß ich Brüder und Schwestern von mir sterben sah. Ursprünglich hatten meine Eltern zwölf Kinder, aber nur sechs sind davon heute noch am Leben. Zwei Zwillinge starben gleich nach der Geburt. Dann bekam meine Mutter eine wunderhübsche Tochter. Mit etwa sechs Monaten war die Kleine gesund und kräftig. Doch irgendwann rief mich meine Mutter aus heiterem Himmel zu sich. »Waris!« Ich stürzte zu ihr und sah, daß sie sich über das Baby beugte. Ich war selbst noch ein kleines Mädchen, wußte jedoch sofort, daß mit der Kleinen etwas nicht stimmte; sie sah nicht normal aus. »Lauf und hol mir ein wenig Kamelmilch«, herrschte mich meine Mutter an. Ich war unfähig, mich zu rühren. »Lauf, beeil dich!« Wie in Trance und voller Furcht blickte ich meine kleine Schwester an. »Worauf wartest du noch?« schrie meine Mutter.

Schließlich riß ich mich zusammen. Mir war klar, was mich bei meiner Rückkehr erwarten würde. Als ich mit der Milch wiederkam, lag das Baby reglos da. Ich wußte, daß die Kleine tot war. Während ich sie so betrachtete, schlug mir meine Mutter plötzlich ins Gesicht. Noch lange Zeit später gab sie mir die Schuld am Tod des Babys; sie meinte, ich hätte Zauberkräfte und den Tod meiner Schwester herbeigerufen, als ich sie so in Trance anstarrte.

Von derartigen Kräften konnte bei mir keine Rede sein; es war mein kleiner Bruder, der übernatürliche Fähigkeiten besaß. Allen war klar, daß er kein gewöhnliches Kind war. Wir nannten ihn Alter Mann, weil er schon im Alter von knapp sechs Jahren vollkommen ergraute. Er war außergewöhnlich klug, und die Leute um uns herum suchten seinen Rat. Sie kamen zu uns und fragten: »Wo ist der Alte Mann?« Dann nahmen sie den kleinen, grauhaarigen Jungen auf den Schoß. »Wie wird es dieses Jahr mit dem Regen?« wollten sie beispielsweise wissen. Obwohl er den Jahren nach noch ein Kind war, verhielt er sich niemals wie ein Kind. Er dachte, sprach, saß da und benahm sich wie ein weiser, älterer Mann. Zwar achteten ihn alle, doch gleichzeitig fürchteten sie ihn, denn ganz offensichtlich war er keiner von uns. Noch jung an Jahren starb der Alte Mann, als habe er ein ganzes Menschenleben in einige wenige Jahre zusammengefaßt. Niemand wußte, was seinen frühen Tod verursacht hatte, und doch ergab es für uns einen Sinn. Denn eines stand fest: Der Alte Mann »war nicht von dieser Welt«.

Wie in allen großen Familien wuchs jedem von uns eine ganz bestimmte Rolle zu. Ich war die Aufbegehrende – ein Ruf, den ich mir durch eine Reihe von Taten erworben hatte, die mir selbst völlig vernünftig und berechtigt erschienen, die von den Älteren in meiner Familie, besonders von meinem Vater, jedoch als ungezogen verstanden wurden. Eines Tages saßen mein jüngerer Bruder Ali und ich unter einem Baum und aßen weißen Reis mit Kamelmilch. Während er seine Portion hastig hinunterschlang, löffelte ich meine Bissen für Bissen, denn diese Köstlichkeit gab es nicht oft bei uns. Daß wir satt wurden, war nicht selbstverständlich; aus diesem Grunde genoß ich stets jeden einzelnen Happen. Bald war nur noch ein kleiner Rest Milch und Reis in meiner Schüssel, den ich mir als besonderen Genuß aufgehoben hatte. Plötzlich langte Ali in meine Schüssel und löffelte sie bis aufs letzte Reiskorn leer. Ohne weiteres Zögern griff ich nach dem Messer, das neben mir lag, und stach es Ali zu Vergeltung in den Oberschenkel. Er schrie auf, aber dann zog er es heraus und rammte es mir in den Oberschenkel, und zwar an der gleichen Stelle wie ich zuvor ihm. Nun saßen wir beide da mit einer blutenden Wunde. Doch weil ich zuerst zugestochen hatte, bekam ich die Schuld an dem Vorfall. Seit dieser Mahlzeit haben Ali und ich eine ähnliche Narbe am Bein.

Einer der frühesten Ausbrüche meiner rebellischen Natur ereignete sich, als ich meinen Wunsch nach einem Paar Schuhen äußerte. Seit ich denken kann, bin ich versessen auf Schuhe. Obwohl ich inzwischen Model bin, besitze ich nicht viele Kleidungsstücke – Jeans und ein paar T-Shirts –, dafür aber einen ganzen Schrank voller Schuhe – Pumps, Sandalen, Tennisschuhe, Halbschuhe und Stiefel –, paradoxerweise jedoch nichts, wozu ich sie anziehen könnte.

Als Kind war mein sehnlichster Wunsch ein Paar Schuhe; aber da nicht mal alle Kinder der Familie richtige Kleider hatten, kamen Schuhe schon gar nicht in Frage. Trotzdem träumte ich von schönen Ledersandalen, wie meine Mutter sie besaß. Ich sehnte mich danach, bequeme Schuhe zu haben, damit ich nicht mehr auf spitze Steine, Dornen, Schlangen und Skorpione achten mußte, wenn ich die Herde trieb. Meine Füße waren immer voller Wunden und Male; einige der schwarzen Narben habe ich bis heute behalten. Einmal trat ich mir eine Dorne in den Fuß, und sie kam oben wieder heraus, andere hingegen brachen ab, wenn sie im Fuß steckten. In der Wüste gab es weder Ärzte noch Medikamente zur Wundbehandlung. Und auch mit den Wunden mußten wir losziehen und uns um die Tiere kümmern. Niemand sagte: »Ich kann nicht!« Ohne zu klagen, machten wir uns jeden Morgen wieder auf den Weg und humpelten dahin, so gut es eben ging.

Einer der Brüder meines Vaters war äußerst wohlhabend. Onkel Ahmed lebte in der Stadt, in Galcaio, und wir versorgten seine Kamele und sein übriges Vieh. Er hatte mich dazu auserkoren, daß ich mich um seine Ziegen kümmerte, denn ich tat meine Arbeit gut, achtete stets darauf, daß sie sich satt gefressen und getrunken hatten und gab mir Mühe, daß keine einem Raubtier zum Opfer fiel. Eines Tages, als ich etwa sieben war, kam Onkel Ahmed zu uns zu Besuch. »Hör mal, ich möchte, daß du mir Schuhe kaufst«, sagte ich zu ihm.

Er sah mich an und lachte. »Ja, ja, schon gut. Du sollst deine Schuhe kriegen.« Ich wußte, daß er sich wunderte, denn es kam äußerst selten vor, daß ein Mädchen um etwas bat, geschweige denn um etwas so Ausgefallenes wie Schuhe.

Als mein Vater das nächste Mal zu Onkel Ahmed ging, nahm er mich mit. Ich war aufgeregt, denn endlich sollte ich ein Paar Sandalen bekommen. »Hast du die Schuhe mitgebracht?« fragte ich ihn bei der erstbesten Gelegenheit.

»Ja, hier sind sie«, sagte er und gab mir ein Päckchen. Ich nahm die Schuhe in die Hand und betrachtete sie. Es waren Gummisandalen; nicht die wunderschönen Ledersandalen meiner Mutter, sondern billige gelbe Schlappen. Ich konnte es nicht glauben.

»Das sollen die Schuhe für mich sein?« brüllte ich und warf sie nach ihm. Als die Schlappen seinem Bruder ins Gesicht flogen, wollte mein Vater erst schimpfen, doch diesmal konnte er nicht anders – er hielt sich den Bauch vor Lachen.

»Das darf doch nicht wahr sein! Wie hast du dieses Kind nur erzogen?« fragte ihn mein Onkel.

Ich war so enttäuscht, daß ich voller Wut auf meinen Onkel einschlug und nach ihm trat. »Habe ich mich für diesen Mist so abgeplagt?« schrie ich. »Ich habe so schwer für dich gearbeitet, und damit soll es dann gut sein? Ein Paar billiger Gummisandalen! Pahhh! Lieber gehe ich barfuß, barfuß, bis meine Füße bluten, als diesen Müll anzuziehen!« Dabei zeigte ich auf sein Geschenk.

Onkel Ahmed sah mich einfach nur an und verdrehte die Augen. »O Allah!« stöhnte er. Seufzend beugte er sich nach unten, las die Sandalen auf und nahm sie wieder mit nach Hause.

Ich war jedoch nicht bereit, so rasch aufzugeben. Nach diesem Tag schickte ich meinem Onkel durch jeden Verwandten, Freund oder Fremden, der nach Galcaio ging, eine Botschaft: »Waris möchte Schuhe!« Aber ich mußte viele Jahre warten, bis ich das erträumte Paar endlich bekam. In der Zwischenzeit betreute ich weiterhin Onkel Ahmeds Ziegen, half meiner Familie bei der Sorge um unsere Herden und legte Tausende von Meilen barfuß zurück.

Mehrere Jahre vor dem Vorfall mit den Schuhen, als ich noch ein kleines Mädchen war, hatten wir eines Tages Besuch. Guban war ein guter Freund meines Vaters und kam häufig vorbei. In der Abenddämmerung stand er bei meinen Eltern und unterhielt sich mit ihnen, bis meine Mutter zum Himmel sah. Als sie den helleuchtenden *maqal hidhid* entdeckte, meinte sie, es sei Zeit, die Schafe hereinzubringen. »Oh, das kann ich doch für euch tun«, sagte Guban. »Waris soll mir helfen.«

Ich kam mir wichtig vor, als Vaters Freund mich den Jungen vorzog, um gemeinsam mit ihm die Tiere zu versorgen. Er nahm mich bei der Hand, und wir gingen von der Hütte zur Herde, um sie zusammenzutreiben. Normalerweise wäre ich selbst wie ein junges Tier herumgerannt, doch weil es schon dunkel wurde, bekam ich Angst und blieb in Gubans Nähe. Plötzlich zog er seine Jacke aus, breitete sie auf den Sand und setzte sich darauf. Ich starrte ihn verwundert an. »Warum setzt du dich hin? Es wird Nacht; wir müssen die Tiere hereinbringen«, protestierte ich.

»Wir haben Zeit. Das ist im Handumdrehen erledigt.« Er saß auf der einen Hälfte der Jacke und klopfte auf den Platz neben sich. »Komm, setz dich.«

Zögernd ging ich zu ihm hin. Da ich als Kind für mein Leben gern Geschichten hörte, wollte ich die günstige Gelegenheit beim Schopfe packen. »Erzählst du mir eine Geschichte?«

Guban klopfte wieder auf den Mantel. »Ja, wenn du dich hinsetzt, erzähle ich dir eine.« Kaum hatte ich neben ihm Platz genommen, da versuchte er, mich nach hinten zu drücken. »Ich will nicht liegen. Ich will, daß du mir eine Geschichte erzählst«, beharrte ich trotzig und wand mich nach oben.

»Nun komm schon, komm.« Er drückte meine Schultern nach unten. »Leg dich hin, sieh dir die Sterne an, und ich erzähle dir eine Geschichte.« Daraufhin ließ ich den Kopf auf die Jacke sinken, grub meine Zehen in den kalten Sand und betrachtete die schimmernde Milchstraße. Während das Indigoblau des Himmels langsam in Schwarz überging und die Lämmer mähend um uns herumrannten, wartete ich gespannt, daß er mit seiner Geschichte begann. Doch unvermittelt schob sich Gubans Gesicht vor die Milchstraße. Er drückte mir die Beine auseinander und zerrte an dem kleinen Schal, den ich mir um die Taille gebunden hatte. Als nächstes fühlte ich etwas Hartes und Feuchtes an meiner Scheide. Zuerst erstarrte ich, denn ich verstand nicht, was geschah, doch ich wußte, daß es etwas ganz Schlimmes war. Der Druck wurde immer stärker, und schließlich spürte ich einen stechenden Schmerz.

»Ich will zu Mama!« Plötzlich spürte ich eine

warme Flüssigkeit auf meiner Haut, und ein übler, säuerlicher Geruch lag in der Luft. »Du hast mich angepinkelt!« schrie ich entsetzt. Ich sprang auf und rieb mir mit meinem Schal die Beine ab, um die eklige Flüssigkeit loszuwerden.

»Ist ja schon gut, ist schon gut«, flüsterte er beschwichtigend und packte meinen Arm. »Ich wollte dir doch nur eine Geschichte erzählen.« Ich riß mich los und rannte zu meiner Mutter, während Guban hinter mir herhetzte, um mich einzufangen. Als ich Mama am Feuer stehen sah, das Gesicht in seinem Schein orangerot schimmernd, lief ich zu ihr hin und umschlang ihre Beine.

»Was ist los, Waris?« fragte Mama besorgt. Fragend sah sie Guban an, der keuchend herankam. »Was ist mit ihr geschehen?«

Er lachte unbeeindruckt auf und wies mit der Hand auf mich. »Ach, ich wollte ihr eine Geschichte erzählen, aber sie hat Angst bekommen.« Ich klammerte mich an meine Mutter. Ich wollte ihr erzählen, was Papas Freund mir angetan hatte, doch ich hatte keine Worte dafür – ich *wußte* nicht, was er getan hatte. Beim Anblick seines lachenden Gesichts im Schein der Flammen, eines Gesichts, das ich im Laufe der Jahre wieder und wieder würde sehen müssen, wurde mir klar, daß ich ihn hassen würde bis an mein Lebensende.

Mutter streichelte mir über den Kopf, als ich mein Gesicht an ihre Hüften preßte. »Ist schon gut, Waris, ist schon gut. Das war doch nur eine Geschichte, Kleines, und überhaupt nicht wahr.« Und zu Guban gewandt fragte sie: »Wo sind die Lämmer?«

3. Ein Nomadenleben

Da ich in Afrika aufgewachsen bin, fehlt mir das Bewußtsein für Geschichte, das in anderen Teilen der Welt so bedeutsam scheint. Unsere Sprache Somali gab es bis 1973 nicht in geschriebener Form, und so konnten wir weder lesen noch schreiben. Alles Wissen wurde mündlich überliefert, sei es in Gedichten oder Volksmärchen, oder, was noch wichtiger war, indem unsere Eltern uns alles beibrachten, was man zum Überleben brauchte. Meine Mutter lehrte mich beispielsweise, aus getrocknetem Gras wasserdichte Gefäße zu flechten, in denen man Milch aufbewahren konnte; mein Vater erklärte mir, wie man die Tiere versorgt und gesund erhält. Mit der Vergangenheit beschäftigten wir uns kaum, dafür war keine Zeit. Allein das Heute zählte: Was werden wir *heute* tun? Sind die Kinder alle heimgekommen? Sind die Tiere in Sicherheit? Was werden wir heute essen? Wo können wir Wasser finden?

Wir in Somalia lebten wie unsere Vorfahren vor Tausenden von Jahren, für uns hatte sich nichts grundlegend verändert. Da wir Nomaden waren, gehörten zu unserem Alltag weder Strom, Telefon noch Autos, geschweige denn Computer, Fernsehen oder Raumfahrt. Dadurch, und weil unser Leben ganz auf die Gegenwart ausgerichtet war, hatten wir ein völlig anderes Verhältnis zur Zeit als die Menschen in den Industrienationen.

Wie die übrigen Mitglieder meiner Familie habe ich keine Ahnung, wie alt ich bin, ich kann es nur schätzen. Bedenkt man allerdings, daß ein Baby, das in meinem Heimatland geboren wird, nur selten das erste Lebensjahr übersteht, erscheint das Geburtsdatum nicht mehr so wichtig. Als ich klein war, gab es für uns keine künstliche Zeiteinteilung, keine Stundenpläne, Uhren oder Kalender. Statt dessen richteten wir uns nach dem Wechsel der Jahreszeiten und nach der Sonne; ob wir weiterzogen, bestimmte die Suche nach Wasser, und unseren Tagesablauf regelte die Dauer des Tageslichts. Die Sonne sagte uns die Zeit. Wenn sich mein Schatten im Westen befand, war es Morgen; wenn er direkt unter mir lag, Mittag. Und wenn er auf die gegenüberliegende Seite wanderte, war es Nachmittag. Je weiter der Tag fortschritt, desto länger wurde mein Schatten, und daran konnte ich ablesen, wann ich aufbrechen mußte, um noch vor Einbruch der Dunkelheit zu Hause zu sein.

Am Morgen nach dem Aufstehen überlegten wir, was wir den Tag über zu tun hatten; wir erledigten dann unsere Aufgabe so gut wie möglich, bis wir fertig waren oder bis die Dunkelheit uns zum Aufhören zwang. In der Frühe schon einen fertigen Tagesplan zu haben, kam uns nicht in den Sinn. Jetzt, da ich in New York lebe, begegne ich oft Menschen, die mich nach einem kurzen Blick in ihren Terminkalender fragen: »Hast du am vierzehnten Zeit, mit mir essen zu gehen? Oder wie ist es mit dem fünfzehnten?«

Auf solche Fragen antworte ich normalerweise: »Warum rufst du mich nicht einen Tag vorher an?« Auch wenn ich mir Verabredungen mittlerweile aufschreibe, kann ich mich an diese Art nicht gewöhnen. In meiner ersten Zeit in London war es mir ein Rätsel, warum die Menschen nach einem Blick auf ihre Handgelenke plötzlich riefen: »Jetzt muß ich aber los!« Meinem Empfinden nach waren alle ständig in Eile, alles mußte in einer bestimmten Zeit erledigt sein. In Afrika gab es keine Eile, keinen Streß. Dort ging alles immer seinen langsamen, ruhigen Gang. Wenn jemand sagte: »Ich treffe dich morgen gegen Mittag«, hieß das, ungefähr um vier, fünf Uhr nachmittags. Bis zum heutigen Tag weigere ich mich, eine Armbanduhr zu tragen.

Während meiner Kindheit in Somalia kam es mir nie in den Sinn, Zukunftspläne zu schmieden oder mich auch nur insoweit für die Vergangenheit zu interessieren, daß ich meine Mutter fragte: »Mama, wie bist du eigentlich aufgewachsen?« Daher weiß ich sehr wenig über meine Familiengeschichte, zumal ich sehr früh von zu Hause weggegangen bin. Ich wünsche mir immer, ich könnte jetzt zurückkehren und all diese Fragen stellen, könnte meine Mutter fragen, wie sie als kleines Mädchen gelebt hat, woher ihre Mutter stammte oder wie ihr Vater gestorben ist. Es macht mich traurig, daß ich all diese Dinge vielleicht niemals erfahren werde.

Eines jedoch weiß ich über meine Mutter, nämlich daß sie sehr schön war. Auch wenn ich so klinge wie die typische Tochter, die ihre Mutter vergöttert – es stimmt wirklich. Ihr Gesicht glich einer Modigliani-

Skulptur, und ihre Haut war so dunkel und glatt, als wäre sie aus schwarzem Marmor gemeißelt. Da Mamas Haut pechschwarz und ihr Gebiß blendend weiß waren, sah man nachts, wenn sie lächelte, nur die leuchtenden Zähne; man meinte, sie würden in der Luft schweben. Ihr Haar war lang, glatt und sehr weich, sie kämmte es mit den Fingern, da sie keinen Kamm besaß. Meine Mutter ist groß und schlank, ein Merkmal, das alle ihre Töchter geerbt haben.

Sie hat eine sehr ruhige und stille Art. Aber wenn sie zu reden anfängt, kann sie furchtbar komisch sein und richtig loslachen. Sie erzählt häufig Witze, mal lustige, mal auch richtig schmutzige, und macht dumme kleine Bemerkungen, um uns zum Lachen zu bringen. Manchmal sah sie mich an und fragte: »Waris, warum verschwinden deine Augen immer tiefer in deinem Gesicht?« Aber ihr Lieblingsscherz war es, mich Avdohol zu nennen, das heißt »kleiner Mund«. »He, Avdohol, warum ist dein Mund so klein?« sagte sie manchmal, wenn ich es am wenigsten erwartete.

Mein Vater sah sehr gut aus, und dessen war er sich durchaus bewußt. Er war etwa einen Meter achtzig groß, schlank und hellhäutiger als Mama, hatte braunes Haar und hellbraune Augen. Papa war eitel, weil er wußte, wie gut er aussah. Er neckte meine Mutter oft: »Ich kann mir auch eine andere Frau suchen, wenn du nicht dieses oder jenes tust«, und dann sagte er, was er von ihr wollte. Oder: »Sieh mal, ich langweile mich allmählich hier, ich werde mir noch eine Frau nehmen ...« Meine Mutter antwortete dann bloß: »Nur zu, mal sehen, wie weit du kommst.« Sie liebten einander wirklich, aber trotzdem wurde aus diesen Neckereien leider eines Tages Wirklichkeit.

Meine Mutter wuchs in Mogadischu, der Hauptstadt Somalias, auf. Mein Vater hingegen war Nomade und sein Leben lang durch die Wüste gezogen. Als Mutter ihn kennenlernte, fand sie ihn so attraktiv, daß ihr auch ein Nomadenleben an seiner Seite romantisch erschien; bald beschlossen die beiden zu heiraten. Papa ging zu meiner Großmutter, weil mein Großvater schon gestorben war, und hielt um die Hand meiner Mutter an. Meine Großmutter entgegnete: »Nein, nein, *nein*, niemals.« Und zu meiner Mutter gewandt fügte sie hinzu: »Er ist nur ein Schürzenjäger!« Großmutter war nicht einverstanden, daß ihre bildhübsche Tochter ihr Leben vergeudete, indem sie mit *diesem* Mann in der Wüste Kamele züchtete. Doch als meine Mutter ungefähr sechzehn war, lief sie weg und heiratete Papa trotzdem.

Sie zogen zusammen in einen anderen Teil des Landes und lebten bei seiner Familie in der Wüste, was für meine Mutter nicht gerade einfach war. Ihre Familie besaß Geld und Einfluß, und sie hatte dieses harte Nomadenleben nie kennengelernt. Noch schwerer wog jedoch, daß mein Vater zum Stamm der Daarood gehörte und meine Mutter zum Stamm der Hawiye. Wie die ursprünglichen Kulturen Amerikas leben auch die Einwohner Somalias in verschiedenen Stämmen, und jeder hält seinem Clan fanatisch die Treue. Der Stolz, zu einem bestimmten Stamm zu gehören, hat bei uns in der Vergangenheit immer wieder zu Kriegen geführt.

Zwischen den Daarood und den Hawiye besteht große Rivalität. Da Vaters Familie Mutter als minderwertig ansah, weil sie aus einem anderen Stamm kam, haben sie sie immer schlecht behandelt. Mama fühlte sich lange Zeit sehr einsam, aber sie mußte sich anpassen. Als ich von zu Hause und meiner Familie fortlief, wurde mir klar, wie hart es für sie gewesen sein mußte, ganz allein unter den Daarood zu leben.

Meine Mutter bekam Kinder, und bei ihnen fand sie jene Zuneigung, die ihr seit der Trennung von ihrer eigenen Familie fehlte. Aber wieder mußte ich erst erwachsen werden, ehe ich begriff, was es für sie bedeutet haben muß, zwölf Kinder zur Welt zu bringen. Wenn Mama schwanger war, verschwand sie von einem Tag auf den anderen, und wir haben sie tagelang nicht gesehen. Schließlich kam sie zurück, ein winziges Baby im Arm. Sie ging ganz allein in die Wüste, um ihr Kind zu gebären, und nahm einen scharfen Gegenstand zum Durchtrennen der Nabelschnur mit. Einmal mußten wir auf der endlosen Suche nach Wasser weiterziehen, nachdem sie weggegangen war. Erst vier Tage später fand sie uns wieder; sie marschierte durch die Wüste mit dem neugeborenen Baby im Arm und hielt nach ihrem Ehemann Ausschau.

Ich hatte immer das Gefühl, daß ich ihr von allen Kindern das liebste war. Zwischen uns bestand ein tiefes Einvernehmen, und noch heute denke ich jeden Tag an sie und bete zu Allah, er möge sie beschützen, bis ich selbst dazu in der Lage bin. Als Kind wollte ich immer in ihrer Nähe sein, und ich freute mich den ganzen Tag auf das Heimkommen am Abend, wenn ich neben Mama sitzen und sie meinen Kopf streicheln würde.

Meine Mutter konnte wunderschöne Körbe flechten, eine Fertigkeit, die man nur durch jahrelange Übung erwirbt. Wir verbrachten viele Stunden gemeinsam, in denen sie mir zeigte, wie man einen kleinen Becher zum Milchtrinken herstellt. Aber bei größeren Gefäßen konnte ich nicht mir ihr mithalten, meine Körbe waren immer ungleichmäßig und voller Löcher.

Eines Tages waren mein Wunsch, in Mamas Nähe zu sein, und meine kindliche Neugier so stark, daß ich ihr heimlich folgte. Einmal im Monat verließ sie nämlich für einen Nachmittag alleine unser Lager. Ich sagte zu ihr: »Jetzt will ich aber wissen, was du machst, Mama. Was tust du da jeden Monat?« Sie entgegnete, das gehe mich nichts an; ein afrikanisches Kind hat kein Recht, sich in die Angelegenheiten der Eltern zu mischen. Und wie immer befahl sie mir, zu Hause zu bleiben und auf meine kleinen Geschwister zu achten. Aber als sie aufbrach, folgte ich ihr versteckt hinter Büschen in einiger Entfernung. Sie traf sich mit fünf anderen Frauen, die gleichfalls von weither gekommen waren. Gemeinsam setzten sie sich unter einen riesigen, wunderschönen Baum und verbrachten dort die Mittagsstunden, in denen die Sonne zu heiß vom Himmel brannte, als daß man etwas hätte tun können. In dieser Zeit ruhten sowohl die Tiere als auch die Menschen, deshalb konnten sich die Frauen ein wenig Zeit für sich nehmen. Ihre schwarzen Köpfe, die sie dicht zusammensteckten, wirkten aus der Ferne wie Ameisen, und ich beobachtete sie, wie sie Popcorn aßen und Tee tranken. Worüber sie sprachen, weiß ich bis heute nicht, weil ich mich außer Hörweite befand. Schließlich beschloß ich, mich zu erkennen zu geben, vor allem deshalb, weil ich etwas zu essen haben wollte. Schüchtern ging ich zu ihnen hin und stellte mich neben meine Mutter.

»Wo kommst du denn her?« rief sie.

»Ich bin dir gefolgt.«

»Du böses, ungezogenes Mädchen«, schalt sie mich. Aber die anderen Frauen lachten und meinten beschwichtigend: »Oh, seht euch das hübsche kleine Ding an! Komm her, Schätzchen ...« Meine Mutter lenkte ein und gab mir von dem Popcorn.

In diesem Alter hatte ich keine Vorstellung davon, daß es noch etwas anderes geben könnte als unser Leben inmitten der Ziegen und Kamele. Da ich keine fremden Länder und weder Bücher noch Fernsehen oder Kino kannte, bestand meine Welt einfach nur aus all jenem, was ich tagtäglich um mich herum sah. Und noch weniger war mir klar, daß meine Mutter aus völlig anderen Verhältnissen stammte. Vor Somalias Unabhängigkeit im Jahre 1960 gehörte der südliche Teil des Landes als Kolonie zu Italien. Daher war Mogadischus Kultur, Architektur und Gesellschaft stark geprägt von italienischen Einflüssen, und aus diesem Grund sprach meine Mutter auch Italienisch. Gelegentlich, wenn sie wütend war, stieß sie eine Reihe italienischer Flüche aus. »Mama!« Ich sah sie ängstlich an. »Was redest du da?«

»Ach, das ist Italienisch.«

»Was ist Italienisch? Was bedeutet das?«

»Nichts – kümmere dich um deine eigenen Angelegenheiten«, wies sie mich ab.

Später entdeckte ich auf eigene Faust – so wie ich entdeckte, daß es Autos und Häuser gab –, daß Italienisch zu einer Welt gehörte, die sich jenseits unserer Hütte auftat. Wir Kinder fragten unsere Mutter oft, warum sie Papa geheiratet hatte. »Warum bist du mit diesem Mann weggegangen? Sieh doch, wo du lebst, während deine Brüder und Schwestern als Botschafter in allen Teilen der Welt wohnen. Und was hast du erreicht? Warum bist du mit diesem Versager weggelaufen?« Sie antwortete dann, daß sie sich eben in Papa verliebt habe und daß sie deshalb mit ihm weggelaufen sei, weil sie mit ihm zusammenleben wollte. Meine Mutter ist dennoch eine sehr starke Frau. Obwohl sie soviel durchmachen mußte, hörte ich nie eine Klage von ihr. Ich hörte sie niemals sagen: »Ich habe das alles satt«, oder: »Ich mache das nicht mehr mit.« Mama blieb schweigsam und stahlhart. Und ohne Vorwarnung konnte sie uns mit einem ihrer Scherze zum Lachen bringen. Mein Ziel ist es, eines Tages so stark zu werden wie sie – dann kann ich behaupten, daß mein Leben erfolgreich war.

Wir waren eine typische somalische Familie, dic ihr Leben – wie sechzig Prozent der Bevölkerung – als viehzüchtende Nomaden fristete. Mein Vater ging regelmäßig in ein Dorf und verkaufte ein Stück Vieh, damit er einen Sack Reis oder Kleiderstoffe oder Decken mitbringen konnte. Gelegentlich schickte er seine Waren auch mit anderen Leuten in die Stadt, zusammen mit einer Liste der Dinge, die er dafür haben wollte.

Außerdem verdienten wir etwas dazu, indem wir Weihrauch gewannen, jenen Duftstoff, den die drei Weisen aus der Bibel dem Jesuskind brachten. Er ist heute noch so begehrt, wie er es schon seit Urzeiten war. Weihrauch wird aus dem Boswellia-Baum gewonnen, der in den Hochländern im Nordosten Somalias wächst. Der Boswellia ist ein hübscher, etwa einen Meter fünfzig hoher Baum mit sich schirmartig ausbreitenden Ästen. Mit einer Axt schlug ich eine kleine Kerbe in die Rinde, nicht zu tief, damit der Baum keinen Schaden nahm. Aus dieser Kerbe trat eine milchige Flüssigkeit, die sich nach einem Tag zu Gummi verfestigte. Manchmal kauten wir die Masse sogar wie Kaugummi, weil wir den bitteren Geschmack mochten. Wir sammelten die Gummiklumpen in Körben, und mein Vater verkaufte sie später. Aber wir verbrannten Weihrauch auch abends am Lagerfeuer unserer Familie, und jedesmal, wenn ich heute seinen Duft rieche, fühle ich mich in jene Zeit zurückversetzt. Manchmal wird in Manhattan etwas angeboten, was angeblich Weihrauch sein soll, und weil ich mich nach Dingen sehne, die mich an zu Hause erinnern, kaufe ich ihn. Aber jedesmal stellt sich heraus, daß es sich nur um eine billige Imitation handelt, deren Geruch nicht im entferntesten an den intensiven, exotischen Duft unserer Lagerfeuer in der Wüstennacht herankommt.

Auch die Größe unserer Familie war typisch für Somalia, denn dort bekommt eine Frau im Durchschnitt sieben Kinder. Kinder sind die Altersversorgung, sie kümmern sich um ihre Eltern, wenn diese alt sind. Die Kinder haben großen Respekt vor ihren Eltern und würden nie wagen, ihre Autorität in Frage zu stellen. Alle Älteren, auch die Geschwister, werden mit Respekt behandelt und ihre Wünsche befolgt. Das ist einer der Gründe, warum mein Aufbegehren als so empörend empfunden wurde.

Die Familien haben nicht nur deswegen so viele Kinder, weil es keine Geburtenkontrolle gibt, sondern auch, weil der Alltag leichter wird, je mehr Menschen sich die Arbeit teilen. Selbst so grundlegende Dinge wie die Suche nach Wasser – und damit meine ich nicht eine Menge Wasser oder auch nur genügend Wasser, sondern überhaupt ein wenig Wasser –, bedeutete harte Arbeit. Wenn die Gegend um uns herum austrocknete, ging mein Vater auf Wassersuche. Er band riesige Beutel, die unsere Mutter aus Gras geflochten hatte, auf die Kamele. Dann brach er auf und blieb oft tagelang fort, bis er auf Wasser stieß. Mit gefüllten Beuteln kehrte er zu uns zurück. Zwar versuchten wir, an der gleichen Stelle zu bleiben, bis er wiederkam, aber das wurde jeden Tag schwieriger, da wir kilometerlange Wege zurücklegen mußten, um die Herden zu tränken. Manchmal mußten wir auch ohne ihn weiterziehen, aber er fand uns immer, obwohl es weder Straßen, noch Wegweiser oder Landkarten gab. Wenn mein Vater nicht da war, weil er in einem Dorf Lebensmittel besorgte, hatte eines der Kinder diese Aufgabe zu übernehmen, denn Mama mußte zu Hause bleiben und dafür sorgen, daß alles seinen gewohnten Gang nahm.

Gelegentlich bekam ich diese Arbeit übertragen. Ich wanderte tagelang umher, bis ich irgendwann Wasser fand, denn ohne Wasser durfte ich nicht zurückkehren. Wir wußten, daß wir nicht mit leeren Händen heimkommen durften, denn dann gab es keine Hoffnung mehr. Wir mußten so lange weitersuchen, bis wir etwas fanden. Niemand hätte die Entschuldigung »ich kann nicht« akzeptiert. Wenn meine Mutter mir auftrug, Wasser zu finden, hatte ich welches zu finden. Als ich nach Europa kam, wunderte ich mich immer, wenn jemand klagte: »Ich kann nicht arbeiten, ich habe solche Kopfschmerzen.« Am liebsten hätte ich ihnen geantwortet: »Ich gebe dir mal eine richtig schwere Arbeit, dann wirst du dich nie wieder über deine Aufgaben beschweren.«

Die Anzahl der arbeitenden Hände vergrößerte sich in einer Familie dadurch, daß ein Mann viele Frauen und viele Kinder hatte, was bedeutet, daß die Polygamie in Afrika weit verbreitet ist. Daß meine Eltern jahrelang nur zu zweit blieben, war chcr ungewöhnlich. Nachdem meine Mutter zwölf Kinder zur Welt gebracht hatte, sagte sie eines Tages: »Ich bin schon zu alt ... warum suchst du dir nicht eine zweite Frau und gönnst mir eine Pause. Laß mich von nun an in Ruhe.« Ich weiß nicht, ob sie es wirklich meinte; wahrscheinlich hatte sie sich nicht träumen lassen, daß mein Vater sie beim Wort nehmen würde.

Aber eines Tages war mein Papa verschwunden. Zuerst dachten wir, er wäre Wasser oder Nahrung suchen gegangen, und meine Mutter kümmerte sich alleine um Familie und Herden. Als er nach zwei Monaten immer noch nicht zurückgekehrt war, hielten wir ihn für tot. Schließlich tauchte mein Vater eines Abends so plötzlich, wie er verschwunden war, wieder auf. Wir Kinder saßen vor der Hütte. Er kam herbeispaziert und fragte: »Wo ist eure Mutter?« Wir erklärten ihm, sie sei noch draußen bei den Herden. »Tja, Kinder«, grinste er. »Ich möchte euch meine Frau vorstellen.« Mit diesen Worten zog er ein junges Mädchen von vielleicht siebzehn Jahren zu sich heran – also nicht viel älter als ich. Wir starrten sie nur an, weil es uns nicht erlaubt war, unsere Meinung zu äußern; außerdem, was hätten wir schon sagen sollen?

Die Heimkehr meiner Mutter war ein schrecklicher Augenblick. Wir Kinder warteten gespannt, was passieren würde. Mama musterte meinen Vater zornig, ohne die andere Frau im Dunkeln zu bemerken. »Ach, du hast also beschlossen, wieder aufzukreuzen«, sagte sie.

Papa trat von einem Fuß auf den anderen und blickte sich um. »Ja, ja. Übrigens, das ist meine Frau«, entgegnete er und legte den Arm um seine neue Braut. Das Gesicht meiner Mutter, das vom Schein des Feuers beleuchtet wurde, werde ich nie vergessen. Sie fiel aus allen Wolken. Dann begriff sie. »Verdammt, ich habe ihn an dieses kleine, kleine Mädchen verloren!« Mama verging fast vor Eifersucht, obwohl sie, die gute Seele, sich so wenig wie möglich anmerken ließ.

Wir hatten keine Ahnung, wo die neue Frau meines Vaters herkam, und wußten auch sonst nichts von ihr. Dies hielt sie jedoch nicht davon ab, uns Kinder von Anfang an herumzukommandieren. Dann begann diese Siebzehnjährige, auch meiner Mutter Anweisungen zu geben – mach dies, hol mir das, koch mir jenes. Die Situation spitzte sich immer mehr zu, bis sie eines Tages einen fatalen Fehler beging: Sie schlug meinen Bruder, den Alten Mann.

An dem Tag, als es passierte, waren wir Kinder an unserem Lieblingsplatz (jedesmal, wenn wir weiterzogen, suchten wir uns an der neuen Lagerstelle in der Nähe unserer Hütte einen Baum, der unser »Kinderzimmer« wurde). An jenem Tag saß ich gerade mit meinen Geschwistern unter diesem Baum, als ich den Alten Mann weinen hörte. Ich stand auf und sah ihn auf mich zukommen. »Was hast du? Was ist los?« fragte ich ihn und beugte mich herunter, um seine Tränen zu trocknen.

»Sie hat mich geschlagen, ganz fest geschlagen.« Wer das getan hatte, brauchte ich nicht zu fragen, denn niemand in unserer Familie hatte dem Alten Mann jemals weh getan. Nicht meine Mutter, nicht eines der älteren Geschwister, nicht einmal mein Vater, der uns andere regelmäßig verprügelte. Der Alte Mann brauchte keine Schläge, weil er der klügste von uns war und immer das Richtige tat. Daß sie meinen Bruder geschlagen hatte, war mehr, als ich ertragen konnte. Also ging ich los und suchte die dumme Göre.

»Warum hast du meinen Bruder geschlagen?« wollte ich wissen.

»Er hat meine Milch getrunken«, erwiderte sie auf ihre überhebliche Art, als sei sie die Königin und als würde die ganze Milch unserer Herden ihr allein gehören.

»*Deine* Milch? Ich habe die Milch in die Hütte gestellt, und wenn er sie haben will, weil er durstig ist, kann er sie haben. Du mußt ihn nicht schlagen!«

»Ach zum Teufel, halt die Klappe und verschwinde!« brüllte sie und entließ mich mit einer Handbewegung. Ich starrte sie an und schüttelte den Kopf, denn obwohl ich erst etwa dreizehn war, wußte ich, daß sie einen großen Fehler begangen hatte.

Meine Geschwister warteten unter dem Baum und bemühten sich, etwas von dem Gespräch zwischen Papas Frau und mir aufzuschnappen. Ich zeigte auf ihre fragenden Gesichter und sagte: »Morgen«. Sie nickten.

Am nächsten Tag stand das Glück auf unserer Seite, denn Papa erklärte, daß er für ein paar Tage fortgehen würde. Als es Zeit für die Mittagsruhe war, brachte ich die Tiere zurück und suchte meine Schwester und zwei meiner Brüder. »Papas neue kleine Frau übernimmt hier das Kommando«, fing ich an. Das war eine bloße Feststellung. »Wir müssen etwas unternehmen und ihr eine Lehre erteilen, denn so kann es nicht weitergehen.«

»Ja, aber was sollen wir tun?« fragte Ali.

»Das werdet ihr schon sehen. Kommt einfach mit und helft mir.« Ich holte ein dickes, festes Seil, wie wir sie benutzten, um unser Hab und Gut auf den Kamelen festzuschnüren, wenn wir weiterzogen. Dann führten wir Papas verängstigte Frau von unserem Lager in den Busch. Dort zwangen wir sie, sich ganz auszuziehen. Ich warf das eine Ende des Seils um den Ast eines riesigen Baumes und band es um die Fußknöchel der kleinen Frau. Sie fluchte, schrie und schluchzte abwechselnd, während wir sie in die Luft zogen. Meine Brüder und ich probierten so lange herum, bis ihr Kopf etwa zweieinhalb Meter über dem Erdboden baumelte. So war sie vor den wilden Tieren sicher. Dann banden wir das Seil fest, gingen nach Hause und ließen sie zappelnd und schreiend in der Wüste zurück.

Am Nachmittag des folgenden Tages kehrte mein Vater heim, einen Tag zu früh. Er wollte wissen, wo seine kleine Frau sei. Wir zuckten die Schultern und sagten, wir hätten sie nicht gesehen. Glücklicherweise hatten wir sie weit genug weggeführt, so daß man ihre Schreie nicht hörte. »Hmm«, sagte er und musterte uns argwöhnisch. Bei Einbruch der Dunkelheit hatte er noch immer keine Spur von ihr gefunden. Papa wußte, daß irgend etwas nicht stimmte, und fing an, uns auszufragen. »Wann habt ihr sie zuletzt gesehen? Habt ihr sie heute gesehen? Habt ihr sie gestern gesehen?« Wir erklärten ihm, sie sei letzte Nacht nicht heimgekommen, was natürlich der Wahrheit entsprach.

Mein Vater geriet in Panik und suchte sie verzweifelt überall. Aber er fand sie erst am nächsten Morgen. Vaters Braut hatte fast zwei Tage lang dort mit dem Kopf nach unten gehangen, und sie war in schlimmer Verfassung. Als er nach Hause kam, war er außer sich vor Wut. »Wer ist dafür verantwortlich?« wollte er wissen. Wir schwiegen einträchtig und sahen uns an. Natürlich erzählte sie es ihm. Sie sagte: »Waris war die Anführerin. Sie ist als erste über mich hergefallen!« Papa ging auf mich los und wollte mich schlagen, aber die anderen Kinder stürzten sich auf ihn. Obwohl wir wußten, daß es falsch war, den eigenen Vater zu schlagen, konnten wir es einfach nicht länger ertragen.

Nach diesem Tag war Papas kleine Frau wie ausgewechselt. Wir hatten vorgehabt, ihr eine Lektion zu erteilen, und sie hatte sie gut gelernt. Daß das Blut zwei Tage lang in ihren Kopf floß, hatte wohl ihr Gehirn erfrischt, denn sie wurde liebenswürdig und höflich. Von diesem Zeitpunkt an küßte sie meiner Mutter die Füße und bediente sie wie eine Sklavin. »Soll ich dir etwas holen? Kann ich etwas für dich tun? Nein, das mach ich schon. Setz du dich hin, und ruh dich aus.«

Da dachte ich bei mir: »Es geht doch. Du hättest dich von Anfang an so benehmen sollen, du kleines Miststück. Dann hättest du uns viel unnötigen Kummer erspart.« Aber das Nomadenleben ist hart, und obwohl sie zwanzig Jahre jünger war als meine Mutter, war Vaters neue Frau nicht so stark wie sie. Mama erkannte schließlich, daß sie von diesem kleinen Mädchen nichts zu befürchten hatte.

Das Nomadenleben ist hart, aber es ist in seiner engen, unauflöslichen Naturverbundenheit auch voller Schönheit. Meine Mutter hat mich nach einem Naturwunder benannt, denn Waris bedeutet Wüstenblume. Die Wüstenblume wächst in einer kargen Umgebung, wo sonst kaum etwas gedeihen kann. In meinem Land fällt oft länger als ein Jahr lang kein

Regen. Aber irgendwann setzt er ein, er reinigt die staubige Landschaft, und dann erblühen wie durch ein Wunder diese Blumen. Ihre Blüten sind von einem leuchtenden Gelborange, und aus diesem Grund war Gelb schon immer meine Lieblingsfarbe.

Wenn ein Mädchen heiratet, gehen die Frauen ihres Stammes in die Wüste und sammeln diese Blumen. Sie trocknen die Blüten und verarbeiten sie mit Hilfe von Wasser zu einer Paste, die sie auf das Gesicht des Mädchens streichen, damit es golden schimmert. Auf ihre Hände und Füße zeichnen sie mit Henna kunstvolle Muster. Ihre Augen umranden sie mit Khol, so daß sie tief und sinnlich wirken. All diese Dinge werden aus Pflanzen und Kräutern hergestellt, sie sind reine Naturprodukte. Anschließend hüllen die Frauen die Braut in leuchtend bunte Schals, rote, rosafarbene, orange und gelbe, je mehr, desto besser. Auch wenn die Frau nicht viel besitzt – und viele Familien sind bitterarm –, daran soll es nicht mangeln. Sie trägt einfach das Beste, was ihre Mutter, ihre Schwestern oder Freundinnen finden können, und das mit großem Stolz – eine Eigenschaft, die allen Somalis eigen ist. Am Tag ihrer Hochzeit tritt sie nach draußen, um als betörende Schönheit ihren Bräutigam zu begrüßen. Ein Aufwand, den eigentlich kein Mann verdient hat!

Zur Hochzeit bringen die Angehörigen des Stammes Geschenke mit, aber wieder besteht kein Zwang, etwas Besonderes zu kaufen oder sich zu sorgen, daß man sich nichts Besseres leisten kann. Man gibt, was man hat: eine selbstgewebte Schlafmatte, eine Schüssel, oder, wenn man nichts anderes besitzt, irgend etwas zu essen für die Feier nach der Zeremonie. So etwas wie Flitterwochen gibt es in meiner Kultur nicht, der Tag nach der Hochzeit ist ein ganz normaler Arbeitstag für die Neuvermählten. Sie brauchen all die Geschenke, um ihren Hausstand zu gründen.

Außer Hochzeiten gibt es bei uns nur wenige Feste, und wir kennen auch keine Feiertage, die im Kalender festgelegt sind. Der wichtigste Grund zum Feiern ist der lang ersehnte Regen. In meinem Land ist Wasser sehr knapp, und dabei ist es der Urquell des Lebens. Die Nomaden in der Wüste empfinden große Achtung für das Wasser, für sie ist jeder Tropfen ein wertvolles Gut, und bis heute liebe ich das Wasser. Es macht mir große Freude, es einfach nur zu betrachten.

Nach monatelanger Dürre begannen wir manchmal zu verzweifeln. Wenn das eintrat, kamen die Menschen zusammen und beteten zu Allah um Regen. Manchmal klappte es, manchmal nicht. In einem Jahr hätte die Regenzeit längst beginnen sollen, doch es fiel kein Tropfen. Die Hälfte unserer Tiere war bereits verendet und die andere Hälfte durch Durst geschwächt. Meine Mutter sagte mir, daß wir uns versammeln würden, um um Regen zu beten. Buchstäblich aus dem Nichts kamen von allen Seiten Menschen herbei. Wir beteten und sangen und tanzten, versuchten fröhlich und guten Mutes zu sein.

Am nächsten Morgen zogen sich die Wolken zusammen, und der Regen setzte ein. Dann begann, wie immer, wenn es regnet, ein richtiges Fest. Jeder zieht seine Kleider aus und läuft in den Regen hinaus, spritzt und planscht und wäscht sich zum ersten Mal seit Monaten. Wir feiern den Regen mit unseren traditionellen Tänzen: Die Frauen klatschen in die Hände und singen; ihre leisen, sanften Stimmen summen durch die Wüstennacht, und die Männer machen hohe Luftsprünge. Alle steuern etwas zum Festmahl bei, und zur Feier des neugeschenkten Lebens speisen wir wie die Könige.

In den Tagen nach dem Regen erblüht die Savanne mit goldenen Blumen, und die Steppen werden grün. Die Tiere können sich richtig satt essen, und wir dürfen uns ausruhen und das Leben genießen. Wir können in neu entstandenen Seen baden und schwimmen. Die frische Luft ist erfüllt von Vogelgesang, und die Wüste der Nomaden wird zum Paradies.

4. Eine Frau werden

Irgendwann war es an der Zeit, daß meine älteste Schwester Aman beschnitten wurde. Wie alle jüngeren Geschwister war ich neidisch und eifersüchtig, daß sie in die Welt der Erwachsenen aufgenommen werden sollte, die mir noch verschlossen blieb. Aman war schon eine Jugendliche und damit längst über das Alter hinaus, in dem man die Mädchen gewöhnlich beschnitt, doch irgendwie hatte es zeitlich nie geklappt. Während wir ohne Unterlaß durch die afrikanische Steppe zogen, war uns die Zigeunerin, die diesen traditionellen Brauch ausübte, einfach nie über den Weg gelaufen. Als mein Vater sie endlich fand, brachte er sie mit, damit sie meine beiden älteren Schwestern Aman und Halemo beschnitt. Aman war jedoch gerade unterwegs auf Wassersuche, als die Zigeunerin eintraf, und so beschnitt sie nur Halemo. Mein Vater machte sich allmählich Sorgen, denn Aman hatte das heiratsfähige Alter erreicht, doch ehe nicht alles »bei ihr geregelt« war, konnte sie keine Ehe eingehen. In Somalia ist man davon überzeugt, daß das, was sich zwischen den Beinen der Mädchen befindet, schlecht ist, daß wir mit diesen Teilen unseres Körpers zwar geboren werden, daß sie aber etwas Unreines darstellen. Diese Teile müssen entfernt werden, und man schneidet die Klitoris, die großen und die kleinen Schamlippen ab und näht die Wunde zu, so daß nur eine Narbe zurückbleibt, wo zuvor unsere Genitalien gewesen sind. Die Einzelheiten der rituellen Beschneidung sind ein Geheimnis – sie werden einem Mädchen nicht erklärt. Du weißt nur, daß mit dir etwas Besonderes geschieht, wenn du an der Reihe bist.

So kommt es, daß die jungen Mädchen in Somalia begierig auf die Zeremonie warten, durch die sie von einem Kind zur Frau werden. Ursprünglich führte man den Eingriff durch, sobald sie in die Pubertät eintraten, sobald die Mädchen fruchtbar wurden und in der Lage waren, selbst Kinder zu bekommen. Doch im Laufe der Zeit beschnitt man die Mädchen in immer jüngerem Alter – zum Teil auch deshalb, weil sie selbst darauf drängten, ihren besonderen Augenblick herbeisehnten wie ein Kind in den Industrienationen seinen Geburtstag oder das Weihnachtsfest.

Als ich hörte, daß die alte Zigeunerin kam, um Aman zu beschneiden, bat ich, mich gleich mit an die Reihe zu nehmen. Aman war meine schöne große Schwester, mein Vorbild, und alles, was sie wünschte oder besaß, wollte ich auch haben. Am Tag vor dem großen Ereignis zog ich meine Mutter am Ärmel. »Mama, laß uns beide drankommen«, bettelte ich. »Bitte, Mama, laß es morgen bei uns beiden machen.«

Meine Mutter schob mich fort. »Sei still, du dummes Ding!« Aman hingegen freute sich nicht besonders. »Hoffentlich ergeht es mir nicht wie Halemo«, murmelte sie, wie ich noch weiß. Ich war in jenen Tagen noch zu klein, um die Bedeutung ihrer Worte zu begreifen, und als ich Aman danach fragte, wechselte sie rasch das Thema.

Am nächsten Morgen brachten meine Mutter und ihre Freundin Aman in aller Frühe zu der Frau, die die Beschneidung durchführen sollte. Wie schon zuvor bettelte ich, daß sie mich mitnahmen, doch Mama wies mich an, bei den kleineren Kindern zu bleiben. Aber ich erinnerte ich mich an den Tag, als ich meiner Mutter heimlich zu ihren Freundinnen gefolgt war, und schlich der Gruppe Frauen, versteckt hinter Buschwerk und Bäumen, in einem sicheren Abstand nach.

Die Zigeunerin erschien. Sie ist eine wichtige Persönlichkeit in unserer Gesellschaft, nicht nur, weil sie über ein besonderes Wissen verfügt, sondern auch, weil sie mit den Beschneidungen viel Geld verdient. Die Kosten für eine Beschneidung zählen zu den größten Ausgaben, die ein Haushalt tragen muß. Dennoch gilt es als lohnender Einsatz, denn ohne den Eingriff haben die Töchter auf dem Heiratsmarkt keine guten Aussichten. Mit unversehrten Geschlechtsteilen gelten sie als ungeeignet für die Ehe, als unreine Schlampen, die kein Mann ernstlich als seine Frau in Betracht ziehen würde. Deshalb nimmt die Zigeunerin, wie sie genannt wird, bei uns so eine bedeutende Stellung ein. Ich jedoch nenne sie die Mörderin – wegen all der Mädchen, die durch ihre Hand gestorben sind.

Versteckt hinter einem Baum beobachtete ich das Geschehen. Meine Schwester setzte sich auf den Boden. Meine Mutter und ihre Freundin umfaßten Amans Schultern und drückten sie nach unten. Die

Zigeunerin begann zwischen Amans Beinen zu werkeln, und plötzlich riß meine Schwester schmerzverzerrt die Augen auf. Aman war sehr groß und kräftig, und unversehens – rumms – hob sie das Bein und stieß es der Zigeunerin vor die Brust, so daß sie nach hinten auf den Rücken stürzte. Aman wand sich aus den Armen der Frauen und sprang auf die Füße. Entsetzt sah ich Blut an ihren Beinen herabrinnen. Es tropfte auf den Sand und hinterließ eine Spur, als sie davonrannte. Die Frauen liefen ihr nach, doch sie konnten sie erst einholen, nachdem sie zusammengebrochen und zu Boden gestürzt war. Die Frauen rollten sie herum und setzten an Ort und Stelle ihre Arbeit fort. Mir war übel. Ich konnte das nicht mehr mitansehen und rannte zurück zum Lager.

Jetzt wußte ich etwas, das ich lieber nicht gewußt hätte. Zwar verstand ich nicht wirklich, was geschehen war, doch die Vorstellung, das ebenfalls durchmachen zu müssen, versetzte mich in rasende Angst. Meine Mutter konnte ich jedoch nicht fragen, denn ich hätte ja nicht zusehen dürfen. Aman wurde getrennt von uns anderen Kinder untergebracht, während ihre Wunden heilen sollten. Zwei Tage später brachte ich ihr Wasser und kniete mich neben sie. »Wie war es?« fragte ich leise.

»Ach, es war schrecklich ...«, setzte sie an. Doch dann überlegte sie es sich anders. Wenn sie mir die Wahrheit sagte, würde ich mich vor meiner Beschneidung fürchten, anstatt mich darauf zu freuen. »Du hast es sowieso bald vor dir; es wird nicht lange dauern, und dann machen sie es mit dir auch.« Mehr sagte sie nicht.

Von dem Tag an fürchtete ich das Ritual, das an mir durchgeführt werden mußte, damit ich eine Frau würde. Ich versuchte, die furchtbaren Bilder aus meinem Kopf zu verbannen, und im Laufe der Zeit verflüchtigte sich die Erinnerung an die Qual auch im Gesicht meiner Schwester. Schließlich redete ich mir, töricht, wie ich war, ein, daß auch ich eine Frau werden und zur Gemeinschaft meiner älteren Schwestern gehören wollte.

Wir zogen stets gemeinsam mit einem Freund meines Vaters und dessen Familie. Der Mann war ein miesepetriger Alter, und wann immer meine kleinere Schwester oder ich ihn ärgerten, verscheuchte er uns wie die Fliegen. »Weg mit euch, ihr unreinen Mädchen. Ihr seid schmutzig«, schimpfte er. »Ihr seid ja noch nicht beschnitten.« Diese Worte schleuderte er uns entgegen, als wären wir als Unbeschnittene etwas so Verachtenswertes, daß er unseren Anblick kaum ertragen konnte. Seine Beleidigungen ärgerten mich schrecklich, und ich schwor mir, einen Weg zu finden, um ihm das dumme Maul zu stopfen.

Dieser Mann hatte einen Sohn namens Jamah, und ich verliebte mich in den Jungen, obwohl er nie Notiz von mir nahm. Statt dessen interessierte sich Jamah für meine Schwester Aman. Im Laufe der Zeit setzte sich in mir die Vorstellung fest, daß Jamah meine ältere Schwester mir vorzog, weil sie schon beschnitten und damit etwas Besseres war. Wie sein Vater wollte sich Jamah offensichtlich nicht mit schmutzigen, unbeschnittenen kleinen Mädchen abgeben. Als ich etwa fünf Jahre alt war, ging ich zu meiner Mutter. »Mama, bitte mach diese Frau für mich ausfindig. Bitte, wann ist es denn endlich soweit?« Ich dachte, *ich muß es hinter mich bringen – muß diese rätselhafte Sache mit mir machen lassen.* Wie das Schicksal es wollte, gingen nur wenige Tage ins Land, ehe die Zigeunerin erneut auftauchte.

Eines Abends sagte meine Mutter: »Übrigens, dein Vater ist dieser Zigeunerin begegnet. Wir erwarten sie, sie kann jeden Tag hier eintreffen.«

Am Abend vor meiner Beschneidung wies Mama mich an, nicht zuviel Wasser oder Milch zu trinken, damit ich nicht ständig pinkeln mußte. Zwar wußte ich nicht, was sie meinte, doch ich stellte keine Fragen und nickte nur brav. Ich war nervös, aber entschlossen, es hinter mich zu bringen. Meine Familie machte an diesem Abend großes Aufheben um mich, und ich bekam eine Extraportion zum Essen. Das war so üblich, und genau das war es auch, was mich zuvor neidisch auf meine älteren Schwestern gemacht hatte. Ehe ich mich schlafen legte, sagte mir meine Mutter: »Ich wecke dich in der Frühe, wenn es Zeit ist.« Woher sie wußte, wann die Frau kommen würde, frage ich mich noch heute, aber Mama wußte eben immer alles. Sie spürte einfach, wenn jemand auf dem Weg zu uns war oder wenn sich abzeichnete, daß etwas Bestimmtes geschah.

Aufgeregt lag ich in jener Nacht wach, bis plötzlich Mama über mir stand. Es war noch dunkel; jener Zeitpunkt vor Morgenanbruch, wenn das Schwarz des Himmels unmerklich in Grau übergeht. Mit einem Zeichen gab sie mir zu verstehen, leise zu sein, und nahm meine Hand. Ich griff mir meine kleine

Decke und stolperte verschlafen hinter ihr her. Inzwischen weiß ich, warum sie die Mädchen so früh am Morgen holen. Sie wollen sie beschneiden, ehe die anderen aufwachen, damit niemand ihre Schreie hört. Aber an jenem Tag tat ich einfach wie befohlen, obwohl ich mir auf all das keinen Reim machen konnte. Wir gingen von unserer Hütte in den Busch. »Wir warten hier«, sagte Mama, und wir setzten uns auf den kalten Boden. Die Nacht wurde ein wenig heller; ich erkannte allmählich die ersten Umrisse. Dann hörte ich das Klatschen von den Sandalen der Zigeunerin. Meine Mutter rief ihren Namen. »Bist du das?« fügte sie noch hinzu.

»Ja, hier drüben«, antwortete eine Stimme, obwohl ich noch niemanden sehen konnte. Plötzlich stand sie dann neben mir. »Setz dich dorthin«, sagte die Zigeunerin, während sie auf einen flachen Felsen wies. Es gab kein Gespräch, kein: »Guten Tag«. Kein: »Wie geht es euch?« Kein: »Was heute geschieht, wird dir sehr weh tun, du mußt also tapfer sein.« Nichts dergleichen. Die Mörderin kam gleich zur Sache.

Mama brach ein Stück Wurzel von einem alten Baum ab, dann schob sie mich auf den Felsen. Sie setzte sich hinter mich, zog meinen Kopf an ihre Brust und umschlang meinen Körper mit den Beinen. Ich wand die Arme um ihre Oberschenkel. Schließlich steckte mir meine Mutter die Wurzel zwischen die Zähne. »Du mußt daraufbeißen.«

Ich war starr vor Angst. Plötzlich sah ich wieder Amans schmerzverzerrtes Gesicht vor mir. »Das wird weh tun«, murmelte ich mit der Wurzel in meinem Mund.

Mama beugte sich vor. »Du weißt, daß ich dich nicht halten kann«, flüsterte sie. »Ich bin hier ganz allein mit dir. Also sei brav, meine Kleine. Sei tapfer, um meinetwillen, dann hast du es bald hinter dir.« Ich blickte zwischen meine Beine und sah, daß sich die Zigeunerin fertigmachte. Mit dem bunten Schal, den sie um den Kopf geschlungen hatte, und dem farbigen Baumwollkleid sah sie aus wie jede andere Frau in Somalia auch, nur daß sie nicht lächelte. Sie warf mir aus ihren toten Augen einen strengen Blick zu, dann wühlte sie in einer alten Tasche aus Teppichstoff. Ich sah ihr aufmerksam zu, denn ich wollte wissen, womit sie mich schneiden würde. Eigentlich hatte ich ein großes Messer erwartet, statt dessen zog sie einen kleinen Stoffbeutel aus der Tasche. Sie griff mit ihren langen Fingern hinein und brachte eine zerbrochene Rasierklinge zum Vorschein, die sie von allen Seiten prüfend musterte. Die Sonne war gerade erst aufgegangen, und man konnte zwar schon die einzelnen Farben erkennen, jedoch noch keine Einzelheiten. Trotzdem fiel mir auf, daß auf der schartigen Schneide der Klinge Blut klebte. Die Frau spuckte darauf und wischte sie an ihrem Kleid ab. Noch während sie das tat, verdunkelte sich meine Welt. Meine Mutter hatte mir ein Tuch vor die Augen gebunden.

Dann spürte ich, wie mein Fleisch, meine Geschlechtsteile, fortgeschnitten wurden. Ich hörte den Klang der stumpfen Klinge, die durch meine Haut fuhr. Wenn ich heute daran zurückdenke, erscheint es mir schlichtweg unfaßbar, daß mir dies widerfahren ist, und ich habe das Gefühl, als würde ich von jemand anderem sprechen. Es gibt keine Worte, die den Schmerz beschreiben könnten. Es ist, als ob dir jemand ein Stück Fleisch aus dem Oberschenkel reißt oder dir den Arm abschneidet, nur daß es sich dabei um die empfindsamsten Teile deines Körpers handelt. Ich rührte mich jedoch keinen Zentimeter, denn ich dachte an Aman und wußte, daß es kein Entrinnen gab. Und ich wollte, daß Mama stolz auf mich war. Wie aus Stein saß ich da und sagte mir, je weniger ich mich bewegte, desto eher wäre die Qual zu Ende. Aber leider begannen meine Beine einfach zu beben und unkontrolliert zu zucken. »Herr im Himmel, laß es rasch vorüber sein«, betete ich. Und das war es auch, denn ich verlor das Bewußtsein.

Als ich aufwachte, dachte ich, ich hätte es hinter mir, doch da begann erst der schlimmste Teil. Meine Augenbinde war weggerutscht, und ich sah, daß die Mörderin eine Sammlung Dornen des Akazienbaums neben sich aufgehäuft hatte. Mit den Dornen stach sie mir Löcher in die Haut, durch die sie einen festen, weißen Zwirn schob, um mich zuzunähen. Meine Beine waren mittlerweile völlig taub, doch der Schmerz in meiner Scheide war so furchtbar, daß ich nur noch sterben wollte. Plötzlich fühlte ich mich emporgehoben, schwebte über dem Boden, ließ meine Pein zurück und sah von oben auf die Szene unter mir, sah, wie diese Frau meinen Körper wieder zusammenflickte, während meine arme Mutter mich umschlungen hielt. In jenem Augenblick verspürte ich vollkommenen Frieden, hatte weder Sorgen noch Angst.

An diesem Punkt bricht meine Erinnerung ab. Irgendwann öffnete ich die Augen, und die Frau war fort. Man hatte mich zur Seite getragen; ich lag auf dem Boden neben dem Felsen. Meine Beine waren von den Fersen bis zu Hüfte mit Stoffstreifen zusammengebunden, so daß ich mich nicht mehr bewegen konnte. Suchend blickte ich mich nach meiner Mutter um, aber sie war gleichfalls fort. So lag ich da und fragte mich, was als nächstes geschehen würde. Als ich den Kopf wandte, sah ich eine Blutlache auf dem Felsen, als ob dort ein Tier geschlachtet worden wäre. Und außerdem lagen dort auf dem Felsen Stücke meines Fleisches, meine Geschlechtsteile, und trockneten in der Sonne.

Bald stand die Sonne im Zenit. Es gab keinen Schatten, und die sengend heißen Strahlen brannten auf mein Gesicht hernieder, bis meine Mutter mit meiner Schwester zurückkehrte. Sie zogen mich in den Schatten eines Busches, wo ich wartete, daß sie meine Hütte fertigstellten. Es gehörte zur Tradition, daß unter einem Baum eine kleine Hütte errichtet wurde, in der ich in den nächsten Wochen allein ruhen und mich erholen sollte, bis ich wieder gesund war. Als Mama und Aman ihre Arbeit beendet hatten, legten sie mich ins Innere.

Ich dachte, die Qual sei überstanden, bis ich pinkeln mußte. Nun verstand ich den Rat meiner Mutter, nicht zuviel Wasser oder Milch zu trinken. Nachdem ich es stundenlang hinausgeschoben hatte, konnte ich es kaum noch aushalten, doch da mir die Beine zusammengebunden waren, mußte ich bleiben, wo ich war. Mama hatte mich gewarnt, keinen Schritt zu tun, damit ich nicht wieder aufriß. Wenn sich die Wunde öffnete, mußte sie erneut genäht werden, und das war so ungefähr das letzte, was ich wollte.

»Ich muß pinkeln«, rief ich meiner Schwester zu. Ihr Gesichtsausdruck verhieß nichts Gutes. Sie kam herbei, rollte mich auf die Seite und grub mit der Hand eine kleine Mulde in den Sand.

»Gut. Fang an.«

Der erste Tropfen, der herauskam, brannte, als würde mir die Haut von Säure fortgefressen. Als die Zigeunerin mich zunähte, hatte sie für den Urin und das Monatsblut nur ein winziges Loch offengelassen, ein Loch in der Größe eines Streichholzkopfes. Mit dieser ausgefeilten Methode sollte sichergestellt werden, daß ich vor meiner Hochzeit keinen Sex hatte, und mein Ehemann konnte nachprüfen, daß er eine Jungfrau bekam. Während der Urin sich in meiner blutigen Wunde staute und, Tropfen für Tropfen, an den Beinen entlang in den Sand rann, begann ich zu schluchzen. Ich hatte keinen Laut von mir gegeben, als die Mörderin mich aufschnitt. Nun aber brannte es so sehr, daß ich es anders nicht mehr aushielt.

Als der Abend anbrach und es dunkel wurde, kehrten Aman und meine Mutter zur Familie zurück. Ich blieb allein in der Hütte. Mittlerweile hatte ich keine Angst mehr vor der Dunkelheit oder vor Löwen und Schlangen, obwohl ich hilflos war und nicht fortlaufen konnte. Seit dem Augenblick, als ich meinen Körper verlassen und zugesehen hatte, wie die alte Frau mein Geschlecht zunähte, konnte mich nichts mehr ängstigen. Wie erstarrt blieb ich auf dem Boden liegen, nahm keine Furcht mehr wahr, lag taub vor Schmerzen in der Hütte, und mir war gleich, ob ich am Leben blieb oder starb. Daß die anderen gemeinsam am Feuer saßen und lachten, während ich allein in der Dunkelheit lag, kümmerte mich nicht im geringsten.

Nach einigen Tagen, die ich so in der Hütte verbrachte, entzündeten sich meine Genitalien, und ich bekam hohes Fieber. Immer wieder verlor ich das Bewußtsein. Aus Angst vor den Schmerzen beim Urinieren hatte ich es so lange zurückgehalten, bis meine Mutter schimpfte: »Kleines, wenn du nicht pinkelst, wirst du sterben.« Also zwang ich mich dazu. Wenn ich mußte und niemand in der Nähe war, rutschte ich ein Stückchen weiter, rollte mich auf die Seite und wappnete mich gegen den brennenden Schmerz, von dem ich wußte, daß er kommen würde. Doch irgendwann war meine Wunde so entzündet, daß nicht einmal das mehr ging. Mama brachte mir Essen und Wasser für die kommenden zwei Wochen, ansonsten blieb ich allein. Mit zusammengebundenen Beinen lag ich da und wartete, daß die Wunde heilte. Unter dem Einfluß des Fiebers, verloren und matt, fragte ich mich immer wieder: »Wozu? Wozu ist das alles gut?« In diesem Alter wußte ich noch nichts von Sex. Ich wußte lediglich, daß mit Mamas Einwilligung an mir herumgeschnitten worden war und daß ich nicht einsehen konnte, warum.

Schließlich holte meine Mutter mich ab, und ich schlurfte mit meinen zusammengebundenen Beinen zurück zu den anderen. »Na, was ist das für ein Gefühl?« fragte mich mein Vater am ersten Abend in unserer Familienhütte. Ich nehme an, das bezog sich auf meinen neuen Status als Frau, aber ich konnte an nichts anderes denken als an die Schmerzen zwischen meinen Beinen. Da ich kaum mehr als fünf Jahre alt war, lächelte ich nur und schwieg. Woher sollte ich wissen, was es heißt, eine Frau zu sein? Dabei hatte ich zu diesem Zeitpunkt die wichtigsten Verhaltensregeln für eine Afrikanerin schon gelernt, ohne es zu merken: Du mußt dich im Hintergrund halten und dein Leid willenlos und hilflos ertragen wie ein Kind.

Damit meine Wunde heilen konnte, blieben meine Beine mehr als einen Monat zusammengebunden. Mama ermahnte mich ständig, nicht zu laufen oder zu springen, so daß ich nur unbeholfen dahinstolperte. Wenn man bedenkt, daß ich stets ein Energiebündel gewesen und wie ein Äffchen auf Bäume geklettert oder über Steine gesprungen war, bedeutete auch dies eine Qual für mich: still dazusitzen, während meine Geschwister miteinander spielten. Doch ich hatte solche Angst, das Ganze noch einmal durchmachen zu müssen, daß ich mich kaum von der Stelle rührte. Jede Woche untersuchte mich Mama, ob es richtig heilte. Als man die Bänder um meine Beine endlich löste, konnte ich mich zum ersten Mal wieder ansehen. Außer einer Narbe, die in der Mitte entlanglief wie ein Reißverschluß, war dort nur ein völlig glattes Stück Haut. Und der Reißverschluß war eindeutig zugezogen. Mein Geschlecht war versiegelt, unzugänglich wie hinter einer Steinmauer, und kein Mann konnte in mich eindringen, bis mich mein Ehemann in meiner Hochzeitsnacht mit einem Messer aufschnitt oder sich mit Gewalt Einlaß verschaffte.

Kaum konnte ich wieder richtig laufen, machte ich mich auf zu einer Mission. Jeden Tag in all den Wochen, die ich dalag, jede Minute, seit diese alte Frau an mir herumgeschnitten hatte, hatte mich nur ein Gedanke bewegt. Meine Mission führte mich zu dem Felsen, an dem ich geopfert worden war; ich wollte nachsehen, ob meine Geschlechtsteile noch dort lagen. Aber sie waren fort, wahrscheinlich aufgefressen von einem Geier oder einer Hyäne, jenen Aasfressern, die in Afrika zum Kreislauf des Lebens gehören. Wie es ihre Aufgabe war, hatten sie die Brocken weggeräumt, die makabren Beweisstücke unseres harten Wüstenlebens.

Obwohl ich nach meiner Beschneidung große Schmerzen litt, zählte ich noch zu den Glücklicheren. Es hätte weitaus schlimmer kommen können, wie unzählige andere Mädchen erfahren mußten. Bei unseren Wanderungen durch Somalia stießen wir auf viele Familien und spielten mit ihren Töchtern. Aber wenn wir sie wiedertrafen, waren die Mädchen oft fort. Niemand sagte ehrlich, was mit ihnen geschehen war, manchmal sprach man einfach nicht mehr von ihnen. Sie waren an der willkürlichen Verstümmelung gestorben – gestorben am Schock, an Infektion, an Wundstarrkrampf, oder sie waren verblutet. Wenn man betrachtet, unter welchen Bedingungen der Eingriff durchgeführt wird, wundert dies nicht weiter. Es wundert vielmehr, daß einige von uns ihn überlebt haben.

An meine Schwester Halemo kann ich mich kaum noch erinnern. Erst war sie da, und dann war sie plötzlich verschwunden, doch ich mit meinen etwa drei Jahren verstand nicht, was geschehen war. Später erfuhr ich, daß sie von der alten Zigeunerin beschnitten wurde, als »ihre Zeit »gekommen war. Sie ist daran verblutet.

Mit ungefähr zehn Jahren hörte ich die Geschichte einer jüngeren Cousine. Sie wurde mit sechs Jahren beschnitten. Später kam einer ihrer Brüder zu uns zu Besuch und berichtete, was mit ihr geschehen war. Eine Frau war gekommen, um seine Schwester zu beschneiden. Anschließend legte man sie in die Hütte, in der sie sich erholen sollte. Aber ihr »Ding«, wie er es nannte, schwoll an, und aus ihrer Hütte kam ein unerträglicher Gestank. Als er das damals erzählte, glaubten wir ihm nicht. Warum sollte sie schlecht riechen; Aman und mir war das nicht passiert. Heute weiß ich, daß er die Wahrheit sagte: Da der Eingriff unter unsauberen Bedingungen durchgeführt wurde, da man die Mädchen einfach im Busch aufschlitzte, hatte sich die Wunde entzündet. Der Gestank war ein Hinweis auf Wundbrand. Eines Morgens kam die Mutter, um nach ihrer Tochter zu sehen, die wie üblich über Nacht allein in der Hütte geblieben war. Sie fand ihre kleine Tochter tot, der Körper kalt und blau. Ehe sich die Aasfresser über sie hermachen konnten, begrub die Familie sie in der Wüste.

5. Der Ehevertrag

Als ich eines Morgens aufwachte, hörte ich Stimmen. Ich stand von meiner Matte auf, konnte aber niemanden sehen. So beschloß ich, der Sache auf den Grund zu gehen. Nachdem ich einen knappen Kilometer den Stimmen nach durch die frühmorgendliche Stille gelaufen war, sah ich meine Mutter und meinen Vater, die gerade einer Gruppe von Menschen nachwinkten. »Wer ist das, Mama?« fragte ich und deutete auf den Rücken einer zierlichen Frau, die ein Tuch um den Kopf geschlungen hatte.

»Oh, das ist deine Freundin Shukrin.«

»Zieht ihre Familie von hier weg?«

»Nein, sie wird heiraten«, war die Antwort meiner Mutter.

Fassungslos starrte ich den Gestalten nach. Ich war etwa dreizehn und Shukrin so um die vierzehn, also nur wenig älter als ich, und ich konnte nicht glauben, daß sie heiraten würde. »Wen?« Niemand gab mir Antwort, denn so eine Frage gehörte sich nicht. »Wen?« beharrte ich, erntete aber wieder nur Schweigen. »Zieht sie fort von hier mit dem Mann, den sie heiratet?« Das war so üblich, und meine Freundin nun nie mehr wiederzusehen, war meine größte Furcht.

Mein Vater entgegnete schroff: »Mach dir keine Sorgen. Du bist die nächste.« Daraufhin drehten sich meine Eltern um und gingen zurück zu unserer Hütte. Ich blieb wie angewurzelt stehen und versuchte, die Neuigkeit zu verdauen. Shukrin würde heiraten! Heiraten! Das Wort hatte ich schon oft gehört, aber bis zu diesem Morgen hatte ich mir nie überlegt, was das eigentlich bedeutete.

Wie alle Mädchen in Somalia hatte ich mir noch nie Gedanken über die Ehe oder Sex gemacht. In meiner Familie, in unserer Kultur wurde über so etwas nicht gesprochen. Es war kein Thema, das mich beschäftigte. Jungen waren für mich stets Konkurrenten gewesen, mit denen ich mich im Tierehüten, Rennen und Raufen maß. Das einzige, was ich je in bezug auf Sex gehört hatte, war folgender Satz: »Mach bloß mit keinem herum. Bei deiner Hochzeit mußt du Jungfrau sein.« Ein Mädchen weiß, daß es als Jungfrau in die Ehe gehen muß, daß es nur ein einziges Mal heiratet, und das war's dann. Das ist dein Leben.

Mein Vater sagte immer wieder zu meinen Schwestern und mir: »Ihr Mädchen seid meine Prinzessinnen«, denn man hielt ihn für einen Glückspilz, weil er die hübschesten Töchter in der ganzen Gegend hatte. »Ihr seid meine Prinzessinnen, und kein Mann wird mit euch herummachen. Wenn es einer versucht, sagt mir bloß Bescheid. Ich bin hier, um euch zu beschützen, ich würde für euch sterben.«

Dazu ergab sich mehr als einmal Gelegenheit. Meine älteste Schwester Aman hütete gerade die Herde, als sich ihr ein Mann näherte. Hartnäckig setzte er ihr zu. »Laß mich zufrieden. Ich interessiere mich nicht für dich«, sagte sie immer wieder. Als er mit seinen Betörungskünsten keinen Erfolg hatte, packte er sie und versuchte, ihr Gewalt anzutun. Aber das erwies sich als großer Fehler, denn sie war eine Amazone, gut über einsachtzig groß und stark wie ein Mann. Sie schlug ihn zusammen und kam dann nach Hause, um meinem Vater davon zu erzählen. Er machte sich auf, den armen Idioten zu suchen, und dann schlug Papa ihn zusammen. Kein Mann durfte mit seinen Töchtern herummachen.

Eines Nachts wachte ich auf, weil eine andere meiner Schwestern, Fauziya, einen schrillen Schrei ausgestoßen hatte. Wie gewöhnlich schliefen wir draußen unter dem Sternenhimmel, aber sie lag ein Stück weit weg von uns. Ich setzte mich auf und bemerkte einen verschwommenen Schatten, der von unserem Lager wegrannte. Fauziya schrie noch immer, als mein Vater aufsprang, um dem Eindringling nachzujagen. Wir gingen zu meiner Schwester, und sie strich sich über die Beine, die von weißem, klebrigem Samen bedeckt waren. Der Mann konnte meinem Vater entwischen, aber am nächsten Morgen entdeckten wir die Abdrücke seiner Sandalen neben der Schlafstelle meiner Schwester. Papa hatte eine Vermutung, wer der Schuldige sein mochte, war sich jedoch nicht sicher.

Einige Zeit später, während einer schweren Dürre, zog mein Vater zu einer Wasserstelle in der Gegend, um Wasser zu holen. Als er tief unten in der feuchten Erde stand, kam ein Mann dazu. Der Mann konnte es kaum erwarten, bis er an der Reihe war, und schrie zu Vater hinunter: »He, mach schon! Ich brauche auch Wasser!« In Somalia sind die Wasserstellen für jedermann zugänglich, sie entstehen dort, wo jemand so lange gräbt, bis er auf Grundwasser stößt, manchmal bis zu dreißig Meter tief. Sobald das Wasser knapper wird, nimmt auch der Konkurrenzkampf zu; jeder möchte ausreichend Wasser für seine Herde bekommen. Mein Vater erklärte dem Kerl, er solle nur kommen und sich holen, was er brauche.

»Ja, das mache ich.« Der Mann verschwendete keine Zeit, er kletterte rasch in das Loch hinab, machte sich an die Arbeit und füllte seine Beutel mit Wasser. Als er dabei herumlief, fiel meinem Vater der Abdruck seiner Sandalen im Schlamm auf.

»Du bist es gewesen, nicht wahr?« fragte Papa. Er packte den Mann an der Schulter und schüttelte ihn. »Du verdorbener Mistkerl, du hast dich an meinem Mädchen vergriffen!« Mein Vater schlug auf ihn ein und verprügelte ihn wie einen Hund. Er aber zog ein großes afrikanisches Messer, eine Mordwaffe, in die wie bei einem rituellen Dolch kunstvolle Muster eingraviert waren. Den stieß er meinem Vater vier- oder fünfmal in die Rippen, bevor Papa ihm die Waffe entwinden und mit seinem eigenen Messer auf ihn einstechen konnte. Nun waren beide ernstlich verwundet. Meinem Vater gelang es mit letzter Kraft, aus dem Loch zu klettern und sich nach Hause zu schleppen. Blutverschmiert und geschwächt kam er bei uns an. Nach langem Krankenlager erholte er sich wieder, aber mir wurde klar, daß er die Wahrheit gesagt hatte: Er war bereit gewesen, für die Ehre meiner Schwester zu sterben.

Mein Vater scherzte immer mit uns Mädchen: »Ihr seid meine Prinzessinnen, meine Schätze, ich schließe euch gut ein. Und ich habe den Schlüssel!«

Ich fragte ihn: »Aber Papa, wo ist der Schlüssel?«

Da kicherte er albern und erwiderte: »Den habe ich weggeworfen!«

»Und wie sollen wir dann herauskommen?« klagte ich, und alle lachten.

»Du kommst nicht heraus, Liebling. Erst, wenn ich es sage.«

Diese Scherze machte er mit einer nach der anderen, von Aman, der ältesten, bis zur kleinsten, die noch ein Baby war. Aber eigentlich waren es keine Scherze. Denn ohne die Erlaubnis meines Vaters hatte niemand Zugang zu seinen Töchtern. Und dabei ging es nicht nur darum, daß Papa uns vor unerwünschten Annäherungen bewahren wollte. Jungfrauen sind auf dem afrikanischen Heiratsmarkt eine begehrte Ware, und das ist einer der Hauptgründe für die weibliche Beschneidung, auch wenn das niemand zugeben würde. Für seine schönen jungfräulichen Töchter konnte mein Vater einen hohen Preis erzielen, aber eine, die schon einmal Sex mit einem Mann gehabt hatte, würde er nur schwerlich loswerden. Allerdings fielen mir diese Zusammenhänge als Kind nicht auf, weil ich noch zu klein war, um mir über Sex oder die Ehe Gedanken zu machen.

Zumindest bis ich von der Heirat meiner Freundin Shukrin erfuhr. Ein paar Tage später kam mein Vater eines Abends nach Hause. »He, wo ist Waris?« hörte ich ihn rufen.

»Hier drüben, Papa«, antwortete ich.

»Komm her«, forderte er mich mit sanfter Stimme auf. Da er sonst immer sehr streng und schroff war, wußte ich, daß etwas nicht stimmte. Ich nahm an, ich sollte morgen etwas für ihn erledigen, vielleicht mit den Tieren Wasser und Nahrung suchen gehen oder eine ähnliche Aufgabe. Also blieb ich, wo ich war, musterte meinen Vater aus den Augenwinkeln und versuchte herauszufinden, was er mit mir vorhatte. »Komm, komm, komm, komm«, rief er ungeduldig.

Schließlich ging ich ein paar Schritte auf ihn zu, sah ihn mißtrauisch an, sagte aber nichts. Papa packte mich und setzte mich auf sein Knie. »Weißt du«, begann er, »du bist immer ein gutes Kind gewesen.« Nun *wußte* ich, daß es um etwas Ernstes ging. »Du warst ein gutes Kind, mehr wie ein Junge, ein Sohn für mich.« Dieser Satz war das höchste Lob, das er geben konnte.

»Hmm«, antwortete ich nur und fragte mich, womit ich solche Lobeshymnen verdient hatte.

»Du warst wie ein Sohn für mich, du hast so hart gearbeitet wie ein Mann und gut für das Vieh gesorgt. Und ich möchte dir sagen, daß ich dich sehr vermissen werde.« Bei diesen Worten dachte ich, Papa hätte Angst, ich würde weglaufen wie meine Schwester Aman. Sie war weggelaufen, als Vater sie verheiraten wollte. Jetzt befürchtete er wohl, ich würde auch davonlaufen und ihn und Mama mit all der harten Arbeit allein lassen.

Eine Woge der Zuneigung erfaßte mich, und ich schlang meine Arme um ihn. Gleichzeitig hatte ich

Gewissensbisse wegen meines Mißtrauens. »O Papa, ich gehe doch nicht weg!«

Da rückte er ein Stück von mir ab und sah mich durchdringend an. Dann sagte er mit sanfter Stimme: »Doch, das wirst du, mein Liebling.«

»Wohin sollte ich gehen? Ich gehe nirgendwohin, ich werde dich und Mama nicht verlassen.«

»Doch, Waris. Ich habe einen Mann für dich gefunden.«

»Nein, Papa, nein!« Ich sprang auf. Er versuchte, mich festzuhalten, versuchte, meine Arme zu packen und mich an sich zu ziehen. »Ich will nicht weggehen, ich will nicht von zu Hause fort, ich will bei dir und Mama bleiben!«

»Pst, ganz ruhig, es wird alles gut. Ich habe einen netten Mann für dich gefunden.«

»Wen?« wollte ich, trotz allem neugierig geworden, wissen.

»Du wirst ihn kennenlernen.«

Mir stiegen Tränen in die Augen, obwohl ich mich bemühte, Fassung zu bewahren. Ich begann, auf ihn einzuschlagen. »Ich will nicht heiraten!« schrie ich.

»In Ordnung, Waris, sieh mal ...« Papa hob einen Stein vom Boden auf, versteckte seine Hände hinter dem Rücken und ließ den Stein von einer Hand in die andere wandern. Beide Hände zur Faust geballt, so daß ich nicht sehen konnte, in welcher der Stein versteckt war, streckte er dann die Arme vor sich aus. »Nimm die rechte oder die linke Hand. Such die Hand, in der der Stein ist. Wenn du richtig rätst, wirst du tun, was ich dir sage, und für den Rest deines Lebens glücklich sein. Wenn du die falsche Hand wählst, werden deine Tage voller Kummer sein, weil deine Familie dich ausgestoßen hat.«

Ich starrte ihn an und fragte mich, was passieren würde, wenn ich mich falsch entschied. Würde ich sterben? Ich berührte seine linke Hand. Er öffnete die Faust, und die Handfläche war leer. »Ich glaube, ich werde nicht tun, was du verlangst«, murmelte ich traurig.

»Wir können es noch einmal versuchen.«

»Nein«. Ich schüttelte langsam den Kopf. »Nein, Papa, ich werde nicht heiraten.«

»Er ist ein guter Mann«, schrie mein Vater. »Du mußt mir vertrauen. Ich weiß, ob ein Mann gut ist. Und du wirst tun, was ich dir sage!«

Ich stand da, mit hängenden Schultern, elend und verängstigt, und schüttelte den Kopf.

Er schleuderte den Stein in seiner rechten Hand in die Dunkelheit hinaus und schrie: »Dann wirst du dein Leben lang unglücklich sein!«

»Du mußt ja nicht damit leben, oder?« Mein Vater gab mir eine saftige Ohrfeige, weil er keine Widerworte zuließ. Im nachhinein wurde mir klar, daß er mich nicht nur wegen der Tradition, sondern sehr wohl auch wegen meines störrischen Benehmens rasch verheiraten wollte. Ich hatte mich zu einer Rebellin entwickelt, einem rotzfrechen Ding, das keine Angst kannte, und dieser Ruf von mir verbreitete sich allmählich. Papa mußte einen Mann für mich finden, solange ich noch von Wert für ihn war, denn ein afrikanischer Mann duldet es nicht, daß seine Ehefrau ihm widerspricht.

Am nächsten Morgen führte ich wie immer meine Tiere auf die Weide. Während ich ihnen beim Grasen zusah, dachte ich über die Ehe nach, da sie sich nun so plötzlich in mein Leben drängte. Und ich versuchte, mir etwas einfallen zu lassen, damit ich zu Hause bleiben durfte. Aber tief im Innern wußte ich, daß es nicht so kommen würde. Ich fragte mich, was für ein Mensch mein zukünftiger Ehemann wohl war. Bis dahin hatte ich lediglich auf kindliche Weise für Jamah geschwärmt, den Sohn eines Freundes meines Vaters. Ich war ihm schon häufig begegnet, weil unsere Familien oft gemeinsam umhergezogen waren. Jamah war viel älter als ich, und ich fand ihn äußerst gutaussehend. Papa liebte ihn wie sein eigenes Kind und fand, daß er seinem Vater ein guter Sohn war. Aber am meisten reizte mich wohl an Jamah, daß er sich einmal sehr für meine Schwester Aman interessiert hatte und von mir keinerlei Notiz nahm. Für ihn war ich nur ein kleines Mädchen, Aman dagegen eine begehrenswerte Frau. Als ich ihr zuflüsterte, daß Jamah sie mochte, winkte sie nur ab und sagte: »Pah«. Sie würdigte ihn keines Blickes, weil sie das Nomadenleben zur Genüge kannte und kein Verlangen hatte, einen Mann wie unseren Vater zu heiraten. Statt dessen plante sie, in die Stadt zu gehen und sich einen reichen Mann zu suchen. Als Papa sie dann an einen befreundeten Nomaden verheiraten wollte, lief sie weg, um ihre Träume von der großen Stadt zu verwirklichen. Wir haben nie wieder von ihr gehört.

An diesem Tag versuchte ich, mir beim Tierehüten einzureden, daß eine Ehe vielleicht doch nicht so schlecht war, und stellte mir vor, wie ich mit Jamah zusammenleben würde, so wie meine Mutter und mein Vater zusammenleben würde. Bei Sonnenuntergang kehrte ich mit der Herde zu unserem Lager zurück. Meine kleine Schwester lief mir entgegen und verkündete: »Papa hat jemanden bei sich, und ich glaube, sie warten auf dich.« Sie war mißtrauisch, weil man sich plötzlich so für mich interessierte, und argwöhnte, man wolle sie vielleicht bei einem lohnenden Geschäft übergehen. Doch ich schauderte, denn ich wußte, daß mein Vater seinen Plan weiterverfolgte, als hätte es meine Weigerung nicht gegeben.

»Wo sind sie?« Meine Schwester zeigte in die eine Richtung, und ich drehte mich um und lief in die entgegengesetzte.

»Waris, sie warten auf dich«, rief sie.

»Ach, halt die Klappe! Laß mich in Ruhe!« Ich führte meine Ziegen in den Pferch und begann, sie zu melken. Als ich zur Hälfte fertig war, hörte ich, wie mein Vater meinen Namen rief. »Ja, Papa, ich komme.« Voller Furcht stand ich auf, aber ich wußte, daß ich das Unvermeidliche nicht aufschieben konnte. Ein kleines Fünkchen Hoffnung besaß ich noch, nämlich, daß Papa vielleicht mit Jamah auf mich wartete, und ich stellte mir sein glattes, schönes Gesicht vor. Mit geschlossenen Augen ging ich auf sie zu. »Bitte, laß es Jamah sein ...«, murmelte ich vor mich hin, während ich mich zögernd näherte. Jamah war zu meinem Rettungsanker geworden, jemand, der mich davor bewahren konnte, meine Familie zu verlassen und mit einem fremden Mann zu leben.

Schließlich öffnete ich die Augen und starrte in

den blutroten Himmel. Die Sonne versank am Horizont, und ich konnte nur die Umrisse zweier Männer vor mir sehen. Mein Vater sagte: »Oh, da bist du ja. Komm her, mein Liebling. Das ist Herr ...« Mehr hörte ich nicht. Mein Blick fiel auf einen Mann, der auf einen Stock gestützt dasaß. Er war mindestens sechzig Jahre alt und hatte einen langen weißen Bart.

»Waris!« Irgendwann bemerkte ich, daß mein Vater zu mir sprach. »Sag guten Tag zu Herrn Galool.«

»Guten Tag«, sagte ich so eisig, wie ich konnte. Man erwartete Respekt von mir, aber nicht, daß ich mich freute. Der alte Narr saß da und grinste mich an, er stützte sich fest auf seinen Stock, erwiderte aber nichts. Wahrscheinlich wußte er nicht, was er zu diesem Mädchen, seiner zukünftigen Frau, sagen sollte, die erschrocken den Blick auf ihn heftete. Um den Ausdruck meiner Augen zu verbergen, senkte ich den Kopf und starrte zu Boden.

»Komm, Waris, sei nicht so schüchtern«, ermunterte mich Papa. Ich blickte ihn an. Als er meinen Gesichtsausdruck sah, entschied er, daß es am klügsten war, mich wieder wegzuschicken, damit ich meinen zukünftigen Ehemann nicht in die Flucht jagte. »Na, ist schon gut. Du gehst wohl besser zurück an deine Arbeit und machst sie fertig.« Dann erklärte er, an Herrn Galool gewandt: »Sie ist ein schüchternes, ruhiges Mädchen«. Ich wartete keine Sekunde länger, sondern lief hastig wieder zurück zu meinen Ziegen.

Den ganzen Abend über malte ich mir mein Leben an der Seite von Herrn Galool aus. Da ich noch nie von meinen Eltern getrennt gewesen war, stellte ich mir vor, wie es wohl sein würde, mit einem völlig Fremden zusammenzuleben. Glücklicherweise beschäftigte ich mich nicht mit der Vorstellung, mit einem widerlichen alten Mann Sex zu haben, was mein Elend sicherlich noch vergrößert hätte. Denn im zarten Alter von dreizehn Jahren war mir dieser Teil der Abmachung unbekannt. Um mich von meinem Kummer über die bevorstehende Eheschließung abzulenken, schlug ich meinen kleinen Bruder.

Am nächsten Morgen in aller Frühe rief mich mein Vater zu sich. »Du weißt, wer das gestern abend war?«

»Ich kann es mir vorstellen.«

»Das ist dein zukünftiger Ehemann.«

»Aber Papa, er ist so alt!« Ich konnte es nicht fassen, daß ich meinem Vater nicht mehr wert war. Wie konnte er mich nur diesem alten Mann geben.

»Das sind die besten, mein Liebling! Er ist zu alt, um herumzustreunen und anderen Frauen nachzulaufen oder sie gar noch zu heiraten. Er wird dich nicht verlassen, wird für dich sorgen. Und außerdem«, verkündete Papa mit stolzem Grinsen, »weißt du, wieviel er für dich bezahlt?«

»Wieviel?«

»FÜNF Kamele! Er gibt mir FÜNF Kamele.« Papa tätschelte meinen Arm. »Ich bin so stolz auf dich.«

Ich wandte den Blick von meinem Vater ab und sah zu, wie die goldene Morgensonne die Wüstenlandschaft zum Leben erweckte. Ich schloß die Augen und spürte die wärmenden Strahlen auf meinem Gesicht. Meine Gedanken wanderten zurück zur letzten Nacht, als ich nicht schlafen konnte. Geborgen im Kreis meiner Angehörigen hatte ich wachgelegen, den Lauf der Sterne verfolgt und meine Entscheidung getroffen. Wenn ich mich weigerte, den alten Mann zu heiraten, wäre damit nichts gewonnen, das war mir klar. Denn mein Vater würde einen anderen Mann für mich finden, dann noch einen und noch einen, ... weil er mich loswerden und seine Kamele bekommen wollte. Also nickte ich. »Nun, Vater, ich muß jetzt meine Tiere auf die Weide führen.« Papa sah mich zufrieden an, und ich konnte seine Gedanken lesen: »He, das war viel leichter, als ich mir vorgestellt hatte.«

Als ich an jenem Tag den Ziegen beim Spielen zusah, wußte ich, daß ich die Herde meines Vaters zum letztenmal hütete. Ich malte mir mein Leben an der Seite des alten Mannes aus – er und ich an einem einsamen Ort in der Wüste. Ich würde die ganze Arbeit erledigen, während er auf seinen Stock gestützt umherhumpelte. Ich würde nach seinem Herzinfarkt allein zurückbleiben, oder noch schlimmer, nach seinem Tod fünf kleine Kinder alleine großziehen, denn in Somalia heiraten Witwen nicht noch einmal. Mein Entschluß stand fest: Das war kein Leben für mich. Als ich am Abend nach Hause kam, fragte mich meine Mutter, was mit mir los sei. »Hast du den Mann gesehen?« schnaubte ich.

Sie brauchte mich nicht zu fragen, welchen Mann. »Ja, ich habe ihn gestern gesehen.«

Da flüsterte ich ihr verzweifelt zu, damit mein Vater nichts hörte: »Mama, ich will diesen Mann nicht heiraten!«

Sie zuckte die Schultern. »Nun, mein Liebling, das

liegt nicht in meiner Macht. Was kann ich schon tun? Dein Vater entscheidet darüber.« Ich wußte, daß mein zukünftiger Ehemann morgen oder übermorgen, seine fünf Kamele im Schlepptau, kommen würde, um mich zu holen. Deshalb mußte ich weglaufen, bevor es zu spät war.

In dieser Nacht lauschte ich, nachdem wir uns zum Schlafen hingelegt hatten, auf Papas vertrautes Schnarchen. Dann stand ich auf und ging zu meiner Mutter, die noch immer am Feuer saß. »Mama«, flüsterte ich, »ich kann diesen Mann nicht heiraten. Ich werde weglaufen.«

»Pscht, ruhig! Wohin, mein Kind? Wohin willst du gehen?«

»Ich gehe zu meiner Tante nach Mogadischu.«

»Weißt du denn, wo sie wohnt? Ich nicht!«

»Mach dir keine Sorgen, ich finde sie schon.«

»Aber jetzt ist es schon dunkel«, wandte sie ein, als könne sie den Lauf des Schicksals aufhalten.

»Nicht jetzt, am Morgen«, flüsterte ich. »Weck mich vor Sonnenaufgang.« Ich wußte, daß ich ihre Hilfe brauchte, denn ich konnte mir nicht einfach den Wecker stellen. Und ich brauchte ein wenig Ruhe vor meiner langen Reise. Allerdings brauchte ich auch einen Vorsprung, bevor mein Vater aufwachte.

»Nein.« Sie schüttelte den Kopf. »Das ist zu gefährlich.«

»*Bitte*, Mama! Ich kann diesen Mann nicht heiraten, ich kann nicht seine Ehefrau werden! Bitte, bitte. Ich werde zurückkommen und dich holen. Ganz bestimmt.«

»Geh zu Bett.« Sie hatte jenen strengen Gesichtsausdruck, der bedeutete, daß das Thema damit erledigt war. Ich ließ meine müde Mutter am Feuer sitzen und kuschelte mich zwischen meine Geschwister, in dieses Knäuel aus Armen und Beinen, um mich aufzuwärmen.

Ich erwachte davon, daß meine Mutter mich leicht am Arm zupfte. Sie kniete neben mir am Boden. »Geh jetzt.« Sofort war ich hellwach, und als mir bewußt wurde, was ich vorhatte, wurde mir flau im Magen. Ich wand mich vorsichtig aus den ineinander verschlungenen Körpern und vergewisserte mich, daß mein Vater noch immer an seinem üblichen Platz als Wächter der Familie schlief. Er lag da und schnarchte.

Fröstelnd ging ich mit meiner Mutter ein Stück von der Hütte weg. »Danke, Mama, daß du mich aufgeweckt hast.« Im schwachen Lichtschein bemühte ich mich, ihr Gesicht zu sehen, versuchte, mir jede Einzelheit davon einzuprägen, weil ich dieses Gesicht lange Zeit nicht mehr sehen würde. Ich hatte mir vorgenommen, stark zu sein, aber nun erstickte ich fast an meinen Tränen. Fest drückte ich sie an mich.

»Geh, bevor er aufwacht«, flüsterte sie mir zärtlich ins Ohr. Ich spürte, wie sich ihre Arme um mich schlossen. »Es wird dir nichts passieren, mach dir keine Sorgen. Du mußt nur sehr vorsichtig sein. Vorsichtig!« Sie ließ mich los. »Und Waris ... eines noch. Bitte vergiß mich nicht.«

»Das werde ich nicht, Mama ...« Ich drehte mich weg von ihr und rannte in die Dunkelheit hinaus.

6. *Unterwegs*

Wir hatten erst ein paar Kilometer zurückgelegt, da fuhr der elegant gekleidete Mann mit seinem Mercedes an die Seite. »Hier ist leider Endstation. Ich lasse dich heraus, dann kannst du mit jemand anderem mitfahren.«

»Oh ...« Das war wirklich eine enttäuschende Nachricht, denn dieser Mann im Mercedes war die erste angenehme Erfahrung, seit ich von zu Hause weggelaufen war. Ich hatte die Wüste durchquert, tagelang gehungert, war von einem Löwen verfolgt, von einem Hirten ausgepeitscht und von einen Lastwagenfahrer angegriffen worden.

»Viel Glück auf deiner Reise«, rief er mir durch das offene Fenster nach und zeigte wieder seine weißen Zähne. Ich blieb am Rande der staubigen Straße in der Sonne stehen und winkte ihm matt nach. Als das Auto am flirrenden Horizont verschwunden war, machte ich mich wieder auf den Weg. Mittlerweile fragte ich mich, ob ich es je bis nach Mogadischu schaffen würde.

An diesem Tag wurde ich noch ein paarmal mitgenommen, aber immer nur kurze Strecken; zwischendurch ging ich zu Fuß weiter. Als der Abend kam, hielt wieder ein Lastwagen am Straßenrand.

Reglos vor Angst starrte ich auf seine Bremslichter, denn meine letzte Erfahrung mit einem Lastwagenfahrer hatte ich noch gut im Gedächtnis. Während ich dastand und überlegte, drehte sich der Fahrer im Führerhaus um und sah mich an. Wenn ich mich nicht rasch entschied, würde er ohne mich weiterfahren, daher lief ich schnell vor zum Führerhaus. Es handelte sich um einen großen Sattelschlepper, und es kostete mich Mühe, hinaufzuklettern, als der Fahrer die Türe öffnete. »Wohin willst du?« fragte er. »Ich fahre nur bis Galcaio.«

Als der Fahrer Galcaio sagte, kam mir eine großartige Idee. Ich hatte nicht gewußt, daß ich mich in der Nähe der Stadt befand, wo mein reicher Onkel Ahmed wohnte. Anstatt ganz Somalia zu durchqueren, um nach Mogadischu zu gelangen, konnte ich bei Onkel Ahmed bleiben. In meinen Augen hatten wir ohnehin noch eine Rechnung offen, weil er mir nie das versprochene Paar Schuhe gebracht hatte, obwohl ich sein Vieh gehütet hatte. Ich malte mir aus, wie ich am Abend in seinem schönen Haus ein üppiges Mahl essen und anschließend dort schlafen würde, anstatt unter einem Baum zu kampieren. »Ja, da muß ich hin.« Ich lächelte, die Idee gefiel mir. »Ich muß auch nach Galcaio.« Der Lastwagen hatte Lebensmittel geladen, Berge von gelbem Getreide, Säcke voller Reis und Zucker. Ihr Anblick erinnerte mich daran, wie hungrig ich war.

Der Lastwagenfahrer war um die vierzig und ein großer Charmeur. Die ganze Zeit versuchte er, ein Gespräch in Gang zu bringen. Ich wollte nicht unfreundlich sein, aber ich hatte schreckliche Angst. Er sollte nur nicht den Eindruck bekommen, daß ich auf einen Flirt aus war. Während ich aus dem Fenster sah, überlegte ich, wie ich das Haus meines Onkels finden konnte, denn ich hatte keine Ahnung, wo er wohnte. Aber dann riß mich eine Bemerkung des Fahrers aus meinen Gedanken: »Du bist von zu Hause ausgerissen, stimmt's?«

»Warum sagen Sie das?« fragte ich überrascht.

»Ich weiß es eben. Ich werde dich melden.«

»Was? NEIN! Bitte, bitte ... ich bin unterwegs. Ich habe etwas zu erledigen. Ich möchte nur, daß Sie mich nach ... nach Galcaio bringen. Mein Onkel erwartet mich, ich soll ihn dort besuchen.« Der Blick des Mannes sagte mir, daß er mir nicht glaubte, aber er fuhr trotzdem weiter. Meine Gedanken eilten voraus. Wo sollte er mich herauslassen, was sollte ich ihm sagen? Nachdem ich ihm diese Geschichte von meinem Onkel, der mich angeblich erwartete, aufgetischt hatte, konnte ich kaum zugeben, daß ich nicht wußte, wo er wohnte. Als wir die Stadt erreichten, versuchte ich, mich in dem Gedränge von Straßen, Gebäuden, Autos und Menschen zu orientieren. Die Ansiedlung war viel größer als das Dorf, in dem ich zuvor gewesen war, und zum ersten Mal wurde mir klar, welche Aufgabe ich vor mir hatte, wenn ich meinen Onkel finden wollte.

Von meinem Sitz oben im Führerhaus des Sattelschleppers blickte ich nervös auf dieses Gewirr, das Galcaio hieß. Für mich war diese Stadt ein einziges Durcheinander, und ich war hin- und hergerissen, weil ich am liebsten in dem Lastwagen geblieben wäre, meinem Gefühl nach aber so schnell wie möglich von dort verschwinden mußte, bevor mich dieser Kerl als Ausreißerin melden konnte. Als er an einem Marktplatz anhielt und ich die Stände voller Lebensmittel sah, beschloß ich zu gehen. »He, ähm, mein Freund, hier steige ich aus. Mein Onkel wohnt dort drüben«, sagte ich und deutete auf eine Nebenstraße. Bevor er mich abhalten konnte, sprang ich aus dem Wagen. »Danke, daß Sie mich mitgenommen haben«, rief ich ihm noch zu und schloß knallend die Tür.

Erstaunt schlenderte ich über den Markt. Noch nie in meinem Leben hatte ich so viele Lebensmittel gesehen. Ich weiß noch, wie beeindruckt ich war! Stapel von Kartoffeln, Berge von Getreide, Ständer voller getrockneter Nudeln. Und mein Gott, all diese Farben! Tonnen, in denen leuchtend gelbe Bananen aufgestapelt waren, grüne und goldene Melonen, und Tausende, Abertausende roter Tomaten. Weil ich all diese Früchte noch nie gesehen hatte, blieb ich vor einem Stand mit Tomaten stehen. Das war der Augenblick, in dem meine Liebe zu saftigen, reifen Tomaten erwachte, und bis heute kann ich nicht genug davon bekommen. Ich starrte die Lebensmittel an, und die Leute auf dem Markt starrten mich an. Die Frau, der der Tomatenstand gehörte, kam stirnrunzelnd auf mich zu. Sie war eine richtige Mama. In Afrika ist der Ausdruck »Mama« eine respektvolle Bezeichnung für eine Frau. Er bedeutet, daß man reif ist, erwachsen, und um diesen Titel zu verdienen, muß man wirklich Kinder zur Welt gebracht haben. Ihre bunten Tücher leuchteten hell. »Was willst du?« fragte diese Mama.

»Bitte, kann ich davon etwas haben?« erwiderte ich und deutete auf die Tomaten.

»Hast du Geld?«

»Nein, aber ich habe solchen Hunger.«

»Verschwinde von hier, GEH WEG!« Mit einer Handbewegung verscheuchte sie mich von ihrem Stand.

Bei einem anderen Stand versuchte ich es noch einmal. Diese Frau sagte: »Ich kann keine Bettler gebrauchen, die vor meinem Stand herumlungern. Ich will hier Geschäfte machen. Sieh zu, daß du wegkommst.«

Ich erzählte ihr meine Geschichte, daß ich meinen Onkel Ahmed finden mußte, und fragte sie, ob sie wisse, wo er wohnte. Da mein Onkel ein wohlhabender Geschäftsmann war, nahm ich an, daß er in Galcaio bekannt war. »Sei still jetzt. Du kannst nicht aus dem Busch hierherkommen und anfangen, dermaßen herumzuschreien. Pst. Du mußt ein wenig Respekt haben, Mädchen. Du mußt ruhig sein. Ruhig. Und verkünde deinen Familiennamen nicht ständig in aller Öffentlichkeit.« Ich starrte sie an und dachte, *o Gott, wovon spricht diese Frau eigentlich, und werde ich mich mit diesen Leuten irgendwann einmal richtig verständigen können?*

An der Seite lehnte ein Mann an einer Mauer. Er rief mir zu: »Mädchen, komm her.« Aufgeregt ging ich zu ihm hin und erklärte ihm meine Notlage. Der Mann war etwa dreißig; er sah aus wie ein ganz gewöhnlicher Afrikaner, war nichts Besonderes, hatte jedoch ein freundliches Gesicht. »Sei ruhig. Ich kann dir helfen, aber du mußt vorsichtig sein«, sagte er geduldig. »Du kannst nicht herumlaufen und den Namen deines Stammes rufen. Zu welchem Stamm gehörst du?« Ich erzählte ihm alles, was ich über meine Familie und Onkel Ahmed wußte. »In Ordnung, ich glaube ich weiß, wo er wohnt. Gehen wir, ich helfe dir.«

»O bitte, bitte. Kannst du mich zu ihm bringen?«

»Ja, komm mit. Mach dir keine Sorgen, wir finden ihn schon.« Wir gingen von dem geschäftigen Marktplatz weg und bogen in eine düstere Seitenstraße ein. Vor einem Haus blieb der Mann stehen. »Hast du Hunger?« Das war allerdings nur allzu offensichtlich, wenn man Augen im Kopf hatte.

»Ja.«

»Das ist mein Haus. Warum kommst du nicht herein, ich gebe dir etwas zu essen, und danach suchen wir deinen Onkel?« Ich nahm sein Angebot dankbar an.

Als wir das Haus betraten, schlug mir ein merkwürdiger Duft entgegen, den ich noch nie zuvor gerochen hatte. Der Mann forderte mich auf, mich zu setzen, und brachte mir etwas zu essen. Sobald ich den letzten Bissen heruntergeschluckt hatte, schlug er vor: »Komm, leg dich ein wenig mit mir hin und mach ein Nickerchen.«

»Ein Nickerchen?«

»Ja, ruh dich ein bißchen aus.«

»Nein, bitte, ich möchte meinen Onkel finden.«

»Ich weiß, ich weiß. Aber erst legen wir uns ein bißchen hin. Es ist Zeit für die Siesta. Dann suchen wir ihn, keine Sorge.«

»Nein, bitte. Schlaf nur, ich warte hier auf dich.«

Zwar war es Zeit für die Siesta, doch ich hatte nicht die Absicht, mich mit diesem Mann hinzulegen. Ich ahnte bereits, daß etwas nicht stimmte. Aber ich war noch ein dummes kleines Mädchen und wußte nicht, was ich unternehmen konnte.

»Hör zu, kleines Mädchen«, sagte er ärgerlich. »Wenn ich dich zu deinem Onkel bringen soll, legst du dich besser hin und machst mit mir ein Nickerchen.« Ich wußte, daß ich seine Hilfe brauchte, um Onkel Ahmed zu finden. Und als er immer aggressiver und aufdringlicher wurde, bekam ich Angst und tat schließlich das Schlimmste, was ich tun konnte: Ich ging auf seinen Vorschlag ein. Natürlich war von einem Nickerchen nicht mehr die Rede, kaum daß wir im Bett lagen. In Sekundenschnelle stürzte sich dieser Kerl auf mich. Als ich mich wehrte und von ihm wegdrehte, schlug er mir auf den Hinterkopf. *Sag kein Wort*, dachte ich mir; aber bei der ersten Gelegenheit wand ich mich aus seinen Armen und stürzte aus dem Zimmer. Während ich davonrannte, hörte ich ihn vom Bett aus rufen: »He, kleines Mädchen, komm zurück ...« Dann hörte ich ein leises Lachen.

Geschüttelt von Weinkrämpfen stürzte ich auf die dunkle Straße und floh zum Marktplatz, um bei anderen Menschen Schutz zu suchen. Eine alte, etwa sechzigjährige Mama kam auf mich zu. »Kind, was ist mit dir?« Sie packte mich fest am Arm und hieß mich hinsetzen. »Komm, komm. Sprich mit mir – sag mir, was dir fehlt.« Ich brachte es nicht fertig, ihr zu erzählen, was mir gerade zugestoßen war. Es war mir peinlich, und ich schämte mich zu sehr. Denn ich war eine dumme Gans, eine kleine dumme Gans gewesen, weil ich in das Haus des Mannes gegangen war und diese Geschichte dadurch erst möglich gemacht hatte. Unterbrochen von Schluchzern erklärte ich ihr, daß ich auf der Suche nach meinem Onkel war und ihn nicht finden konnte.

»Wer ist dein Onkel? Wie heißt er?«

»Ahmed Dirie.«

Die alte Mama hob ihre knochigen Finger und zeigte auf ein leuchtend blaues Haus schräg gegenüber. »Er wohnt da drüben«, sagte sie. »Siehst du es? Da ist das Haus.« Es war dort drüben. Die ganze Zeit war es dort drüben gewesen, auf der anderen Straßenseite, als ich diesen Mistkerl gebeten hatte, mir bei der Suche nach meinem Onkel zu helfen. Später wurde mir klar, daß er die ganze Zeit gewußt hatte, wer ich war und wen ich suchte. Die alte Frau fragte mich, ob sie mich begleiten sollte. Ich sah sie scharf an, weil ich niemandem mehr vertraute. Aber in ihrem Gesicht las ich, daß sie eine richtige Mama war.

»Ja, bitte« entgegnete ich matt.

Wir gingen zu dem blauen Haus hinüber, und sie klopfte an die Tür. Meine Tante öffnete und starrte mich erschrocken an. »Was machst du denn hier?« Die alte Frau drehte sich um und ging fort.

»Tante, ich bin hier!« erwiderte ich einfältig.

»Was in Allahs Namen machst du hier? Du bist weggelaufen, nicht wahr!?«

»Nun ...«

»Ich werde dich zurückbringen«, sagte sie entschlossen.

Onkel Ahmed, der Bruder meines Vaters, war gleichfalls erstaunt, mich zu sehen, aber am meisten wunderte es ihn, daß ich sein Haus gefunden hatte. Als ich ihm meine Geschichte erzählte, verschwieg ich, daß ich einen Lastwagenfahrer mit einem Stein niedergeschlagen hatte und von seinem Nachbarn beinahe vergewaltigt worden war. Zwar gab er sich beeindruckt, daß ich es geschafft hatte, die Wüste zu durchqueren und ihn aufzuspüren, er hatte jedoch nicht die Absicht, mich aufzunehmen. Er machte sich Sorgen, wer jetzt auf seine Tiere aufpaßte, eine Aufgabe, die ich jahrelang erledigt hatte. (Als Dank für meine Mühe hatte er mir damals das Paar Gummischlappen gekauft.) Die älteren Kinder meines Vaters waren jetzt alle aus dem Haus. Ich war als einzige von den älteren noch übrig, ich war ausdauernd und zuverlässiger als die Kleinen. »Nein, du mußt wieder nach Hause. Wer soll deiner Mutter und deinem Vater bei all der Arbeit helfen? Und was willst du hier anfangen? Däumchen drehen?« Leider hatte ich auf diese Fragen keine guten Antworten parat. Ich konnte ihm nicht erzählen, daß ich weggelaufen war, weil Papa mich mit einem alten, weißbärtigen Mann verheiraten wollte. Mein Onkel hätte mich angesehen, als ob ich verrückt geworden wäre, und gesagt: »Ach ja? Waris, du mußt heiraten. Dein Vater braucht die Kamele ...« Er hätte nicht verstanden, daß ich anders war als der Rest meiner Familie. Ich liebte meine Eltern, aber was sie für mich im Sinn hatten, genügte mir nicht. Ich wußte, daß es im Leben mehr geben mußte, obwohl ich keine genaue Vorstellung davon hatte, was. Nach ein paar Tagen fand ich heraus, daß Onkel Ahmed meinem Vater eine Nachricht geschickt hatte und daß Papa auf dem Weg hierher war.

Onkel Ahmeds zwei Söhne kannte ich gut, weil sie in den Schulferien bei uns gelebt hatten. Sie halfen uns, ihre Tiere zu versorgen, und lehrten uns einige Worte Somali. Damals war das Tradition: Die Kinder, die in der Stadt zur Schule gingen, kamen in den Ferien in die Wüste, um die Nomadenkinder zu unterrichten. Während ich bei ihnen in Galcaio wohnte, erzählten meine Cousins, daß sie wüßten, wo meine älteste Schwester Aman wohnte: Als sie von zu Hause weggelaufen war, ging sie nach Mogadischu und heiratete. Diese Neuigkeit machte mich überglücklich. Weil ich nie wieder etwas von ihr gehört hatte, hätte sie ebensogut tot sein können. In diesem Gespräch erfuhr ich auch, daß meine Eltern die ganze Zeit gewußt hatten, wo Aman war, doch weil sie sie verstoßen hatten, wurde von ihr nicht mehr gesprochen. Als ich hörte, daß mein Vater kam, um mich zu holen, heckten wir einen Plan aus. Die Jungen erklärten mir, wie ich meine Schwester in der Hauptstadt finden konnte. Eines Morgens führten sie mich zur Fernverkehrsstraße und gaben mir das wenige Geld, das sie besaßen. »Du mußt hier entlang, Waris«, sagten sie und zeigten mit dem Finger in die Richtung. »Hier geht es nach Mogadischu.«

»Versprecht mir, daß ihr niemandem erzählt, wohin ich gegangen bin. Denkt daran, wenn mein Vater herkommt, wißt ihr nicht, was mit mir passiert ist. Heute morgen im Haus habt ihr mich das letzte Mal gesehen, klar?« Sie nickten und winkten mir zum Abschied. Ich machte mich auf den Weg.

Die Reise nach Mogadischu dauerte schrecklich lange. Ich brauchte Tage, aber wenigstens konnte ich mir jetzt, da ich ein wenig Geld besaß, unterwegs etwas zu essen kaufen. Nur gelegentlich wurde ich mitgenommen, zwischendurch ging ich weite Strecken zu Fuß. Enttäuscht, daß ich so langsam vorankam, leistete ich mir schließlich eine Fahrt in einem afrikanischen Buschtaxi, einem großen Lastwagen mit etwa vierzig Personen an Bord. Diese Buschtaxis findet man in Afrika überall. Nachdem sie ihre Ladung Getreide oder Zuckerrohr abgeliefert haben, nehmen sie auf dem leeren Anhänger Reisende mit. Die Ladefläche ist mit einem zaunartigen Holzgitter eingefaßt, und die Menschen, die darauf sitzen oder stehen, sehen aus wie Kinder in einem riesigen Laufstall. Das Buschtaxi transportiert Babys, Gepäck, Haushaltsgegenstände, Möbel, lebende Ziegen und Hühnerkäfige, und der Fahrer nimmt so viele zahlende Passagiere wie möglich mit. Aber nach meinen Erfahrungen in der letzten Zeit wollte ich lieber eingezwängt in einer großen Gruppe reisen als allein mit fremden Männern. Als wir in den Randbezirken Mogadischus ankamen, bremste der Lastwagen und ließ uns an einem Brunnen heraus, an dem Menschen ihre Tiere tränkten. Ich schöpfte mit meinen hohlen Händen Wasser und trank davon, dann bespritzte ich mir damit das Gesicht. Mittlerweile war mir aufgefallen, daß es hier ziemlich viele Straßen gab, immerhin ist Mogadischu mit 700.000

Einwohnern die größte Stadt Somalias. Deshalb fragte ich zwei Nomaden, die bei ihren Kamelen standen: »Wißt ihr, welche dieser Straßen in die Hauptstadt führt?«

»Ja, die da«, sagte einer der Männer. Ich schlug die angegebene Richtung ein und machte mich auf den Weg zur Stadtmitte. Mogadischu ist eine Hafenstadt am Indischen Ozean, und damals war es wunderschön. Auf meinem Weg verrenkte ich mir fast den Hals, um die prächtigen weißen Häuser inmitten von Palmen und leuchtend bunten Blumen zu betrachten. Ein Großteil der Gebäude ist von den Italienern errichtet worden, als Somalia italienische Kolonie war, was der Stadt ihr mediterranes Flair gab. Die Frauen, die an mir vorbeigingen, trugen bunte Tücher mit gelben, roten und blauen Mustern. Die langen Schals umrahmten ihre Gesichter, und wenn die Meeresbrise sie an den Enden aufwirbelte, hielten die Frauen sie unter dem Kinn zusammen. Das zarte Gewebe wehte anmutig hinter ihnen her, während sie durch die Straßen schritten. Es waren auch viele moslemische Frauen zu sehen. Sie hatten sich den Kopf verhüllt, trugen schwarze Schleier, die ihr Gesicht vollständig bedeckten. Ich fragte mich, wie sie es schafften, den Weg zu finden. Die Stadt funkelte in der hellen Sonne, und die Farben schienen aus eigener Kraft zu leuchten.

Auf meinem Weg hielt ich Leute an und fragte sie nach der Gegend, in der meine Schwester lebte. Ich hatte zwar keine genaue Adresse, wollte aber ähnlich vorgehen wie in Galcaio auf der Suche nach Onkel Ahmed; sobald ich das richtige Viertel gefunden hatte, wollte ich auf dem Marktplatz nach Aman fragen. Dieses Mal würde ich allerdings nicht so leichtgläubig sein und auf die »Hilfe« fremder Männer verzichten.

Als ich in dem gesuchten Viertel ankam, fand ich ohne Mühe den Marktplatz. Ich schlenderte dort herum und überlegte mir, was ich mir von den letzten wertvollen somalischen Schillingen leisten wollte. Schließlich kaufte ich mir an einem Stand, der von zwei Frauen betrieben wurde, Milch. Ich hatte diesen Stand ausgewählt, weil die Milch dort am billigsten war, aber als ich den ersten Schluck davon nahm, kam mir etwas verdächtig vor. Die Milch schmeckte irgendwie anders. »Was ist mit der Milch los?« fragte ich.

»Nichts! Mit unserer Milch ist gar nichts los!«

»Ach, hört auf. Mit Milch kenne ich mich aus. Diese hier schmeckt nicht richtig. Habt ihr sie mit Wasser oder etwas anderem vermischt?« Schließlich gestanden sie, daß sie die Milch mit Wasser verdünnt hatten, damit sie sie billiger verkaufen konnten. Ihren Kunden machte es nichts aus. Wir kamen ins Gepräch, und ich erzählte ihnen, daß ich in die Hauptstadt gekommen war, um meine Schwester zu suchen. Dann fragte ich sie, ob sie Aman vielleicht kannten.

»Ja, du kamst mir schon gleich bekannt vor!« rief eine der Frauen. Ich lachte, weil wir Schwestern uns als Kinder zum Verwechseln ähnlich gesehen hatten. Sie kannten Aman, weil sie jeden Tag auf diesen Markt ging. Die Milchfrau rief ihren kleinen Sohn und trug ihm auf, mir den Weg zu meiner Schwester zu zeigen. »Bring sie zu Amans Haus, und dann kommst du gleich wieder zurück«, befahl sie dem Jungen.

Die Straßen, durch die wir gingen, waren still geworden; inzwischen war es Mittag, und die Menschen hielten Siesta. Der Junge zeigte auf eine winzige Hütte. Als ich hineinging, fand ich meine Schwester schlafend vor. Ich schüttelte sie am Arm, um sie aufzuwecken. »Was machst du denn hier ...«, sagte sie schläfrig und sah mich an, als wäre ich ein Traumbild. Da setzte ich mich zur ihr aufs Bett und erzählte ihr, daß ich von zu Hause weggelaufen war wie sie vor vielen Jahren. Wenigstens hatte ich jetzt jemanden zum Reden, der mich verstand. Sie würde verstehen, daß ich es mit meinen dreizehn Jahren nicht fertigbrachte, nur Papa zuliebe diesen dummen alten Mann zu heiraten.

Aman berichtete, wie sie nach Mogadischu gekommen war und ihren Mann gefunden hatte. Er war ein guter, ruhiger Mann, der hart arbeitete. Sie erwartete ihr erstes Kind, das in etwa einem Monat zur Welt kommen sollte. Als sie aufstand, merkte man jedoch nichts von ihrer Schwangerschaft. Mit ihren eins achtundachtzig war sie einfach eine große, vornehme Erscheinung, und in ihrem weiten afrikanischen Kleid sah sie kein bißchen schwanger aus. Ich weiß noch, wie schön ich sie fand und daß ich hoffte, auch einmal so hübsch zu sein, wenn ich schwanger war.

Nachdem wir uns eine Weile unterhalten hatten, brachte ich schließlich den Mut auf, sie das zu fragen, was mir schon die ganze Zeit auf dem Herzen lag:

»Aman, bitte. Ich möchte nicht wieder zurückgehen. Kann ich hier bei dir bleiben?«

»Du bist also weggelaufen und hast Mama mit all der Arbeit allein gelassen«, erwiderte sie traurig. Doch sie erlaubte mir, so lange zu bleiben, bis ich etwas anderes fand. Ihre kleine Hütte bestand aus zwei Zimmern: ein kleines, in dem ich schlief, und ein zweites, das sie mit ihrem Mann teilte. Allerdings sahen wir ihn nicht oft; er verließ das Haus am Morgen und ging zur Arbeit, kam mittags zum Essen zurück und brach nach dem Mittagsschlaf wieder auf. Am Abend kam er erst spät nach Hause. Und da er wenig sprach, wenn er zu Hause war, weiß ich kaum noch etwas von ihm, nicht einmal seinen Namen oder was er arbeitete.

Aman bekam ein wunderschönes kleines Mädchen, und ich half ihr, es zu versorgen. Außerdem putzte ich das Haus, wusch die Wäsche im Freien und hängte sie zum Trocknen auf.

Ich ging auch auf den Markt, um die Einkäufe zu erledigen, und dort lernte ich die große Kunst des Feilschens. Dabei ahmte ich die Einheimischen nach, ging auf einen Stand zu und fragte sofort: »Wieviel?« Das Ritual lief wie nach einem Drehbuch ab, es wiederholte sich jeden Tag auf die gleiche Weise: Die Mama legte drei Tomaten vor mich hin, eine größere und zwei kleinere, und nannte mir einen Preis, für den ich drei Kamele bekommen konnte.

»Ach, das ist zuviel«, winkte ich mit gelangweilter Miene ab.

»Also, sag schon, wieviel willst du zahlen?«

»Zwei fünfzig.«

»Oh, nein, nein, nein! Also bitte ...« An diesem Punkt ging ich zu anderen Händlern und tat so, als würde ich mich brennend für ihre Waren interessieren, wobei ich mich nie aus dem Blickfeld der Mama entfernte. Schließlich kehrte ich wieder zu ihr zurück und feilschte mit ihr, bis eine von uns müde wurde und aufgab.

Meine Schwester kam immer wieder darauf zurück, daß sie sich große Sorgen um unsere Mutter machte; seit ich weggelaufen sei, müsse diese die ganze Arbeit alleine erledigen. Jedesmal, wenn sie dieses Thema ansprach, bürdete sie mir die gesamte Schuld auf. Auch ich sorgte mich um Mama, aber Aman vergaß zu erwähnen, daß sie ebenfalls weggelaufen war. Mir kamen jetzt viele Erlebnisse aus der Kindheit wieder ins Gedächtnis, die ich längst vergessen hatte. In den ungefähr fünf Jahren, seit ich Aman zuletzt gesehen hatte, hatte sich viel verändert, aber für Aman war ich immer noch die kleine, dumme Schwester; sie würde immer, *immer* die größere und klügere bleiben. Ich erkannte, daß unsere Gemeinsamkeiten sich nur auf unser Aussehen bezogen, charakterlich waren wir grundverschieden. Ihre ständige Bevormundung ging mir auf die Nerven. Als Vater mich an diesen alten Mann verheiraten wollte, war ich weggelaufen, weil ich mehr vom Leben haben wollte. Und dabei schwebte mir nicht gerade Kochen, Waschen und Kinderhüten vor, davon hatte ich schon genug mit meinen kleinen Geschwistern gehabt.

Eines Tages verließ ich Aman, weil ich herausfinden wollte, was das Schicksal sonst noch für mich vorgesehen hatte. Ich besprach es nicht mit ihr; ich erzählte ihr nichts von meinem Plan, ich ging einfach eines Morgens weg und kam nicht mehr zurück. Damals hielt ich das für eine gute Idee, aber ich wußte noch nicht, daß ich sie niemals wiedersehen würde.

7. Mogadischu

Während ich bei Aman lebte, besuchte sie mit mir zusammen einige Verwandte, die in Mogadischu wohnten. Und so lernte ich erstmals Familienangehörige meiner Mutter kennen. Sie war in der Hauptstadt aufgewachsen, zusammen mit ihrer Mutter, vier Brüdern und vier Schwestern.

Ich bin dankbar dafür, daß ich während meiner Zeit in Mogadischu meine Großmutter kennenlernen durfte. Mittlerweile ist sie etwa neunzig Jahre alt, aber damals war sie erst um die siebzig. Großmama ist eine richtige Mama. Ihr Gesicht ist von heller Farbe, und man kann an ihren Zügen erkennen, daß sie eine zähe Person ist, charakter- und willensstark. Ihre Hände sehen aus, als hätte sie damit so lange in der Erde gegraben, bis eine Krokodilhaut darübergewachsen ist. Sie ist in einem arabischen Land groß geworden, aber ich weiß nicht, in welchem. Sie ist eine fromme Moslime und betet fünfmal am Tag nach Mekka gewandt. Wenn sie das Haus verläßt, bedeckt sie ihr Gesicht mit einem schwarzen Schleier; sie ist dann von Kopf bis Fuß verhüllt. Ich habe sie immer geneckt: »Großmama, ist mit dir alles in Ordnung? Weißt du denn, wo du hin mußt? Kannst du durch dieses Ding überhaupt etwas sehen?«

»Ach, komm schon, komm«, schimpfte sie. »Durch dieses Ding kann man alles sehen.«

»Gut, dann kannst du also auch atmen und all das?« lachte ich.

Durch den Aufenthalt im Haus meiner Großmutter begriff ich, was Mama so stark gemacht hatte. Mein Großvater war schon vor Jahren gestorben, und Großmutter kümmerte sich ganz alleine um alles. Wenn ich zu Besuch war, machte sie mich fix und fertig. Kaum war ich am Morgen aufgestanden, ging es los. Sie stürzte sich sofort auf mich: »Mach schon, Waris. Los, gehen wir.«

Großmama lebte in einem Viertel Mogadischus, das ein gutes Stück vom Markt entfernt lag. Aber wir kauften dort täglich Lebensmittel ein, und ich sagte zu ihr: »Komm schon, Großmama, gehen wir es gemütlich an und nehmen wir den Bus. Es ist heiß, und der Marktplatz ist zu weit weg für einen Fußmarsch.«

»Was!? Den Bus? Na, also wirklich. Komm, gehen wir. Ein junges Mädchen wie du will den Bus nehmen? Worüber jammerst du denn eigentlich? Du wirst ganz schön faul, Waris. Ihr Kinder seid heutzutage alle so, ich weiß nicht, was mit euch los ist. Als ich so alt war wie ihr, oh, da bin ich meilenweit gelaufen ... was ist jetzt, Mädchen, kommst du mit oder nicht?« Also machte ich mich mit ihr zusammen auf, denn wenn ich trödelte, würde sie ganz offensichtlich ohne mich losgehen. Auf dem Heimweg trottete ich dann, beladen mit den Einkaufstaschen, hinter ihr her.

Nachdem ich Mogadischu verlassen hatte, starb eine Schwester meiner Mutter und hinterließ neun Kinder. Meine Großmutter kümmerte sich um diese Kinder, sie zog sie groß wie ihre eigenen. Sie ist eben eine Mama und tat, was zu tun war.

Ich lernte auch noch einen ihrer Söhne kennen, Mamas Bruder Wolde'ab. Eines Tages war ich zum Markt gegangen, und als ich heimkam, saß er bei meiner Großmutter und hatte einen meiner Cousins auf dem Schoß. Obwohl ich ihn noch nie zuvor gesehen hatte, lief ich auf ihn zu, weil dieser Mann da genauso wie meine Mutter aussah und ich mich nach etwas sehnte, das mich an Mama erinnerte. Ich rannte zu ihm, und da ich meiner Mutter ebenfalls sehr ähnlich sehe, erlebte ich einen wundervollen, aber eigenartigen Augenblick: Es war, als würde ich in einen verrückten Zerrspiegel blicken. Wolde'ab hatte schon davon gehört, daß ich weggelaufen war und mich in Mogadischu aufhielt. Als ich auf ihn zutrat, sagte er: »Bist du diejenige, für die ich dich halte?« An diesem Nachmittag lachte ich soviel, wie ich nicht mehr gelacht hatte, seit ich von zu Hause fortgelaufen war, denn Onkel Wolde'ab sah nicht nur wie meine Mutter aus, sondern er hatte auch ihren schrägen Sinn für Humor. Die beiden müssen als Kinder ein gutes Paar abgegeben haben, bestimmt hat die ganze Familie Tränen über sie gelacht. Ich wünschte, ich hätte sie einmal zusammen erlebt.

Doch an dem Morgen, an dem ich Aman verließ, ging ich zu Tante L'uul, der wir kurz nach meiner Ankunft in Mogadischu einen Besuch abgestattet hatten. Als ich von Aman wegging, beschloß ich, Tante L'uul zu fragen, ob ich nicht bei ihr wohnen könnte. Sie war mit einem Bruder meiner Mutter verheiratet, mit Onkel Sayyid. Aber da er in Saudi-Arabien lebte, zog sie ihre drei gemeinsamen Kinder alleine groß. Wegen der schlechten Wirtschaftslage in Somalia arbeitete mein Onkel in Saudi-Arabien und schickte seiner Familie Geld nach Hause. Leider war er die ganze Zeit, die ich in Mogadischu verbrachte, im Ausland, deshalb lernte ich ihn nie kennen.

Tante L'uul war erstaunt, als ich bei ihr vor der Tür stand, aber sie schien ehrlich erfreut, mich zu sehen. »Tante, zwischen mir und Aman läuft es nicht so gut, da wollte ich dich fragen, ob ich eine Weile bei dir bleiben könnte.«

»Ja, natürlich. Du weißt ja, daß ich mit den Kindern ganz alleine bin. Sayyid ist die meiste Zeit weg, und eine Hilfe könnte ich schon gebrauchen. Doch, das wäre schön.« Mir fiel ein Stein vom Herzen; Aman hatte mich nur ungern bei sich aufgenommen, ich wußte, daß ihr die Situation mißfiel. Ihre Wohnung war zu klein für uns alle, außerdem war sie immer noch relativ jung verheiratet. Und im Grunde wäre es ihr auch lieber gewesen, ich wäre wieder zu Mama zurückgegangen; das hätte ihr das schlechte Gewissen darüber erleichtert, daß sie selbst einst fortgelaufen war.

Durch meinen Aufenthalt bei Aman und dann bei Tante L'uul hatte ich mich allmählich daran gewöhnt, in geschlossenen Räumen zu wohnen. Am Anfang war es mir seltsam erschienen, in einem engen Haus zu leben, in dem die Aussicht auf den Himmel durch die Zimmerdecke versperrt und der Raum, in dem ich mich bewegen konnte, durch Mauern begrenzt war und wo ich statt Wüstentieren und -sträuchern die Abwasser- und Abgasdünste einer Großstadt roch. Die Wohnung meiner Tante war zwar etwas größer als die von Aman, aber trotzdem keineswegs geräumig. Und obwohl sie mir einen neuartigen Luxus bot, da ich es nachts warm hatte und bei Regen nicht naß wurde, war sie, verglichen mit dem Standard der Industrienationen, primitiv. Meine Achtung vor Wasser ließ nicht nach, da es auch hier ein wertvolles Gut blieb. Wir kauften es von einem Händler, der seine Waren auf einem Esel durch unser Viertel transportierte, und bewahrten es außerhalb des Hauses in einer Tonne auf. Zum Baden, Putzen, Tee kochen und Essen machen schöpften wir kleine Mengen heraus. Meine Tante bereitete die Mahlzeiten in der kleinen Küche auf einem Campingkocher zu, der mit Gasflaschen befeuert wurde. Am Abend saßen wir im Schein von Petroleumlampen zusammen und unterhielten uns; es gab keinen elektrischen Strom. Auch die Toilette war für diesen Teil der Welt typisch, sie bestand aus einem Loch im Boden, in das die Exkremente fielen und stinkend in der Hitze liegenblieben. Mit baden meinte man, daß man sich einen Eimer Wasser aus der Tonne vor dem Haus holte, sich mit einem Schwamm abwusch und das Abwasser in das Loch der Toilette fließen ließ.

Schon bald nach meiner Ankunft begriff ich, daß ich mir mehr eingehandelt hatte als beabsichtigt. Ich bekam neben einer Unterkunft noch eine Vollzeitstelle als Babysitter für drei verzogene Kinder. Nun, das kleine Baby kann ich wohl noch nicht als verzogen bezeichnen, aber sein Verhalten trieb mich trotzdem zur Verzweiflung.

Meine Tante stand jeden Morgen gegen neun Uhr auf und verließ gleich nach dem Frühstück fröhlich das Haus, um ihre Freundinnen zu besuchen. Sie verbrachte den ganzen Tag mit diesen Frauen und tratschte endlos über ihre gemeinsamen Freunde, Feinde, Bekannten und Nachbarn. Irgendwann am Abend kam sie dann endlich wieder nach Hause. Während ihrer Abwesenheit schrie das drei Monate alte Baby unaufhörlich, weil es Hunger hatte. Immer wenn ich es in die Arme nahm, begann es, an mir zu saugen. Und jeden Tag sagte ich: »Sieh mal, Tante, du mußt um Himmels willen etwas unternehmen. Das Baby saugt jedesmal an mir, wenn ich es hochnehme, und ich habe keine Milch. Ich habe nicht einmal Brüste!«

»Ach, mach dir keine Sorgen. Gib ihm einfach etwas Milch«, erwiderte sie freundlich.

Neben dem Putzen und dem Baby gab es noch zwei andere Kinder, eines neun und eines sechs Jahre alt, die versorgt werden mußten. Und diese beiden waren wie wilde Tiere. Sie hatten keinerlei Benehmen, weil ihre Mutter ihnen offenbar noch nie etwas beigebracht hatte. Ich versuchte gutzumachen, was ich konnte, indem ich ihnen bei jeder passenden Gelegenheit den Hintern versohlte. Aber nachdem sie jahrelang wie Hyänen herumgestreunt waren, würden sie sich nicht über Nacht in kleine Engel verwandeln.

Die Tage verstrichen, und ich wurde immer frustrierter. Ich fragte mich, wie oft ich noch in solchen aussichtslosen Situationen stecken würde, bevor etwas Positives passierte. Ständig suchte ich nach einer Möglichkeit, wie ich meine Lage verbessern und mich weiterentwickeln konnte, bis sich mir endlich jene geheimnisvolle, von mir mit Gewißheit erwartete Gelegenheit bieten würde. Jeden Tag fragte ich mich: »Wann wird es endlich passieren? Heute? Morgen? Wohin werde ich gehen? Was werde ich tun?« Warum mir so etwas im Kopf herumspukte, weiß ich nicht. Ich glaube, damals war ich der Überzeugung, daß jeder Mensch so eine innere Stimme hat. Und soweit ich zurückdenken kann, war ich mir stets sicher, daß mein Leben anders verlaufen würde als das derjenigen, die um mich waren; nur wußte ich nicht, *wie* anders.

Mein Aufenthalt bei Tante L'uul steuerte nach etwa einem Monat auf eine Krise zu. Eines Tages verschwand am späten Nachmittag, während meine Tante gerade auf ihrer Klatschtour war, ihr ältestes Kind, ein neunjähriges Mädchen. Zunächst ging ich nach draußen und rief nach ihr. Als die Kleine nicht antwortete, suchte ich die Umgebung nach ihr ab. Schließlich entdeckte ich sie zusammen mit einem kleinen Jungen in einem Tunnel. Sie war ein eigensinniges, wißbegieriges Kind, und als ich sie fand, stillte sie gerade ihre Neugier bezüglich der Anatomie des kleinen Jungen. Ich marschierte in den Tunnel, packte sie am Arm und zog sie hoch; der Junge rannte weg wie ein verängstigtes Tier. Den ganzen Heimweg schlug ich meine Cousine mit einer Rute; noch nie hatte ich vor einem Kind solche Abscheu empfunden.

Als ihre Mutter an diesem Abend nach Hause kam, weinte das Mädchen, weil ich es verhauen hatte. Tante L'uul schäumte vor Wut. »Warum schlägst du dieses Kind?« wollte sie wissen. »Du rührst mein Baby nicht an. Ich werde dich verprügeln, und dann schau mal, ob dir das gefällt«, schrie sie und kam drohend auf mich zu.

»Glaub mir, du solltest lieber nicht wissen, warum ich das getan habe, du willst bestimmt nicht wissen, was ich weiß! Wenn du gesehen hättest, was sie heute getan hat, würdest du sagen, sie ist nicht mehr deine Tochter. Dieses Kind ist außer Rand und Band, sie ist wie ein Tier.« Diese Erklärung trug allerdings nicht dazu bei, die Situation zu entschärfen. Nachdem sie mich, ein dreizehnjähriges Mädchen, die ganze Zeit über mit der Sorge für ihre drei kleinen Kinder allein gelassen hatte, ging meiner Tante das Wohlergehen ihrer Tochter mit einem Mal über alles. Mit erhobener Faust drohte sie, mich zu verprügeln für das, was ich ihrem kleinen Engel angetan hatte. Aber ich hatte genug, nicht nur von ihr, sondern von der ganzen Welt. »O nein, du wirst mich nicht schlagen. Versuche es doch, dann reiße ich dir sämtliche Haare aus«, schrie ich. Das ließ sie in ihrer Drohgebärde innehalten, aber mir war klar, daß ich nun gehen mußte. Nur, wo sollte ich diesmal Zuflucht suchen?

Als ich die Hand hob, um an Tante Sahrus Tür zu klopfen, dachte ich: »Auf ein Neues, Waris.« Ich sagte verlegen »Hallo«, als sie die Tür öffnete. Tante Sahru war Mamas Schwester. Und sie hatte fünf Kinder. Diese Tatsache ließ nichts Gutes erahnen, was meine Aussichten auf einen angenehmen Aufenthalt in diesem Haus betraf, aber welche Wahl hatte ich schon? Taschendieb oder Bettler zu werden? Ohne auf die Gründe für meinen Abschied von Tante L'uul einzugehen, fragte ich, ob ich eine Zeitlang bei ihr wohnen dürfe.

»Du hast hier eine Freundin«, antwortete sie zu meiner Überraschung. »Du kannst bei uns bleiben, wenn du willst. Und wenn du mit jemandem reden willst, bin ich für dich da.« Das fing besser an, als ich gedacht hatte. Wie zu erwarten war, half ich bei der Hausarbeit mit. Doch Tante Sahrus älteste Tochter Fatima war schon neunzehn, und hauptsächlich war sie für den Haushalt verantwortlich.

Meine arme Cousine Fatima schuftete wie eine Sklavin. Sie stand täglich frühmorgens auf und ging zum College, kam mittags nach Hause, um das Essen zu kochen, ging dann wieder zur Schule und kehrte gegen sechs Uhr abends heim, woraufhin sie gleich das Abendessen machte. Danach putzte sie und lernte bis spät in die Nacht. Aus irgendeinem Grund behandelte ihre Mutter sie anders als ihre anderen Kinder, sie verlangte viel mehr von ihr. Aber Fatima war gut zu mir; sie war mir eine Freundin, und zu dieser Zeit meines Leben hatte ich eine Freundin dringend nötig. Allerdings erschien es mir ungerecht, wie ihre Mutter sie behandelte, deshalb versuchte ich, meiner Cousine abends in der Küche zu helfen. Ich konnte nicht kochen, aber ich gab mir Mühe, es zu lernen, indem ich ihr zusah. Die ersten Nudeln, die ich jemals aß, waren von Fatima gekocht, und als ich sie kostete, fühlte ich mich wie im Himmel.

Meine Aufgabe war hauptsächlich das Putzen, und bis heute behauptet Tante Sahru, ich sei die beste Putzfrau gewesen, die sie jemals hatte. Ich schrubbte und polierte das Haus, das war harte Arbeit. Aber es war mir bedeutend lieber, als auf Kinder aufzupassen, besonders nach meinen Erfahrungen der letzten Monate.

Wie Aman machte sich auch Tante Sahru Sorgen um meine Mutter, weil sie nun keine große Tochter mehr hatte, die ihr bei der Arbeit helfen konnte. Mein Vater unterstützte sie vielleicht bei den Tieren, aber beim Kochen, bei der Kleider- und Korbherstellung und bei der Kinderpflege würde er keinen Finger rühren. Das war Frauenarbeit und daher Mamas Aufgabe. Außerdem, hatte er seinen Beitrag nicht schon geleistet, indem er zu ihrer Unterstützung eine zweite Frau mitgebracht hatte? Ja, das hatte er zweifellos. Aber seit jenem dämmerdunklen Morgen, als ich meine Mutter zuletzt gesehen hatte, machte auch ich mir ihretwegen Sorgen. Immer wenn ich an sie dachte, hatte ich meinen letzten Abend bei meiner Familie vor Augen – sah ihr Gesicht im schwachen Feuerschein, und wie müde es gewirkt hatte. Während ich durch die Wüste lief, um nach Mogadischu zu gelangen, konnte ich an nichts anderes denken, die Reise erschien mir ebenso endlos wie mein Dilemma: Was war mir wichtiger? Mein Wunsch, meiner Mutter zu helfen, oder mein Bedürfnis, der Ehe mit dem alten Mann zu entkommen? Ich weiß noch, wie ich einmal in der Abenddämmerung unter einem Baum zusammenbrach und dachte: *Wer küm-*

mert sich jetzt um Mama? Sie kümmert sich um alle anderen, aber wer kümmert sich um sie?

Nun zurückzugehen, wäre allerdings sinnlos gewesen; das hätte nur bedeutet, daß ich die Mühen der letzten Monate vergebens auf mich genommen hatte. Wenn ich jetzt wieder zu meiner Familie ginge, würde mein Vater nach spätestens einem Monat jeden lahmen, klapprigen Trottel aus der Wüste, der ein Kamel besaß, anschleppen, um mich mit ihm zu verheiraten. Dann hätte ich einen Ehemann am Hals und könnte meiner Mutter auch nicht helfen. Eines Tages fiel mir ein, daß ich meine Missetat wenigstens teilweise wiedergutmachen konnte, wenn ich etwas Geld verdiente und es ihr schickte. Dann könnte sie nämlich einige der Dinge, die meine Familie brauchte, kaufen und müßte nicht so hart arbeiten.

Ich nahm mir vor, Arbeit zu finden, und fragte überall in der Stadt danach. Eines Tages schickte mich meine Tante zum Markt, um ihre Einkäufe zu erledigen, und auf dem Heimweg kam ich an einer Baustelle vorbei. Ich blieb kurz stehen und sah den Männern zu, die Ziegel schleppten und Mörtel anrührten, indem sie schaufelweise Sand hinzugaben und mit Wasser verrührten. »He«, schrie ich hinüber, »gibt es hier Arbeit?«

Der Kerl, der gerade Ziegel legte, hielt inne und lachte mich an. »Wer will das wissen?«

»Ich. Ich brauche Arbeit.«

»Nee. Wir haben keine Arbeit für einen dünnen Hering wie dich. Irgendwie habe ich nicht den Eindruck, als wärst du ein Maurer.« Er lachte wieder.

»Hey, du täuschst dich«, versicherte ich ihm. »Ich

kann das, ich bin sehr stark. Wirklich.« Ich zeigte auf die Männer, die den Mörtel anrührten; sie standen da, und die Hosen hingen ihnen fast bis zu den Kniekehlen herunter. »Dabei könnte ich helfen. Ich hole den Sand und rühre um, so gut wie sie.«

»Gut, in Ordnung. Wann kannst du anfangen?«

»Morgen früh.«

»Komm um sechs Uhr, dann werden wir sehen, was du tun kannst.« Ich schwebte wie auf Wolken zu Tante Sahrus Haus zurück. Ich hatte Arbeit! Ich würde Geld verdienen, richtiges Geld! Und ich würde jeden Penny davon sparen und Mama schicken. Wie überrascht sie sein würde.

Als ich zu Hause ankam, erzählte ich Tante Sahru die Neuigkeit. Sie konnte es nicht glauben. »Du hast *wo* Arbeit gefunden?« Zum einen hielt sie es nicht für möglich, daß ein Mädchen bereit sein könnte, solche Arbeit zu tun. »Und was genau mußt du für diese Männer machen?« wollte sie wissen. Zum anderen konnte sie nicht glauben, daß der Chef eine Frau einstellen würde, noch dazu mich, die ich immer noch halb verhungert aussah. Aber als ich ihr wieder und wieder versicherte, daß es stimmte, hatte sie keine andere Wahl, als mir zu glauben.

Nachdem sie eingesehen hatte, daß ich die Wahrheit sagte, wurde sie ärgerlich, weil ich zwar bei ihr wohnen wollte, aber anstatt ihr im Haushalt zu helfen, für jemand anderen arbeitete. »Schau«, sagte ich erschöpft. »Ich muß Mama Geld schicken, und das kann ich nur, wenn ich eine Stelle annehme. Entweder diese oder eine andere, aber irgendwo muß ich arbeiten. In Ordnung?«

»In Ordnung.«

Am nächsten Morgen begann meine Laufbahn als Bauarbeiterin. Und es war entsetzlich. Ich plagte mich den ganzen langen Tag damit, bleischwere Ladungen Sand zu schleppen; da ich keine Handschuhe hatte, schnitt mir der Eimergriff in die Hände, und ich bekam riesige Blasen auf den Handflächen. Am Ende des Tages waren die Blasen aufgeplatzt, und meine Hände bluteten. Alle dachten, nun hätte ich genug, aber ich war entschlossen, am nächsten Tag wiederzukommen.

Ich hielt einen Monat lang durch, danach waren meine Hände so wund und aufgerissen, daß ich meine Finger kaum noch krümmen konnte. Bis dahin hatte ich umgerechnet sechzig Dollar auf die Seite gelegt, und ich erzählte meiner Tante stolz, ich hätte nun Geld gespart, das ich Mama schicken wollte. Erst kürzlich hatten wir einen Bekannten zu Besuch gehabt, der bald mit seiner Familie in die Wüste aufbrechen würde und anbot, das Geld für meine Mutter mitzunehmen. Tante Sahru sagte: »Ja, ich kenne diese Leute, sie sind in Ordnung. Du kannst ihnen das Geld anvertrauen.« Es erübrigt sich zu erwähnen, daß meine sechzig Dollar damit verloren waren. Nach all der Schinderei mußte ich später erfahren, daß meine Mutter nie einen Penny davon gesehen hat.

Sobald ich mit der Arbeit auf dem Bau aufgehört hatte, putzte ich wieder für meine Tante. Und kurze Zeit danach, ich machte gerade wie üblich im Haus sauber, kam ein hoher Gast zu Besuch: der somalische Botschafter in London. Mohammed Chama

Farah war mit einer anderen Tante verheiratet, mit Maruim, einer Schwester meiner Mutter. Während ich im Nebenzimmer gründlich Staub wischte, hörte ich das Gespräch zwischen dem Botschafter und Tante Sahru mit. Er war nach Mogadischu gekommen, um sich ein Dienstmädchen zu suchen, bevor er seine vierjährige Amtszeit in London antrat. Das war es, wurde mir sofort klar! Das war die Gelegenheit, auf die ich so lange gewartet hatte.

Ich stürzte ins Zimmer und rief Tante Sahru zu: »Tante, Tante, ich muß dich sprechen.«

Sie sah mich ärgerlich an. »Was ist los, Waris?«

»Bitte, hier drin.« Kaum hatte sie die Tür durchschritten und war außer Sichtweite des Botschafters, klammerte ich mich an ihren Arm. »Bitte. Bitte sag ihm, daß er mich nehmen soll. Ich kann sein Hausmädchen sein.« Als sie mich anblickte, konnte ich sehen, wie verletzt sie war. Aber ich war ein willensstarkes Kind, das nur an seine eigenen Wünsche dachte und nicht daran, was sie alles für mich getan hatte.

»Dich! Du hast von nichts eine Ahnung. Was willst du in London?«

»Ich kann putzen! Sag ihm, daß er mich nehmen soll, Tante! Ich will mitgehen, ich will!«

»Das finde ich keine gute Idee. Jetzt stör mich nicht länger, und mach dich wieder an die Arbeit.« Sie ging zurück in das andere Zimmer und setzte sich neben ihren Schwager. Ich hörte sie leise sagen: »Warum nimmst du nicht sie? Weißt du, sie ist wirklich gut. Sie ist eine gute Putzfrau.«

Die Tante rief mich zu sich ins Zimmer, und ich

stürmte durch die Tür. Da stand ich, mit meinem Staubwedel in der Hand, und kaute auf meinem Kaugummi herum. »Ich heiße Waris. Und du bist mit meiner Tante verheiratet, nicht wahr?«

Der Botschafter blickte mich stirnrunzelnd an. »Würdest du bitte den Kaugummi aus dem Mund nehmen?« Ich spuckte den Kaugummi in die Ecke. Der Botschafter sah Tante Sahru an. »Ist das das Mädchen? Oh, nein, nein.«

»Ich bin ausgezeichnet. Ich kann putzen, kochen ... und ich kann gut mit Kindern umgehen!«

»Oh, da bin ich mir sicher.«

Ich wandte mich an die Tante. »Sag du es ihm.«

»Waris, das genügt. Geh wieder an die Arbeit.«

»Sag ihm, daß ich die Beste bin!«

»Waris! Pscht!« An meinen Onkel gewandt meinte sie: »Sie ist noch jung, aber sie arbeitet wirklich hart. Glaub mir, sie wäre die Richtige ...«

Onkel Mohammed schwieg einen Moment und musterte mich voller Abscheu. »Gut, hör zu. Ich hole dich morgen ab. In Ordnung? Ich komme am Nachmittag mit deinem Reisepaß, und dann fliegen wir nach London.«

8. *Unterwegs nach London*

London! Ich wußte nichts darüber, aber mir gefiel der Klang des Namens. Ich wußte nicht, wo es lag, nur, daß es sehr weit weg war. Und sehr weit weg, da wollte ich sein. Offenbar waren meine Gebete erhört worden, gleichzeitig schien es mir aber auch zu schön, um wahr zu sein. »Tante«, quengelte ich, »werde ich wirklich fahren?«

Streng drohte sie mir mit dem Finger. »Sei ruhig. Fang nicht wieder davon an.« Doch als sie die Angst in meinem Gesicht sah, lächelte sie. »Schon gut. Ja, du wirst wirklich fahren.«

In heller Aufregung rannte ich zu meiner Cousine Fatima, die gerade das Abendessen kochen wollte. »Ich fahre nach London! Ich fahre nach London!« rief ich und fing an, in der Küche im Kreis herumzutanzen.

»Was? Nach London!« Sie packte mich mitten in einer Drehung am Arm und verlangte eine Erklärung. »Dann wirst du weiß werden«, verkündete Fatima trocken.

»Was sagst du?«

»Du wirst weiß werden, na, du weißt schon ... *weiß*.«

Ich wußte es nicht. Ich hatte keine Ahnung, wovon sie sprach, denn ich hatte noch nie in meinem Leben einen Weißen gesehen. Ja, ich wußte nicht einmal, daß es solche Menschen gab. Dennoch beunruhigte mich ihre Ankündigung nicht im geringsten. »Ach, sei still«, sagte ich so hochnäsig, wie ich nur konnte. »Du bist doch nur neidisch, weil ich nach London fahre und du nicht.« Ich tanzte weiter, wiegte mich in den Hüften und klatschte in die Hände, als feierte ich den Regen. Dazu sang ich: »Ich fahre nach London! Oohaajeeh! Ich fahre nach London!«

»Waris!« rief Tante Sahru warnend.

Am Abend stattete mich meine Tante für die Reise aus. Ich bekam mein erstes Paar Schuhe – wunderschöne Ledersandalen. Fürs Flugzeug gab sie mir ein langes, bunt gemustertes Kleid, darüber sollte ich eine afrikanische Djellabah tragen. Ich hatte kein Gepäck, aber das machte nichts. Denn außer den Kleidern, die ich am Leibe trug, besaß ich nichts, was ich hätte mitnehmen können, als mich Onkel Mohammed am nächsten Tag abholte.

Bevor wir zum Flughafen aufbrachen, umarmte und küßte ich Tante Sahru, die liebe Fatima und all meine kleinen Cousins und Cousinen. Fatima war so nett zu mir gewesen, daß ich sie am liebsten mitgenommen hätte. Aber wie ich wußte, gab es dort nur für eine von uns Arbeit, und deshalb war ich froh, daß ich mich durchgesetzt hatte. Onkel Mohammed gab mir meinen Reisepaß, den ich staunend betrachtete. Ich hatte noch nie eine Geburtsurkunde oder ein anderes Dokument mit meinem Namen darauf gehabt. Als ich ins Auto kletterte und der Familie zum Abschied zuwinkte, kam ich mir sehr wichtig vor.

Bis zu diesem Tag hatte ich Flugzeuge nur von unten gesehen; sie zogen hin und wieder über mich hinweg, wenn ich in der Wüste die Ziegen hütete. Ich wußte also, daß es so etwas gab. Doch noch nie war ich einem so nah gekommen wie an jenem Nachmittag, als ich Mogadischu verließ. Onkel Mohammed führte mich durch das Flughafengebäude, und wir blieben an der Tür stehen, die hinaus auf die Rollbahn führte. Auf der geteerten Startbahn sah ich einen riesigen britischen Jet in der afrikanischen Sonne glänzen. Mein Onkel plapperte gerade etwas wie: »... und in London erwartet dich dann Tante Maruim; ich komme in einigen Tagen nach. Ich muß erst noch ein paar geschäftliche Angelegenheiten erledigen, ehe ich fortkann.«

Mir blieb der Mund offenstehen. Ich drehte mich um und starrte ihn an. Doch er drückte mir ungerührt das Flugticket in die Hand. »Also, Waris, paß gut auf dein Ticket und deinen Reisepaß auf. Das sind wichtige Dokumente, verlier sie nicht.«

»Du kommst nicht mit?« Nur mühsam brachte ich diese Worte heraus.

»Nein«, erwiderte er ungeduldig. »Ich muß noch ein paar Tage hierbleiben.« Auf der Stelle brach ich in Tränen aus. Ich hatte Angst, alleine zu fliegen. Und da ich Somalia jetzt tatsächlich verlassen sollte, kamen mir Zweifel, ob das Ganze wirklich eine gute Idee war. Trotz aller Probleme hier war es schließlich meine Heimat, die ich kannte, während das, was vor mir lag, nichts als ein großes Geheimnis war.

»Stell dich nicht an, alles wird gutgehen. In London holt dich jemand ab, und man wird dir erklären, was du zu tun hast.« Ich schniefte und wimmerte leise. Doch mein Onkel schob mich sacht zur Tür. »Na, geh schon, das Flugzeug fliegt gleich los. Vorwärts ... INS FLUGZEUG, WARIS!«

Stocksteif vor Angst überquerte ich die glühendheiße Teerfläche. Das Bodenpersonal lief um die Maschine herum und machte sie startklar. Ich beobachtete die Männer, die das Gepäck einluden, und die Crew, die den Jet kontrollierte; dann schaute ich die Gangway hoch. Und ich fragte mich, wie ich in dieses Ding hineinkommen sollte. Schließlich entschied ich mich für die Treppe. Doch in den ungewohnten Schuhen fiel es mir schwer, die glatten Aluminiumstufen hochzusteigen, ohne über mein langes Kleid zu stolpern. An Bord der Maschine hatte ich keine Ahnung, wohin – ich muß gewirkt haben wie der letzte Idiot. Die anderen Passagiere saßen bereits alle auf ihren Plätzen und schauten mich fragend an. Ich konnte ihnen an den Gesichtern ablesen, was sie dachten: »Wer um Himmels willen ist dieses blöde Mädchen vom Land, das nicht einmal weiß, wie man sich im Flugzeug benimmt?« Noch an der Tür drehte ich mich deshalb einfach um und setzte mich auf den erstbesten freien Platz.

Und da sah ich zum ersten Mal in meinem Leben einen Weißen. Der hellhäutige Mann neben mir sagte: »Das ist nicht Ihr Platz.« Zumindest glaube ich, daß er das gesagt hat, denn ich sprach damals noch kein Wort Englisch. Angsterfüllt starrte ich ihn an. *Allah hilf! Was sagt dieser Mann zu mir? Und warum sieht er so komisch aus?* Er wiederholte seine Worte, und ich geriet allmählich in Panik. Doch dann kam, dem Himmel sei Dank, eine Stewardeß und nahm mir das Ticket aus der Hand. Die Frau merkte offenbar gleich, daß ich mich nicht auskannte. Sie faßte mich am Arm und führte mich den Gang entlang zu meinem Platz – der selbstverständlich nicht in der ersten Klasse war, wo ich mich vorher hingesetzt hatte. Als ich durchs Flugzeug ging, wandte ausnahmslos jeder den Kopf und starrte mich an. Lächelnd wies die Stewardeß auf meinen Sitz. Froh, nicht mehr im Mittelpunkt der allgemeinen Aufmerksamkeit zu stehen, ließ ich mich hineinfallen und nickte der Frau mit einem einfältigen Lächeln dankbar zu.

Kurz nach dem Start kam dieselbe Stewardeß wieder. Diesmal trug sie einen Korb mit Süßigkeiten, den sie mir strahlend entgegenstreckte. Ich hob mein Kleid an, formte im Schoß einen Beutel, als ob ich Obst ernten wollte, und nahm mir eine ganze Handvoll Bonbons. Ich war am Verhungern, deshalb wollte ich zusehen, daß ich etwas in den Magen bekam. Wer wußte schon, wann es wieder etwas zu essen geben würde? Doch als ich ein zweites Mal zulangen wollte, hielt die Stewardeß die Süßigkeiten weit weg. Ich streckte mich und griff nach dem Korb. »Ach, du liebe Güte, was soll ich nur mit der anfangen?« stand ihr ins Gesicht geschrieben.

Während ich meine Bonbons auswickelte und vertilgte, betrachtete ich die weißen Menschen um mich herum. Sie kamen mir verfroren und krank vor – ein, wie ich glaubte, vorübergehender Zustand. Sie konnten schließlich nicht immer so aussehen, oder? Bestimmt waren diese Leute weiß geworden, weil sie zu lange nicht mehr in der Sonne gewesen waren.

»Ihr braucht Sonne«, hätte ich ihnen gerne gesagt, wenn ich Englisch gekonnt hätte. Und ich faßte den Entschluß, einen von ihnen sobald wie möglich anzufassen. Vielleicht ging das Weiß ja ab, vielleicht waren sie untendrunter richtig schwarz.

Nach etwa neun oder zehn Stunden im Flugzeug mußte ich so dringend pinkeln, daß ich beinahe platzte. Aber ich wußte nicht, wohin. Mach schon, Waris, das kannst du herausfinden, sagte ich mir. Ich beobachtete aufmerksam, wie all die Leute um mich herum, wenn sie aufstanden, zu dieser einen Tür gingen. Dort mußte es sein, überlegte ich, und ging zu der Tür, als gerade jemand herauskam. Drinnen zog ich die Tür hinter mir zu und sah mich um. Es war bestimmt der richtige Raum, aber wo war die richtige Stelle? Ich untersuchte das Waschbecken und verwarf es. Ich musterte den Sitz, schnüffelte und entschied, daß dies der richtige Ort für mein Bedürfnis war. Froh setzte ich mich hin und – puh!

Erleichtert stand ich auf, stellte dann aber fest, daß mein Urin noch da war. Was sollte ich tun? Ich wollte keinesfalls, daß der nächste hereinkam und ihn sah. Aber wie sollte ich ihn da wegbringen? Da ich kein Englisch sprach, geschweige denn lesen konnte, sagte mir das Wort *Flush* über dem Knopf überhaupt nichts. Und selbst wenn ich das Wort verstanden hätte – ich hatte doch noch nie in meinem Leben eine Toilette mit Wasserspülung gesehen! Während ich jeden Hebel, jeden Knopf und jede einzelne Schraube in dem Raum einer genauen Untersuchung unterzog, fragte ich mich immer wieder, ob wohl *dieser* der richtige war, um meinen Urin verschwinden zu lassen. Der Knopf schien ganz offensichtlich dafür gedacht. Aber was, wenn ich ihn drückte und daraufhin das Flugzeug explodierte? Ich hatte in Mogadischu gehört, daß so etwas passieren konnte. Aufgrund der ständigen politischen Kämpfe unterhielten sich die Menschen dort oft über Explosionen und Bomben, die dieses oder jenes in die Luft gejagt hatten. Wenn ich diesen Knopf drückte, würde vielleicht das Flugzeug auseinanderbersten, und wir alle müßten sterben. Vielleicht stand ja genau das darüber: »NICHT DRÜCKEN! BRINGT FLUGZEUG ZUR EXPLOSION.« Darauf wollte ich es wegen ein bißchen Urin nun doch nicht ankommen lassen. Aber ich wollte dem nächsten den Platz sauber übergeben. Außerdem würde man genau wissen, von wem die Hinterlassenschaft stammte, denn inzwischen hämmerte es von draußen an die Tür.

Da hatte ich einen Geistesblitz. Ich nahm einen benutzten Pappbecher, füllte ihn mit Wasser und goß es in die Toilette. Wenn ich meinen Urin genug verdünnte, würde der nächste denken, die Toilettenschüssel sei voll mit Wasser, überlegte ich. Und so machte ich mich ans Werk, füllte Becher um Becher und kippte ihn in die Toilettenschüssel. Inzwischen hämmerten die Leute nicht mehr nur gegen die Tür, sie fingen auch an zu rufen. Und ich konnte nicht einfach antworten: »Nur noch eine Minute bitte ...« Also führte ich meinen Plan schweigend zu Ende. Immer wieder füllte ich den durchweichten Becher mit dem Rinnsal aus dem Wasserhahn und schüttete den Inhalt in die Toilettenschüssel. Als das Wasser schließlich bis an den Sitz reichte, hörte ich auf. Ich wußte, nur noch ein Tropfen, und die Schüssel würde überlaufen. Doch zumindest sah der Schüsselinhalt jetzt wie klares Wasser aus, also stand ich auf, glättete mein Kleid und öffnete die Tür. Mit gesenktem Kopf hastete ich die Warteschlange entlang und war froh, daß ich kein größeres Geschäft hatte erledigen müssen.

Als wir über Heathrow zur Landung ansetzten, war ich so erleichtert, endlich aus diesem Flugzeug herauszukommen, daß ich kaum noch Angst vor dem fremden Land verspürte. Zumindest würde meine Tante dasein und mich abholen, wofür ich ihr zutiefst dankbar war. Während das Flugzeug heruntergig, veränderte sich draußen der Himmel, die weißen Schäfchenwolken verdichteten sich zu einem unbestimmten Grau. Dann standen die anderen Passagiere auf. Ich erhob mich ebenfalls von meinem Sitz und ließ mich, ohne zu wissen, warum oder wohin, mit dem Menschenstrom ins Freie treiben. Die Menge drängte vorwärts, bis wir an mehrere Treppen kamen. Es gab nur ein Problem: Die Treppen bewegten sich. Wie angewurzelt blieb ich stehen und sah den anderen zu. Die Menschenwoge teilte sich hinter mir, und ich beobachtete, daß die Leute einfach auf eine der sich bewegenden Stufen traten und darauf nach oben fuhren. Ich wollte es ihnen gleichtun, also machte ich einen großen Schritt und stieg auf die Rolltreppe. Doch dabei verlor ich eine meiner neuen Sandalen, die unten auf dem Boden liegenblieb. »Mein Schuh! Mein Schuh!« rief ich in Somali und versuchte zurückzulaufen, um ihn zu holen. Doch die dichtgedrängten Menschen hinter mir ließen mich nicht durch.

Als wir von der Rolltreppe stiegen, humpelte ich, nur an einem Fuß beschuht, mit den anderen mit. Wir kamen zum Zoll. Ich musterte die weißen Männer in ihren adretten britischen Uniformen, wußte aber beim besten Willen nicht, wer diese Leute waren. Einer der Zöllner sagte etwas auf Englisch zu mir, und ich probierte, ob ich vielleicht von ihm Hilfe erwarten konnte. Mit einer Handbewegung zur Rolltreppe hin rief ich nochmals in Somali: »Mein Schuh! Mein Schuh!«

Doch er funkelte mich nur unfreundlich an und wiederholte mit gelangweilter, leidender Miene seine Frage. Ich kicherte nervös und vergaß meinen Schuh vorübergehend. Der Beamte deutete auf meinen Reisepaß, den ich ihm reichte. Nachdem er ihn genau studiert hatte, machte er einen Stempel hinein und winkte mich durch.

Vor dem Zoll trat ein Mann in Chauffeurslivree auf mich zu und fragte in Somali: »Sollst du für Mr. Farah arbeiten?«

Erleichtert, daß jemand meine Sprache sprach, rief ich begeistert: »Ja! Ja! Ich bin Waris!« Der Fahrer wollte mich fortführen, aber ich blieb stehen. »Mein Schuh. Wir müssen zuerst hinuntergehen und meinen Schuh holen.«

»Deinen Schuh?«

»Ja, ja, er ist dort unten.«

»Wo ist er?«

»Da unter der Treppe, die sich bewegt.« Ich zeigte

nach hinten. »Ich habe ihn verloren, als ich da draufgestiegen bin.« Er sah auf meine Füße, der eine nackt, der andere mit einer Sandale bekleidet.

Glücklicherweise konnte der Fahrer Englisch und bekam die Erlaubnis, noch einmal mit mir durch die Sperre zu gehen und meine fehlende Sandale zu holen. Aber als wir an die Stelle kamen, wo ich den Schuh verloren hatte, war nichts davon zu entdecken. Ich konnte mein Pech nicht fassen. Mit der anderen Sandale in der Hand suchte ich jeden Zentimeter Boden ab, dann fuhren wir wieder hoch. Doch nun mußte ich noch einmal durch den Zoll. Und diesmal nutzte der Beamte den Chauffeur als Dolmetscher und stellte mir all die Fragen, die er mir vorher schon hatte stellen wollen.

»Wie lange bleiben Sie?« fragte der Zollbeamte. Ich zuckte die Achseln. »Wo fahren Sie jetzt hin?«

»Ich wohne bei meinem Onkel, dem Botschafter«, erwiderte ich stolz.

»In Ihrem Reisepaß steht, daß Sie achtzehn Jahre alt sind, stimmt das?«

»Achtzehn? Nein, nein!« widersprach ich heftig. Der Fahrer übersetzte.

»Haben Sie etwas zu verzollen?« Diese Frage verstand ich nicht.

Der Fahrer erklärte: »Er will wissen, was du ins Land mitbringst.« Ich hielt meine eine Sandale hoch. Der Zollbeamte starrte einen Augenblick lang den Schuh an, dann schüttelte er den Kopf, gab mir den Reisepaß zurück und winkte uns durch die Schranke.

Während der Fahrer mich durch das Flughafengebäude führte, in dem es vor Menschen wimmelte, sagte er: »Schau, in deinem Paß steht, daß du achtzehn Jahre alt bist, deshalb habe ich gesagt, daß das so ist. Wenn dich also jemand nach deinem Alter fragt, antworte, daß du achtzehn bist.«

»Aber ich bin nicht achtzehn«, entgegnete ich wütend. »Das ist alt!«

»Und wie alt bist du?«

»Ich weiß nicht genau, vierzehn vielleicht, auf jeden Fall nicht so alt!«

»Hör mal, wenn es in deinem Paß steht, dann ist es auch so.«

»Wovon redest du? Mir ist egal, was da drinsteht. Warum hat man das reingeschrieben, wenn es doch nicht stimmt?«

»Weil Mr. Farah es so angegeben hat.«

»Er ist verrückt. Der hat doch keine Ahnung!« Kaum am Ausgang angekommen, schrien wir uns bereits an. Onkel Mohammeds Chauffeur und ich hatten eine tiefe Abneigung gegeneinander entwickelt.

Als ich barfuß zum Auto ging, fiel in London Schnee. Zitternd zog ich die eine Sandale wieder an und wickelte mich fester in meine dünne Baumwoll-Djellabah. Ein solches Wetter hatte ich noch nie erlebt und erst recht keinen Schnee gesehen. »Herr im Himmel, ist das kalt hier!«

»Man gewöhnt sich dran.«

Der Fahrer steuerte den Wagen aus dem Flughafengelände und mitten hinein in den Londoner Vormittagsverkehr. Ich fühlte mich unsagbar traurig und einsam an diesem mir vollständig fremden Ort, wo ich nur von weißen, kränklichen Gesichtern umgeben war. Allah! Himmel! Mama! Wo bin ich? In diesem Moment sehnte ich mich aus tiefstem Herzen nach meiner Mutter. Nicht einmal das einzige schwarze Gesicht hier weit und breit spendete mir Trost, denn Onkel Mohammeds Chauffeur hielt sich offensichtlich für etwas Besseres.

Während der Fahrt setzte er mich über den Haushalt ins Bild, in dem ich künftig leben würde: Er bestand aus meinem Onkel und meiner Tante, Onkel Mohammeds Mutter, einem anderen Onkel, den ich noch nicht kannte – er war einer der Brüder von meiner Mutter und Tante Maruim –, und dazu noch sieben Kindern, meinen Cousins und Cousinen. Dann erklärte er mir, wann ich aufstehen mußte, was ich zu tun hatte, was ich kochen sollte und wo ich schlafen würde. Und wann ich allabendlich völlig erschöpft ins Bett fallen würde.

»Denn deine Tante, die Herrin, führt den Haushalt mit eiserner Faust«, meinte er ungerührt. »Ich warne dich, man kann es ihr nie recht machen.«

»Na, *du* vielleicht nicht, aber *ich* bin ihre Nichte.« Immerhin ist sie eine Frau und die Schwester meiner Mutter, überlegte ich. Mir fiel wieder ein, wie sehr ich meine Mama vermißte und wie lieb Tante Sahru und Fatima zu mir gewesen waren. Selbst Aman hatte es gut mit mir gemeint, wir kamen eben nur nicht miteinander aus. Die Frauen in unserer Familie waren liebevoll und kümmerten sich umeinander. Ich lehnte mich zurück. Plötzlich fühlte ich mich nach meiner langen Reise sehr müde.

Doch immer wieder schielte ich aus dem Autofenster und versuchte herauszufinden, woher die weißen Flocken kamen. Wir fuhren durch die vornehme Harley Street, wo der Schnee die Gehsteige langsam weiß färbte. Dann hielten wir vor dem Haus meines Onkels. Verwundert starrte ich es an, während mir allmählich klar wurde, daß ich in diesem Palast wohnen würde. So etwas hatte ich bisher noch nie gesehen. Die dreistöckige Botschafterresidenz war gelb, meine Lieblingsfarbe. Wir gingen zum Haupteingang, ein beeindruckendes Portal mit einem Oberlicht. Drinnen warf ein großer vergoldeter Spiegel die Bücherwand der gegenüberliegenden Bibliothek zurück.

Tante Maruim trat ins Foyer, um mich zu begrüßen. »Tante!« rief ich.

Die Frau war nur wenig jünger als meine Mutter und trug elegante westliche Kleidung. Sie blieb in der Mitte der Halle stehen. »Komm herein«, sagte sie kühl. »Und mach die Tür zu.« Eigentlich hatte ich zu ihr laufen und sie umarmen wollen, aber etwas an der Art, wie sie mit zusammengepreßten Händen dort stand, hielt mich zurück. »Zuerst möchte ich dir alles zeigen und dir deine Pflichten erklären.«

»Oh«, sagte ich leise und spürte, wie mich der letzte Funken Energie verließ. »Ich bin sehr müde, Tante. Ich möchte mich einfach nur hinlegen. Darf ich bitte schlafen gehen?«

»Ja, schon gut. Komm mit.« Sie führte mich ins Wohnzimmer, und als wir die Treppe hochstiegen, fiel mir die elegante Einrichtung auf: der Kronleuchter; ein weißes Sofa mit Dutzenden von Kissen; Ölgemälde über dem Kaminsims, abstrakte Kunst, wie ich später lernte; große Scheite, die im Kamin prasselten. Tante Maruim brachte mich in ihr Zimmer und erlaubte mir, in ihrem Bett zu schlafen. Das Himmelbett hatte die Ausmaße der Hütte meiner Familie, darauf lag eine wunderschöne Daunensteppdecke. Ich strich mit der Hand über den seidenen Stoff und genoß seine Glätte. »Wenn du aufwachst, zeige ich dir das Haus.«

»Weckst du mich?«

»Nein. Bleib liegen, bis du ausgeschlafen bist und von selbst aufwachst.« Ich schlüpfte unter die Laken und war überzeugt, noch nie in meinem Leben etwas so überirdisch Weiches gefühlt zu haben. Meine Tante schloß leise die Tür, und ich fiel in einen tiefen, traumlosen Schlaf – fiel in einen langen, schwarzen Tunnel.

9. Das Dienstmädchen

Als ich in dem riesigen Bett in diesem herrlichen Zimmer die Augen wieder aufschlug, meinte ich immer noch, einen wunderschönen Traum zu träumen. Zuerst konnte ich kaum glauben, daß dies Wirklichkeit sein sollte. Tante Maruim mußte in dieser Nacht bei einem der Kinder geschlafen haben, denn ich hatte bis zum nächsten Morgen in tiefstem Schlaf in ihrem Bett gelegen. Doch sobald ich aufgestanden war, wurde ich unsanft aus den Wolken zurück auf die Erde geholt.

Ich trat aus dem Zimmer meiner Tante im ersten Stock und wanderte durchs Haus, als sie mich aufstöberte. »Du bist auf. Gut. Dann laß uns in die Küche gehen, und ich zeige dir, was du zu tun hast.« Benommen folgte ich ihr in den Raum, den sie Küche nannte, obwohl er ganz und gar nicht der Küche meiner Tante in Mogadischu ähnelte. Glänzende blaue Keramikkacheln zierten Boden und Wände, ringsum standen cremefarbene Schränke, der gewaltige Herd in der Mitte hatte sechs Platten. Meine Tante öffnete und schloß verschiedene Schubladen und rief: »... hier die Küchengeräte, hier das Besteck, die Geschirrtücher ...« Ich hatte keine Ahnung, wovon diese Frau sprach, keine Vorstellung, wozu man die Dinge brauchte, die sie mir zeigte, geschweige denn von ihrer Handhabung. »Deinem Onkel servierst du das Frühstück jeden Morgen um halb sieben, denn er geht schon früh in die Botschaft. Er ist Diabetiker, wir müssen peinlich genau darauf achten, daß er Diät hält. Er bekommt immer dasselbe: Kräutertee und zwei pochierte Eier. Ich nehme den Kaffee um sieben Uhr in meinem Zimmer, danach machst du Pfannkuchen für die Kinder. Sie essen Punkt acht, denn sie müssen um neun Uhr in der Schule sein. Nach dem Frühstück ...«

»Tante, woher soll ich wissen, wie man das alles macht? Wer bringt es mir bei? Ich weiß nicht, wie man Pfannkuchen macht. Was sind Pfannkuchen?«

Tante Maruim hatte gerade tief Luft geholt und mit dem Arm auf eine Tür gezeigt, als ich sie unterbrach. Nun hielt sie die Luft an und starrte mich mit immer noch ausgestreckter Hand fassungslos an. Dann atmete sie langsam aus und ließ den Arm sinken, bevor sie die Hände zusammenpreßte wie gestern in der Eingangshalle. »Ich zeige es dir, Waris. Aber du mußt mir aufmerksam zusehen. Paß gut auf, hör genau zu und lerne.« Ich nickte, und sie holte wieder tief Luft, um fortzufahren.

Nach der ersten Woche und ein paar kleineren Katastrophen kannte ich mein Tagespensum in- und auswendig. Und diesen Tagesablauf behielt ich bei für die nächsten vier Jahre, an jedem einzelnen Tag dieser vier Jahre. Während Zeit für mich bisher keine Bedeutung gehabt hatte, lernte ich jetzt, nach der Uhr zu leben. Um sechs Uhr Frühstück für den Onkel, um halb sieben Kaffee für die Tante, Frühstück für die Kinder um acht. Danach machte ich die Küche sauber, während der Chauffeur mit dem Auto von der Botschaft zurückkam, wohin er meinen Onkel gefahren hatte, und die Kinder zur Schule brachte. Dann putzte ich das Zimmer meiner Tante, ihr Badezimmer, anschließend jeden anderen Raum im Haus. Mit Staubwedel, Wischlappen, Scheuerbürste und Politur bewaffnet, kämpfte ich mich durch sämtliche vier Stockwerke. Und wenn ich irgend etwas nicht zur vollsten Zufriedenheit erledigte, hielt man es mir sofort vor. »Mir gefällt nicht, wie das Bad aussieht. Putz es das nächste Mal gründlicher. Diese weißen Kacheln müssen blitzen vor Sauberkeit.«

Abgesehen vom Koch und dem Chauffeur war ich die einzige Hausangestellte; meine Tante fand, für ein kleines Haus wie ihres würde eine Kraft völlig reichen. Der Koch bereitete nur sechsmal in der Woche das Abendessen zu, am Sonntag, seinem freien Tag, kochte ich. In den vier Jahren dort hatte ich nicht einen einzigen Tag frei. Die wenigen Male, die ich darum bat, bekam meine Tante einen solchen Tobsuchtsanfall, daß ich es aufgab.

Ich aß nicht mit der Familie zusammen, sondern nahm mir einfach etwas, wenn sich die Gelegenheit dazu ergab, und arbeitete durch, bis ich um Mitternacht todmüde ins Bett fiel. Allerdings empfand ich es als keinen großen Verlust, nicht mit der Familie zu Abend zu essen, denn meiner Meinung nach waren die vom Koch zubereiteten Speisen kaum genießbar. Er war zwar auch ein Somali, gehörte aber einem anderen Stamm an. Und er war ein fauler, verschlagener Wichtigtuer, der mich gerne quälte. Wann immer meine Tante in die Küche kam, fing er aus heiterem Himmel an, mit mir zu schimpfen: »Waris, als ich am Montag morgen in die Küche gekommen bin, war sie ein einziger Saustall. Ich habe Stunden gebraucht, um aufzuräumen.« Das war natürlich gelogen. Doch er wollte vor meiner Tante und meinem Onkel unbedingt gut dastehen, und er wußte, daß ihm das mit seinen Kochkünsten kaum gelingen konnte. Als ich meiner Tante sagte, daß mir das Essen ihres Kochs nicht schmeckte, meinte sie nur: »Dann mach dir einfach was anderes.« Wie war ich froh, daß ich meiner Cousine Fatima in Mogadischu beim Kochen zugesehen hatte. Aber offenbar war ich in dieser Hinsicht auch ein Naturtalent, denn neben den verschiedensten Nudelgerichten erfand ich alle möglichen anderen Speisen. Als die Familienmitglieder sahen, was ich aß, wollten sie etwas davon abhaben. Und schon bald fragten sie mich, was ich kochen wollte, welche Zutaten vom Markt ich bräuchte und so weiter. Das machte mich beim Koch nicht gerade beliebter.

Am Ende meiner ersten Woche in London war mir auch klar, daß mein Onkel und meine Tante eine ganz andere Vorstellung davon hatten, welche Rolle ich in ihrem Haushalt spielen sollte, als ich. Fast überall in Afrika ist es üblich, daß reichere Familien die Kinder ihrer ärmeren Verwandten aufnehmen und diese Kinder als Gegenleistung für ihren Unterhalt arbeiten. Manchmal sorgen die Verwandten für ihre Ausbildung und behandeln sie wie ihre eigenen Kinder. In anderen Fällen nicht. Offensichtlich hatte ich gehofft, zur ersten Gruppe zu zählen, mußte jedoch bald erfahren, daß meine Tante und mein Onkel Wichtigeres im Kopf hatten als die Bildung dieses unwissenden Kindes, das aus der Wüste gekommen war, um als Dienstmädchen bei ihnen zu arbeiten. Mein Onkel war so von seinem Beruf in Anspruch genommen, daß er den häuslichen Angelegenheiten nur wenig Beachtung schenkte. Und meine Tante, die ich in meiner Phantasie bereits als Mutterersatz gesehen hatte, träumte offenbar ganz und gar nicht davon, mich als dritte Tochter anzunehmen. Ich war für sie nichts weiter als eine Bedienstete. Nachdem mir diese Tatsache unerbittlich bewußt geworden war, schwand meine Freude, nach London gekommen zu sein. Die Plackerei meiner langen Arbeitstage tat ein übriges. Ich entdeckte, daß meine Tante von Regeln und Vorschriften geradezu besessen war; alles mußte immer genauso getan werden, wie sie es angeordnet hatte, und zwar genau zu dem Zeitpunkt, da sie es wünschte, und das Tag für Tag. Ausnahmen gab es nicht. Vielleicht hatte sie das Gefühl, in dieser fremden Kultur, die sich so grundlegend von der unserer Heimat unterschied, nach einem festen Regelwerk leben zu müssen, um bestehen zu können. Doch ich hatte Glück im Unglück und fand in meiner Cousine Basma in diesem Haus eine Freundin.

Basma, die älteste Tochter meines Onkel und meiner Tante, war genauso alt wie ich. Sie sah umwerfend aus, und alle Jungen waren hinter ihr her, doch das kümmerte sie nicht. Tagsüber besuchte sie die Schule, und abends interessierte sie sich für nichts anderes als ihre Bücher. Meine Cousine ging dann in ihr Zimmer, legte sich aufs Bett und las stundenlang. Häufig war sie von einem Buch so gefesselt, daß sie die Mahlzeiten versäumte, und manchmal vergrub sie sich den ganzen Tag in ihrem Zimmer, bis jemand kam und sie herauszerrte.

Wenn ich mich einsam fühlte und langweilte, besuchte ich sie manchmal in ihrem Zimmer. Ich setzte mich auf die Bettkante und fragte: »Was liest du da?«

Ohne aufzuschauen murmelte sie: »Laß mich in Ruhe. Ich lese ...«

»Aber ich würde mich gern mit dir unterhalten.«

Ohne den Blick vom Buch zu heben, antwortete sie ausdruckslos und undeutlich wie im Halbschlaf: »Worüber denn?«

»Was liest du da?«

»Hmmmh?«

»Was du da liest! Wovon handelt es?« Wenn ich ihre Aufmerksamkeit endlich errungen hatte, unterbrach sie ihre Lektüre und erzählte mir, worum es in dem Buch ging. Meistens waren es Liebesromane, in denen sich – nach den verschiedensten Irrungen und Wirrungen – der Mann und die Frau zum krönenden Abschluß endlich küßten. Da ich Geschichten schon immer sehr geliebt hatte, genoß ich diese Minuten mit ihr außerordentlich. Wie gebannt saß ich da, wenn sie die Handlung mit leuchtenden Augen und lebhaften Gesten in allen Einzelheiten schilderte, und ich wünschte mir, lesen zu können, denn dann, so malte ich mir aus, könnte ich mich in Geschichten vertiefen, wann immer ich wollte.

Mamas Bruder, Onkel Abdullah, der auch bei uns im Haus wohnte, war mit seiner Schwester nach

London gekommen, um die Universität zu besuchen. Er fragte mich, ob ich nicht zur Schule gehen wollte. »Du solltest unbedingt lesen lernen, Waris. Wenn du willst, helfe ich dir dabei.« Er erzählte mir, wo die Schule lag, wann der Unterricht stattfand und – am wichtigsten – daß der Besuch kostenlos war. Mir wäre von allein nie der Gedanke gekommen, daß ich vielleicht auf eine Schule gehen könnte. Zwar zahlte mir der Botschafter jeden Monat ein winziges Taschengeld, das aber ganz sicher nicht für Schulgebühren gereicht hätte. Aufgeregt ging ich zu Tante Maruim und sagte ihr, daß ich die Schule besuchen und Englisch lesen, schreiben und sprechen lernen wollte. Wir lebten zwar in London, doch zu Hause unterhielten wir uns in Somali, und da ich keinen Kontakt zur Außenwelt hatte, kannte ich nur wenige Wörter Englisch.

Meine Tante antwortete: »Ich werde darüber nachdenken.« Doch als sie die Angelegenheit mit meinem Onkel besprach, sagte er nein. Immer wieder bettelte ich, mich doch zur Schule gehen zu lassen, aber meine Tante wollte sich nicht mit meinem Onkel anlegen. Schließlich entschied ich mich, ohne ihre Erlaubnis hinzugehen. Der Unterricht fand an drei Abenden in der Woche statt, jeweils von neun bis elf Uhr. Onkel Abdullah willigte ein, mir zu zeigen, wie ich hinkam, und mich beim ersten Mal zu begleiten. Inzwischen war ich etwa fünfzehn Jahre alt, doch ich hatte noch niemals ein Klassenzimmer von innen gesehen. In dem Raum waren Menschen aller Altersgruppen und aus allen Teilen der Welt versammelt. Nach dem ersten Abend holte mich immer ein alter Italiener ab, wenn ich mich aus dem Haus meines Onkels schlich, und brachte mich nach dem Unterricht wieder heim. Ich war so eifrig bei der Sache, daß die Lehrerin sagte: »Du bist eine gute Schülerin, Waris, aber immer mit der Ruhe.« Doch nachdem ich das Alphabet gelernt und gerade die ersten Grundkenntnisse der englischen Sprache erworben hatte, kam mein Onkel dahinter, daß ich abends das Haus verließ. Wütend, daß ich mich seiner Anordnung widersetzt hatte, machte er meinen Schulbesuchen schon nach wenigen Wochen ein Ende. Mir war es nun zwar nicht mehr möglich, am Unterricht teilzunehmen, doch ich borgte mir die Bücher meiner Cousine und versuchte, mir das Lesen selbst beizubringen. Ich durfte auch nicht mit der Familie fernsehen, aber manchmal lungerte ich vor der Tür herum und versuchte, mir die englische Satzmelodie einzuprägen. Alles ging weiter seinen normalen Gang, bis mich Tante Maruim eines Tages, als ich beim Putzen war, zu sich rief: »Waris, wenn du oben fertig bist, komm doch bitte mal zu mir. Ich habe dir etwas zu sagen.« Ich war gerade in den Schlafzimmern, und als ich die Betten gemacht hatte, ging ich zu ihr ins Wohnzimmer hinunter. Meine Tante stand am Kamin.

»Ja?«

»Ich habe heute einen Anruf von zu Hause bekommen. Ähm ... wie hieß noch mal dein kleiner Bruder?«

»Ali?«

»Nein, der jüngste, der Kleine mit den grauen Haaren?«

»Der Alte Mann? Du meinst den Alten Mann?«

»Ja. Der Alte Mann und deine große Schwester Aman. Es tut mir leid. Sie sind beide gestorben.« Ich konnte nicht glauben, was ich da hörte. Bestürzt starrte ich meine Tante an. Bestimmt scherzte sie. Oder sie war wegen irgend etwas böse auf mich und wollte mich mit dieser schrecklichen Nachricht bestrafen. Doch ihre Miene blieb ausdruckslos und gab keinen Aufschluß. *Offensichtlich meint sie es ernst, warum sonst sollte sie das sagen? Aber wie war das möglich?* Wie versteinert blieb ich stehen, dann gaben meine Beine unter mir nach, und ich sank auf das weiße Sofa. Ich dachte nicht einmal daran, zu fragen, was geschehen war. Meine Tante hätte es mir vielleicht erzählt, hätte mir das furchtbare Geschehen vielleicht erklären können, aber in meinem Kopf herrschte eine dröhnende Leere. Benommen stand ich wieder auf und ging mit steifen Beinen in mein winziges Zimmer im dritten Stock, das ich mit meiner kleinen Cousine teilte.

Fassungslos blieb ich den Rest des Tages auf meinem Bett unter der Dachtraufe liegen. Der Alte Mann und Aman tot! Wie war das nur möglich? Ich war aus Somalia fortgegangen und hatte mich damit der Möglichkeit beraubt, mehr Zeit mit meinem Bruder und meiner Schwester zu verbringen. Und jetzt würde ich die beiden nie wiedersehen! Aman, die doch immer so stark gewesen war! Und der weise Alte Mann! Nie wäre mir in den Sinn gekommen, daß die beiden sterben könnten – doch wenn sie tot waren, wie ging es dann dem Rest der Familie, denen mit weniger Kraft und Wissen?

An diesem Abend entschloß ich mich, nicht mehr

länger zu leiden. Seit ich an jenem Morgen von meinem Vater weggelaufen war, hatte sich in meinem Leben nichts so entwickelt wie ursprünglich erhofft. Das war inzwischen zwei Jahre her, und ich vermißte schmerzlich das Gefühl von Nähe, das mir meine Familie gegeben hatte. Daß nun zwei meiner engsten Angehörigen aus dieser Welt geschieden waren, war mehr, als ich ertragen konnte. Ich ging hinunter in die Küche, öffnete eine Schublade und nahm ein Fleischermesser heraus. Mit dem Messer in der Hand schlich ich mich wieder nach oben in mein Zimmer. Doch während ich dalag und versuchte, genug Mut zu sammeln, um mich umzubringen, dachte ich an meine Mutter. Die arme Mama. Ich hatte in dieser Woche zwei liebe Menschen verloren, für sie jedoch wären es drei. Das erschien mir so ungerecht, daß ich das Messer auf den Nachttisch legte und an die Decke starrte. Als meine Cousine Basma später hereinkam, um nach mir zu sehen, hatte ich das Messer bereits vergessen. Sie jedoch sah es entsetzt an. »Was zum Teufel ist denn das? Wozu brauchst du hier ein Messer?« Ich versuchte erst gar nicht zu antworten, sondern blickte nur weiter zur Decke hoch. Basma nahm das Messer und verließ das Zimmer.

Ein paar Tage später rief mich meine Tante erneut: »Waris! Komm herunter!« Ich blieb liegen, als hätte ich sie nicht gehört. »Waris! Komm herunter!« Ich ging nach unten und sah sie am Fuß der Treppe stehen. »Beeil dich! Telefon!« Das verblüffte mich, denn ich bekam niemals Anrufe. Ja, ich hatte noch nie in meinem Leben telefoniert.

»Für mich?« fragte ich leise.

»Ja, ja.« Sie zeigte auf den Hörer, der auf dem Tischchen lag. »Nimm ihn, nimm den Hörer in die Hand!«

Ich hob den Hörer auf und betrachtete ihn, als wollte er mich beißen. Aus etwa dreißig Zentimetern Entfernung flüsterte ich: »Ja?«

Tante Maruim blickte zur Decke. »Sprich! Sag etwas ... in den Apparat hinein!« Sie drehte den Hörer richtig herum und drückte ihn mir ans Ohr.

»Hallo?« Da hörte ich eine Stimme, mit der ich nun überhaupt nicht gerechnet hatte: Es war meine Mutter. »Mama, Mama! O Gott, bist du es wirklich?« Zum ersten Mal seit Tagen konnte ich wieder lächeln. »Mama, wie geht es dir? Bist du gesund?«

»Nein. Ich habe unter dem Baum gewohnt.« Sie erzählte mir, daß sie nach dem Tod meiner beiden Geschwister völlig von Sinnen gewesen war. Ich war zutiefst dankbar, daß ich mich nicht umgebracht und dadurch ihren Kummer noch vergrößert hatte. Meine Mutter war in die Wüste gerannt, um allein zu sein; sie hatte keine Menschenseele sehen und mit niemandem sprechen wollen. Dann hatte sie sich allein nach Mogadischu aufgemacht und ihre Familie besucht. Sie wohnte bei Tante Sahru, von dort aus rief sie auch an.

Mama versuchte, mir zu erklären, was geschehen war, aber für mich ergab das alles keinen Sinn. Der Alte Mann war krank geworden. Wie bei den meisten Nomaden in Afrika gab es auch bei uns keine medizinische Versorgung; niemand wußte, was ihm fehlte und was man dagegen hätte tun können. In dieser Gesellschaft hatte man nur zwei Möglichkeiten: Man blieb am Leben, oder man starb – ein Dazwischen gab es nicht. Solange jemand lebte, war alles bestens. Wir zerbrachen uns nicht den Kopf wegen irgendwelcher Krankheiten, denn ohne Ärzte und ohne Medizin waren unsere Möglichkeiten sowieso beschränkt. Und wenn jemand starb, nun, dann war das ebenfalls in Ordnung, für die anderen würde das Leben weitergehen. Bei uns galt das Prinzip *In'shallah*: »So Gott will ...« Das Leben war ein Geschenk, und der Zeitpunkt des Todes lag in Gottes Hand.

Doch als der Alte Mann krank wurde, bekamen meine Eltern Angst, denn er war immer anders gewesen als die anderen. Weil ihr nichts Besseres einfallen wollte, schickte Mama einen Boten zu Aman nach Mogadischu und bat sie um Hilfe. Aman, die Starke, würde wissen, was zu tun war. Was auch stimmte. Zu Fuß brach Aman aus Mogadischu auf, um den Alten Mann zu holen und zu einem Arzt zu bringen. Wo meine Famile damals lagerte und wie weit das von der Hauptstadt entfernt war, weiß ich nicht. Mama hatte allerdings nicht ahnen können, daß Aman im achten Monat schwanger war. Der Alte Mann starb in Amans Armen, während sie ihn ins Krankenhaus trug. Meine Schwester erlitt einen schweren Schock, und sie starb nur wenige Tage später, und mit ihr das ungeborene Kind. Ich weiß nicht einmal genau, wo und wann sie starben. Als Mama das erfuhr, brach sie, die immer so unerschütterlich gewesen war, zusammen. Da sie es war, die unsere Familie zusammenhielt, wagte ich nicht, mir auszumalen, wie es den anderen jetzt erging. Mehr denn je fühlte ich mich in London gefangen. Wie furchtbar, daß ich Mama nicht helfen konnte, obwohl sie mich doch dringend brauchte.

Aber das Leben ging weiter, und ich versuchte, es in vollen Zügen zu genießen. Wenn ich nicht mit der Hausarbeit beschäftigt war, alberte ich mit meinen Cousins und Cousinen und deren Freunden herum.

Eines Abends bat ich Basma, mir bei meinem ersten Auftritt als Model zu assistieren. Seit meiner Ankunft in London hatte ich eine große Schwäche für Kleider entwickelt. Nicht daß ich sie besitzen wollte, nein, ich probierte sie einfach nur gerne an. Es war wie Theaterspielen, ich konnte dann sozusagen in eine andere Haut schlüpfen. Während die Familie vor dem Fernsehapparat saß, ging ich in Onkel Mohammeds Zimmer und schloß die Tür hinter mir. Dann öffnete ich seinen Wandschrank und nahm einen seiner guten Anzüge aus marineblauer Schurwolle mit Nadelstreifen heraus. Ich legte ihn zusammen mit einem weißen Hemd, einer Seidenkrawatte, dunklen Socken, eleganten schwarzen englischen Schuhen und einem Filzhut aufs Bett, dann zog ich die Sachen Stück für Stück an. Zum Schluß nestelte ich an der Krawatte, um einen Knoten zu binden, wie ich ihn bei meinem Onkel gesehen hatte. Den Hut tief ins Gesicht gezogen, zog ich los und suchte Basma, die sich vor Lachen kugelte.

»Geh und sag deinem Vater, daß ihn ein Mann sprechen möchte.«

»Sind das seine Sachen? O Gott, er wird dich umbringen ...«

»Geh schon.«

Ich wartete in der Eingangshalle und spitzte die Ohren, um den richtigen Augenblick für meinen großen Auftritt abzupassen. »Vater«, sagte Basma, »draußen ist ein Mann und will dich sprechen.«

»So spät am Abend?« Onkel Mohammed klang ungehalten. »Wie heißt er? Und was will er? Kennst du ihn?«

»Ähm, ich weiß nicht«, stammelte Basma. »Ja, ich glaube, ich habe ihn schon mal gesehen.«

»Nun, dann sag ihm ...«

»Warum gehst du nicht kurz raus?« unterbrach sie ihren Vater. »Er steht direkt vor der Tür.«

»Na gut«, sagte mein Onkel lustlos. Das war mein Stichwort. Ich zog den Hut so weit über die Augen, daß ich kaum noch etwas sehen konnte, steckte die Hände in die Jackettaschen und stolzierte ins Zimmer.

»Erinnerst du dich nicht mehr an mich?« fragte ich mit tiefer Stimme. Meinem Onkel traten fast die Augen aus dem Kopf, und er bückte sich, um unter den Hut zu linsen. Als er entdeckte, um wen es sich handelte, brach er in schallendes Gelächter aus. Auch meine Tante und die übrigen Familienmitglieder brüllten vor Lachen.

Onkel Mohammed drohte mir mit dem Finger: »Habe ich dir etwa erlaubt ...?«

»Ich mußte es einfach anprobieren, Onkel. Sieht das nicht lustig aus?«

»Bei Allah, ja.«

Ich wiederholte diesen Auftritt noch ein paarmal, ließ dazwischen jedoch immer so viel Zeit verstreichen, daß mein Onkel stets aufs neue überrascht war. »Jetzt reicht es aber, Waris. Hör auf, meine Sachen anzuziehen. Laß die Finger davon, verstanden?« schimpfte er jedesmal. Zwar meinte er das ernst, doch ich wußte, daß er das Ganze im Grunde auch sehr lustig fand. Später hörte ich, wie er es lachend seinen Freunden erzählte: »Da geht doch dieses Mädchen in mein Zimmer und probiert meine Sachen an. Und Basma kommt zu mir und sagt: ›Vater, da ist ein Mann, der dich sprechen will.‹ Dann spaziert sie hier herein, von Kopf bis Fuß in meinen Sachen. So etwas habt ihr noch nicht gesehen ...«

Die Freundinnen meiner Tante schlugen ihr vor, ich sollte es doch mal als Model probieren. Doch sie hielt ihnen entgegen: »Mmmmh. Wißt ihr, wir Somalis sind Moslems und tun so etwas nicht.« Andererseits hatte Tante Maruim aber scheinbar nichts gegen die Model-Karriere von Iman, der Tochter einer guten Freundin, einzuwenden. Sie kannte Imans Mutter schon seit vielen Jahren, und wann immer sie oder ihre Tochter in London waren, bestand meine Tante darauf, daß sie bei uns wohnten. Die Gespräche über Iman brachten mich zum ersten Mal auf den Gedanken, selbst als Model zu arbeiten. Aus den Zeitschriften meiner Cousine schnitt ich Imans Bilder aus und tapezierte damit die Wände in meinem kleinen Zimmer. Wenn sie als Somali-Frau das konnte, überlegte ich, warum dann nicht auch ich?

Und so suchte ich, wann immer Iman zu Besuch kam, die Gelegenheit, mit ihr zu sprechen. Ich wollte sie fragen, wie ich Model werden konnte, denn bisher wußte ich ja nur, daß es so etwas gab. Davon, wie man es wurde, hatte ich keine Ahnung. Aber Iman verbrachte bei ihren Besuchen die Abende im Gespräch mit den Erwachsenen, und ich wußte, daß meine Tante und mein Onkel sehr unwirsch reagieren würden, sollte ich es wagen, mich in ihre Unterhaltung einzumischen und solchen Unsinn zu fragen. Aber schließlich fand sich eines Abends doch noch ein günstiger Moment. Iman war in ihrem Zimmer und las, als ich an die Tür klopfte: »Kann ich dir vor dem Zubettgehen noch etwas bringen?«

»Ja, ich hätte gern eine Tasse Kräutertee.« Ich ging hinunter in die Küche und kehrte mit einem Tablett zurück.

Während ich es auf den Nachttisch stellte, nahm ich all meinen Mut zusammen. »Ich habe viele Bilder von dir in meinem Zimmer aufgehängt.« Die Uhr auf dem Nachttisch tickte, und ich kam mir vor wie der letzte Idiot. »Ich würde auch gern als Model arbeiten. Ist es ein schwerer Beruf ... was tut man da ... wie hast du damit angefangen?«

Was ich als Antwort von ihr erwartete, weiß ich nicht; vielleicht hoffte ich, sie würde einen Zauberstab zur Hand nehmen und mich armes Aschenbrödel in eine Prinzessin verwandeln. Doch in jenen Tagen war der Modelberuf für mich nichts anderes als ein ferner Wunschtraum, und ich beschäftigte mich nicht weiter damit. Statt dessen ging ich Tag für Tag weiter meinen Pflichten im Haushalt nach, ich machte Frühstück, kochte Mittagessen, spülte Geschirr und saugte Staub.

Inzwischen war ich etwa sechzehn und lebte nun schon seit zwei Jahren in London. Und ich hatte mich soweit an die Gepflogenheiten der westlichen Welt angepaßt, daß ich wußte, welches Jahr wir schrieben: 1983.

Im Sommer diesen Jahres starb Onkel Mohammeds Schwester in Deutschland und hinterließ eine kleine Tochter. Sophie kam zu uns, und mein Onkel meldete sie in der All Souls Church School an. Nun mußte ich morgens neben allem anderen auch noch Sophie in die ein paar Straßen entfernt liegende Schule bringen.

Ich hatte sie erst ein paarmal zu dem alten Backsteingebäude begleitet, als mir eines Morgen ein merkwürdiger Mann auffiel, der mich unverhohlen musterte. Er war ein Weißer, etwa vierzig Jahre alt, und trug einen Pferdeschwanz. Der Mann gab sich gar keine Mühe zu verbergen, daß er mich anstarrte, sondern musterte mich im Gegenteil ziemlich unverfroren. Sobald Sophie durch die Tür verschwunden war, trat er auf mich zu und sprach mich an. Natürlich konnte ich noch immer kaum Englisch und hatte daher keine Ahnung, was er sagte. Ich wich seinem Blick aus und rannte verängstigt nach Hause. Aber so ging es nun Tag für Tag: Ich brachte Sophie zum Eingang, der weiße Mann wartete auf mich und versuchte, mit mir zu sprechen, und ich rannte weg.

Nachmittags erzählte mir Sophie auf dem Heimweg von der Schule oft von ihrer neuen Freundin, die in die gleiche Klasse ging. »Ja, mmmh«, murmelte ich desinteressiert. Doch eines Tages verspätete ich mich ein bißchen, und als ich endlich kam, um Sophie abzuholen, spielte sie vor dem Schulgebäude mit einem kleinen Mädchen. »Waris, das ist meine Freundin«, sagte Sophie stolz. Neben den beiden Mädchen stand der Perverse mit dem Pferdeschwanz, der mich jetzt schon seit fast einem Jahr nervte.

»Komm, laß uns gehen«, meinte ich nervös und schielte mißtrauisch zu dem Mann hinüber. Doch er bückte sich und sagte etwas zu Sophie, die Englisch, Deutsch und Somali sprach. »Komm endlich, Sophie, geh weg von dem Mann«, ermahnte ich sie und nahm ihre Hand.

Sie drehte sich zu mir und sagte fröhlich: »Er will wissen, ob du Englisch sprichst.« Dann wandte sie sich wieder an den Mann und schüttelte den Kopf. Er sagte noch etwas, und Sophie übersetzte: »Er möchte dich etwas fragen.«

»Sag ihm, daß ich nicht antworten werde«, erwiderte ich hochnäsig und sah in die entgegengesetzte Richtung. »Er soll verschwinden. Er soll ...« Ich beschloß, diesen Satz in Gegenwart des anderen Mädchens lieber unvollendet zu lassen, denn Sophie würde ihn sicher sofort übersetzen. »Ach, schon gut. Jetzt komm endlich.« Und ich packte sie an der Hand und zog sic fort.

Kurz nach dieser Begegnung lieferte ich Sophie wie immer morgens am Schultor ab und ging dann nach Hause zurück. Als ich gerade oben putzte, klingelte es an der Tür. Rasch lief ich die Treppe hinunter, doch Tante Maruim war schneller als ich und hatte die Tür schon geöffnet, als ich erst am oberen Treppenabsatz war. Ich lugte durch die Ritzen im Geländer und traute meinen Augen nicht: Vor der Tür stand Mr. Pferdeschwanz. Er mußte mir gefolgt sein. Zunächst fürchtete ich, daß er sich irgendwelche Lügengeschichten ausgedacht hatte, um mich bei meiner Tante anzuschwärzen: daß ich mit ihm geschäkert oder mit ihm geschlafen hätte oder daß er mich bei Stehlen erwischt hätte, etwas in der Art. In ihrem fließenden Englisch fragte ihn meine Tante: »Sie wünschen?«

»Mein Name ist Malcolm Fairchild. Entschuldigung Sie die Störung, aber dürfte ich bitte kurz mit Ihnen sprechen?«

»Worum geht es?« Ich sah, wie überrascht meine Tante war. Mir wurde ganz schlecht, als ich wieder nach oben ging und mir überlegte, was er ihr sagen würde. Doch schon zwei Sekunden später hörte ich die Tür ins Schloß fallen. Ich rannte ins Wohnzimmer, als Tante Maruim in die Küche stürmte.

»Tante, wer war das?«

»Ich weiß nicht. Irgendein Mann, der behauptet hat, er wäre dir nachgegangen, weil er mit dir sprechen wollte. Er hat irgendwelchen Unfug davon erzählt, daß er dich fotografieren will.« Sie funkelte mich böse an.

»Tante, ich kann nichts dafür. Ich habe nie ein Wort mit ihm gewechselt.«

»DAS WEISS ICH! Deshalb ist er ja hergekommen!« Sie ging an mir vorbei. »Geh wieder an deine Arbeit, und zerbrich dir nicht den Kopf darüber. Ich werde mich darum kümmern.« Da mir Tante Maruim partout nicht mehr erzählen wollte und zugleich so wütend und angeekelt reagierte, nahm ich an, daß der Mann irgendwelche unanständigen Fotos machen wollte. Entsetzt brachte ich den Vorfall nie wieder zur Sprache.

Zwar sah ich den Mann auch weiterhin allmorgendlich an der All Souls Church School, doch er sprach mich nicht mehr an und lächelte nur höflich, ohne sich weiter um mich zu kümmern. Bis er zu meinem großen Schrecken eines Tages auf mich zukam, als ich Sophie abholte, und mir eine Karte gab. Ich starrte ihn an, während ich die Karte nahm und in die Tasche steckte. Als er kehrtmachte und fortging, schickte ich ihm in Somali einen Fluch hinterher: »Hau ab, du Mistkerl – du dreckiges Schwein!«

Zu Hause rannte ich nach oben; die Kinder schliefen alle in den obersten Stockwerken, hier störten uns keine Erwachsenen. Ich ging ins Zimmer meiner Cousine und unterbrach sie wie immer beim Lesen. »Basma, schau mal«, sagte ich und angelte die Karte aus meiner Tasche. »Die ist von dem Mann, von dem ich dir erzählt habe. Erinnerst du dich? Der mir nachgestellt hat und einmal sogar hierhergekommen ist. Er hat mir vorhin diese Karte gegeben. Was steht da drauf?«

»Daß er Fotograf ist.«

»Was für ein Fotograf?«

»Na, einer, der Bilder macht.«

»Ja, aber was für Bilder?«

»Hier steht: ›Modefotograf‹.«

»Modefotograf«, wiederholte ich langsam. »Du meinst, er fotografiert Kleider? Er will mich in Kleidern fotografieren?«

»Keine Ahnung, Waris«, seufzte sie. »Ich weiß es wirklich nicht.« Es war nicht zu übersehen, daß ich ihr auf die Nerven ging und sie endlich weiterlesen wollte. Also stand ich auf, nahm die Karte und ging.

Aber ich versteckte die Karte des Modefotografen in meinem Zimmer. Eine innere Stimme sagte mir, daß ich sie vielleicht noch einmal brauchen könnte.

Meine Cousine Basma war die einzige, die mir Ratschläge gab und immer für mich da war. Und als ich wegen ihres Bruders Haji Hilfe brauchte, war ich ihr dafür dankbarer denn je.

Haji war mit seinen vierundzwanzig Jahren der älteste Sohn meines Onkels. Er galt als sehr intelligent, und wie mein Onkel Abdullah besuchte er in London die Universität. Seit meinem ersten Tag hier im Haus war Haji immer freundlich zu mir gewesen. Als ich einmal oben putzte, fragte er mich: »He, Waris, bist du mit dem Bad fertig?«

»Nein«, antwortete ich, »aber geh ruhig rein. Ich putz es dann später.«

»Nein, nein ... ich hab mir nur überlegt, ob du vielleicht Hilfe brauchst.« Oder er sagte: »Ich hole mir etwas zu trinken. Möchtest du auch etwas?« Mir gefiel es, daß sich mein Cousin ein bißchen um mich kümmerte. Wir unterhielten uns oft und alberten herum.

Manchmal stand er vor der Tür, wenn ich aus dem Badezimmer kam, und versperrte mir den Weg. Ich versuchte, mich unter ihm durchzuducken, aber er reagierte schnell und ließ mich nicht vorbei. Wenn ich ihn dann wegschubsen wollte und schimpfte: »Laß mich durch, du Schuft«, lachte er nur. Diese Neckereien hörten nicht auf, und ich war verwirrt, obwohl ich versuchte, sie als alberne Späße abzutun. Etwas an Hajis Verhalten beunruhigte mich: Er sah mich oft merkwürdig verträumt an, und er stand manchmal auch zu dicht neben mir. Doch obwohl mir dies unangenehm war, ermahnte ich mich stets: *Stell dich nicht so an, Waris. Haji ist mehr oder weniger dein Bruder. Du bildest dir da etwas ein.*

Eines Tages kam ich wieder einmal mit meinem Putzeimer und den Wischlappen aus dem Bad, und Haji stand vor mir. Doch diesmal packte er mich am Arm und drückte sich an mich. Sein Gesicht war nur Millimeter von meinem entfernt. »Was soll das?« Nervös lachte ich auf.

»Ach, nichts, gar nichts.« Rasch ließ er mich los, und ich ging mit dem Eimer in der Hand ins nächste Zimmer, als sei nichts geschehen. Doch meine Gedanken überschlugen sich. Nach diesem Zwischenfall fragte ich mich nicht mehr, ob irgend etwas nicht stimmte. Ich wußte es. Ich wußte, daß hier etwas ganz gewaltig stank.

In der nächsten Nacht lag ich wie immer in meinem Zimmer und schlief, und auch meine Cousine Shukree, Basmas kleine Schwester, schlummerte schon lange in ihrem Bett. Doch ich habe einen sehr leichten Schlaf, und so hörte ich gegen drei Uhr morgens jemanden die Treppe heraufstolpern. Ich nahm gleich an, daß es Haji war, denn sein Zimmer lag schräg gegenüber von meinem. Er kam erst jetzt nach Hause, und an seinem unsicheren Gang hörte ich, daß er wohl getrunken hatte. Ein solches Betragen war im Haus meines Onkels verpönt, niemand durfte um diese Uhrzeit nach Hause kommen, und betrunken schon gar nicht. Sie waren strenggläubige Moslems, und Alkohol zu trinken war strikt verboten. Aber Haji wollte wohl zeigen, daß er alt genug und sein eigener Herr war.

Leise öffnete sich die Tür zu meinem Zimmer, und ich spannte alle Muskeln an. Unsere beiden Betten standen ein paar Schritte von der Tür entfernt auf einem Podest. Ich konnte sehen, wie Haji auf Zehenspitzen die Stufen heraufschlich, um meine kleine Cousine nicht zu wecken, die näher an der Tür schlief. Aber er verfehlte eine Stufe und stolperte, dann krabbelte er auf allen vieren zu meinem Bett hinüber. In dem schwachen Licht, das durch das Fenster hinter ihm ins Zimmer drang, sah ich, wie er mit langem Hals in der Dunkelheit mein Gesicht suchte. »He, Waris«, flüsterte er. »Waris ...« Er hatte eine Schnapsfahne, was meinen Verdacht, daß er betrunken war, bestätigte. Reglos blieb ich in der Dunkelheit liegen und tat, als ob ich schliefe. Er streckte die Hand aus und tastete auf meinem Kissen nach meinem Gesicht. *Oh, mein Gott, dachte ich, bitte laß es nicht wahr sein.* Ich schnaubte laut und warf mich auf die Seite, als ob ich träumte; dabei versuchte ich, so viel Lärm zu machen, daß Shukree aufwachte. Haji verließ der Mut, und er huschte leise in sein Zimmer hinüber.

Am nächsten Tag ging ich zu Basma. »Ich muß mit dir reden.« Ein Blick in mein verängstigtes Gesicht genügte ihr, um zu wissen, daß dies keiner meiner üblichen Besuche nur zum Zeitvertreib war.

»Komm rein, und mach die Tür zu.«

»Es geht um deinen Bruder«, fing ich an und holte tief Luft. Aber ich wußte nicht, wie ich es ihr sagen sollte, und konnte nur beten, daß sie mir glaubte.

»Was ist mit ihm?« fragte Basma erschrocken.

»Er ist heute nacht in mein Zimmer gekommen. Um drei Uhr, es war noch stockfinster.«

»Was hat er da getan?«

»Er wollte mein Gesicht berühren. Und er hat meinen Namen geflüstert.«

»Oh, nein! Bist du sicher? Du hast es nicht nur geträumt?«

»Basma! Ich seh doch, wie er mich anschaut, vor allem, wenn ich allein mit ihm bin. Aber ich weiß nicht, was ich tun soll.«

»Scheiße ... SCHEISSE! Leg dir 'nen verdammten Kricketschläger unters Bett. Oder einen Besen. Nein. Hol dir das Nudelholz aus der Küche, und zieh es ihm über den Schädel, wenn er noch mal nachts in dein Zimmer kommt. Und weißt du, was du noch tun solltest«, fügte sie hinzu. »Schrei! Schrei, so laut du kannst, damit dich alle hören.« Dem Himmel sei Dank, das Mädchen war auf meiner Seite.

Den ganzen Tag über betete ich: »Bitte, laß nicht zu, daß ich so etwas Schreckliches tun muß. Bitte, er soll es einfach nie wieder machen.« Ich wollte niemanden in Schwierigkeiten bringen. Und ich hatte auch Angst, daß Haji seinen Eltern irgendwelche Lügen auftischen würde, um sich reinzuwaschen, und daß sie mich dann aus dem Haus werfen würden. Ich wünschte mir einfach, daß er mit all dem aufhörte – keine Spielchen mehr, keine nächtlichen Besuche, kein Grapschen. Denn mir schwante, worauf das hinauslief, und mir wurde ganz schlecht dabei. Mein Gefühl riet mir allerdings, mich für den Kampf zu wappnen, falls meine Gebete nicht erhört wurden.

Also ging ich abends in die Küche, holte das Nudelholz und schmuggelte es in mein Zimmer, wo ich es unter dem Bett versteckte. Nachdem meine kleine Cousine eingeschlafen war, zog ich es heraus und legte es neben mich. Den Griff behielt ich in der Hand. Es wiederholte sich, was die Nacht zuvor geschehen war: Haji kam gegen drei Uhr morgens herein. Er blieb in der Tür stehen, und in seinen Brillengläsern spiegelte sich das Licht der Dielenlampe. Ich beobachtete ihn aus den Augenwinkeln. Er schlich zu meinem Kopfende und tippte mir dann auf den Arm. Sein Atem stank so stark nach Whisky, daß ich beinahe würgen mußte, aber ich blieb ganz still liegen. Haji kniete sich neben mein Bett und tastete nach einem Zipfel der Decke, ließ seine Hand daruntergleiten und wanderte an meinem Bein den Schenkel entlang bis hinauf zu meinem Schlüpfer.

Ich muß ihm die Brille kaputtmachen, überlegte ich, *dann habe ich zumindest einen Beweis, daß er im Zimmer war.* Fest umschloß ich den Griff des Nudelholzes, dann schlug ich es ihm mit aller Kraft ins Gesicht. Ein dumpfes Krachen, und ich schrie: »VERSCHWINDE AUS MEINEM ZIMMER, DU VERDAMMTER ...«

Shukree fuhr auf. »Was ist los?« kreischte sie. Sekunden später hörte man im ganzen Haus Schritte, die rasch näherkamen. Weil ich Haji die Brille zerbrochen hatte, konnte er kaum etwas sehen und krabbelte deshalb auf allen vieren in sein Zimmer zurück. Angezogen legte er sich ins Bett und stellte sich schlafend.

Basma kam herein und knipste das Licht an. Obwohl sie eingeweiht war, spielte sie die Überraschte: »Was ist denn hier los?«

Shukree erklärte: »Haji war hier. Er ist auf dem Boden herumgekrochen.«

Als Tante Maruim im Morgenmantel ins Zimmer rauschte, schrie ich: »Tante, Haji war hier im Zimmer. Er war in meinem Zimmer, gestern nacht auch schon! Und ich habe ihn geschlagen.« Dabei zeigte ich auf Hajis zerbrochene Brille, die neben meinem Bett auf dem Boden lag.

»Pscht«, sagte sie streng. »Davon will ich jetzt nichts hören. Ihr alle geht wieder in eure Zimmer. Los, marsch ins Bett.«

10. *Endlich frei*

Nach der Nacht, in der ich Haji das Nudelholz ins Gesicht geschlagen hatte, erwähnte niemand im Haus jemals wieder diesen Vorfall. Ich hätte glauben können, seine nächtlichen Besuche seien nur ein Alptraum gewesen, wäre da nicht eine große Veränderung eingetreten. Denn von nun an starrte mich Haji, wenn wir uns auf dem Gang begegneten, nicht mehr schmachtend an. Statt dessen sprach jetzt blanker Haß aus seinen Augen. Ich war dankbar, daß mein Gebet erhört worden war und dieses unangenehme Kapitel in meinem Leben ein Ende gefunden hatte. Doch schon bald stand mir eine neue Sorge bevor.

Onkel Mohammed kündigte an, die Familie werde in einigen Wochen nach Somalia zurückkehren. Seine vierjährige Amtszeit als somalischer Botschafter war abgelaufen, und wir würden nun wieder nach Hause fahren. Bei meiner Ankunft damals waren mir vier Jahre wie eine Ewigkeit vorgekommen, aber nun konnte ich nicht fassen, daß diese Zeit schon vorbei sein sollte. Leider konnte ich mich über die baldige Rückkehr nach Somalia nicht recht freuen. Ich wollte nämlich als wohlhabende und erfolgreiche Frau heimkehren, eben so, wie es sich jeder Afrikaner erträumt, der aus einem reichen Land wie Großbritannien in seine Heimat zurückkehrt. In einem armen Land wie meinem suchen die Menschen ständig nach einem Ausweg aus ihrer Misere und tun alles dafür, um nach Saudi-Arabien oder Europa oder in die USA zu kommen, damit sie dort Geld verdienen und so ihre notleidenden Familien unterstützen können.

Nun stand ich kurz davor, nach vier Jahren im Ausland heimzukehren – mit leeren Händen. Was sollte ich erwidern, wenn sie mich zu Hause fragten, was ich erreicht hatte? Sollte ich denn zu meiner Mutter sagen, ich hätte gelernt, wie man Pasta zubereitet? Wenn ich erst wieder zu Hause war und mit den Kamelen umherzog, würde ich wahrscheinlich nie wieder Pasta zu Gesicht bekommen. Und sollte ich meinem Vater etwa erzählen, ich hätte gelernt, wie man eine Toilette schrubbt? »Wie bitte? Was ist denn eine Toilette?« würde er fragen. Ja, aber Geld, *Bares* – damit konnte er etwas anfangen, das verstand jeder. Und davon hatte meine Familie nie viel besessen.

Zwar hatte ich bis zu der Zeit, als meine Tante und mein Onkel nach Somalia zurückkehren wollten, von meinem Lohn als Hausmädchen ein wenig zur Seite gelegt, was bei der miserablen Bezahlung nicht einfach gewesen war. Ich träumte jedoch davon, so viel zu verdienen, daß ich meiner Mutter ein Haus kaufen konnte – dann müßte sie nicht mehr ständig umherziehen und sich so abplagen, um überleben zu können. Das ist kein Hirngespinst, auch wenn es vielleicht so klingt, denn aufgrund des Wechselkurses hätte ich in Somalia schon für ein paar Tausend Dollar ein Haus erwerben können. Das war mein Ziel, und deshalb hatte ich mir von Anfang an vorgenommen, so lange in England zu bleiben, bis ich genügend Geld zusammenhätte. Denn wenn ich dieses Land erst einmal verließ, würde ich bestimmt nie mehr zurückkommen. Wie ich das allerdings schaffen sollte, wußte ich nicht. Aber ich war zuversichtlich, daß sich irgendwie auf glückliche Weise eine Möglichkeit ergeben würde, sobald ich nicht mehr wie eine Sklavin für meine Tante und meinen Onkel schuften mußte. Die beiden waren mit meinem Vorhaben jedoch nicht einverstanden. »Was um alles in der Welt willst du denn hier tun?« schimpfte meine Tante. »Ein achtzehnjähriges Mädchen, ohne ein Dach über dem Kopf, ohne Geld, ohne Stellung, ohne Arbeitserlaubnis und Englischkenntnisse. Das sind doch Flausen. Du kommst mit uns nach Hause!«

Schon lange vor dem geplanten Termin schärfte uns Onkel Mohammed zwei Dinge ein: das Datum unserer Abreise und daß wir dafür sorgen sollten, daß unsere Pässe in Ordnung seien. Gesagt, getan. Umgehend holte ich meinen Paß, steckte ihn in der Küche in einen Plastikbeutel und vergrub ihn im Garten.

Dann wartete ich ab und verkündete einen Tag vor unserem Abflug nach Mogadischu, daß ich meinen Paß nicht finden könne. Mein Plan war ziemlich simpel: Ohne Paß konnten sie mich nicht mit zurücknehmen. Doch mein Onkel schöpfte irgendwie Verdacht und ließ nicht locker: »Also, Waris, wo könnte denn dein Paß sein? Wo hast du ihn dabeigehabt und ihn vielleicht liegenlassen?« Natürlich kannte er die Antwort auf diese Frage, denn in den vergangenen vier Jahren war ich kaum jemals aus dem Haus gekommen.

»Ich weiß nicht. Möglicherweise habe ich ihn beim Putzen versehentlich weggeworfen«, erwiderte ich mit unbewegter Miene. Er war immer noch der Botschafter und hätte mir helfen können, wenn er gewollt hätte. Ich gab die Hoffnung nicht auf, daß mich mein Onkel, wenn er erst begriff, wie ernst es mir war, nicht nach Hause schicken, sondern mir bei der Beschaffung eines Visums helfen würde.

»Also, was sollen wir nun tun, Waris? Wir können dich doch nicht hierlassen!« Er war fuchsteufelswild, daß ich ihn in diese Lage gebracht hatte. In den darauffolgenden vierundzwanzig Stunden fand ein Nervenkrieg zwischen uns statt mit dem Ziel, den anderen zum Nachgeben zu zwingen. So wie ich steif und fest dabei blieb, daß mein Paß nirgends zu finden sei, beharrte Onkel Mohammed darauf, daß er nichts tun könne, um mir zu helfen.

Und Tante Maruim entwickelte ganz eigene Ideen: »Wir fesseln dich einfach, stecken dich in eine große Reisetasche und schmuggeln dich an Bord des Flugzeugs. So etwas kommt ja fast jeden Tag vor.«

Diese Drohung nahm ich ernst: »Wenn ihr das tut«, sagte ich betont ruhig, »werde ich es euch niemals, aber auch wirklich niemals verzeihen. Ach Tante, laßt mich doch einfach hier. Ich finde mich schon zurecht.«

»Ja, ja, du findest dich bestimmt zurecht«, erwiderte sie sarkastisch. »Nein, du wirst dich nicht zurechtfinden.« Aus ihrem Gesichtsausdruck konnte ich lesen, daß sie sehr besorgt war, aber war sie auch besorgt genug, um mir zu helfen? In London hatte sie eine Menge Freunde, und mein Onkel verfügte durch die Botschaft über zahllose Kontakte. Mit einem einzigen Telefonanruf hätten sie mir eine Möglichkeit verschaffen können, hier zu überleben. Aber ich wußte, solange sie auch nur den Schimmer einer Hoffnung hatten, daß sie mich zur Rückkehr nach Somalia überreden konnten, würden sie keinen Finger für mich rühren.

Am nächsten Morgen herrschte im ganzen Haus auf sämtlichen vier Etagen ein heilloses Durcheinander. Alle waren beim Packen, ständig klingelte das Telefon, und unentwegt gingen Scharen von Leuten im Haus ein und aus. Oben im Dachgeschoß machte ich mich daran, meine kleine Kammer zu räumen, und packte meine schäbige Tasche mit den paar Habseligkeiten, die sich während meines Aufenthalts in England angesammelt hatten. Aber schließlich warf ich die meisten der abgelegten Kleider in den Mülleimer, weil sie mir zu häßlich und zu altjüngferlich vorkamen. Warum ein Bündel Lumpen mit herumschleppen? Ich war immer noch eine Nomadin und würde deshalb mit leichtem Gepäck reisen.

Um elf Uhr versammelten sich alle im Wohnzimmer, während der Chauffeur die Koffer im Wagen verstaute. Mir kam plötzlich in den Sinn, wie ich vor so vielen Jahren hier angekommen war – der Chauffeur war dagewesen mit dem Auto, ich hatte dieses Zimmer mit dem weißen Sofa und dem offenen Kamin betreten und zum ersten Mal meiner Tante gegenübergestanden. An jenem grauen Morgen hatte ich auch zum ersten Mal Schnee gesehen. Alles in diesem Land war mir damals so befremdlich erschienen. Ich begleitete meine Tante Maruim nach draußen zum Wagen. Bedrückt meinte sie: »Was soll ich nur deiner Mutter sagen?«

»Sag ihr, daß es mir gutgeht und sie bald von mir hören wird.« Sie schüttelte nur den Kopf und stieg ein. Vom Bürgersteig aus winkte ich allen zum Abschied, dann trat ich auf die Fahrbahn und blickte dem Auto hinterher, bis es außer Sichtweite war.

Ich will nicht lügen – ich hatte Angst. Bis zu diesem Augenblick hatte ich nicht geglaubt, daß sie mich wirklich allein hier zurücklassen würden. Aber als ich nun auf der Harley Street stand, war ich genau das – allein. Dennoch hege ich keine bösen Gefühle gegenüber meiner Tante und meinem Onkel; sie sind immer noch meine Familie. Sie gaben mir eine Chance, indem sie mich nach London brachten, und dafür werde ich ihnen immer dankbar sein. Als sie abfuhren, haben sie wahrscheinlich gedacht: »Du wolltest ja unbedingt hierbleiben; jetzt nutze die Gelegenheit. Mach schon, tu, was dir gefällt. Aber erwarte nicht, daß wir dich dabei unterstützen. Wir sind nämlich der Ansicht, daß du besser daran tätest, mit uns nach Hause zurückzukehren.« Bestimmt empfanden sie es als eine Schande, daß ich ohne Begleitung in England zurückblieb. Aber schließlich war es meine eigene Entscheidung gewesen, und da ich beschlossen hatte, hierzubleiben, war ich von nun an für mein Schicksal selbst verantwortlich.

Ein schreckliches Gefühl der Panik stieg in mir hoch, als ich wieder ins Haus trat. Ich schloß die Eingangstür und ging in die Küche, um mit dem einzigen Menschen zu reden, der außer mir dageblieben war, meinem speziellen Freund, dem Koch. Er begrüßte mich mit den Worten: »Nun, du weißt ja, daß du heute von hier fort mußt. Ich bin der einzige, der hierbleibt. Also verschwinde.« Und damit deutete er zur Eingangstür. O ja, er hatte es kaum erwarten können, daß mein Onkel aus dem Haus war, um es mir richtig geben zu können. Der selbstgefällige Ausdruck auf seinem dummen Gesicht zeigte, daß es ihm großen Spaß machte, mir Befehle zu erteilen. Ich lehnte am Türstock und sinnierte darüber nach, wie still das Haus nun schien, nachdem alle abgefahren waren. »Waris, du gehst jetzt. Ich will dich hier nicht mehr sehen ...«

»Ach, halt doch den Mund!« Er war wie ein widerlicher, kläffender Köter. »Ich gehe ja. Ich brauche nur noch meine Tasche.«

»Dann hol sie gefälligst, aber schnell. Schnell. Beeil dich, ich muß nämlich ...« Aber da war ich schon halb die Treppe hinauf und schenkte seinem Gekeife keine Beachtung mehr. Der Herr und Meister war fort, und in der kurzen Zwischenzeit, bis der neue Botschafter eintraf, hatte nun der Koch das Sagen. Beim Durchqueren der leeren Räume dachte ich an all die guten und schlechten Zeiten hier zurück und überlegte, wo wohl mein nächstes Zuhause sein würde.

Ich nahm meinen kleinen Beutel vom Bett, schwang ihn über die Schulter, stieg die vier Treppen hinunter und trat durch die Vordertür ins Freie. Anders als an dem Tag, an dem ich angekommen war, herrschte heute prächtiges, sonniges Wetter. Der Himmel war blau und die Luft frisch wie im Frühling. In dem winzigen Garten grub ich mit Hilfe eines Steins meinen Paß aus, nahm ihn aus der Plastiktüte und verstaute ihn in meinem Beutel. Dann putzte ich mir die Erde von den Händen und machte mich auf den Weg, die Straße hinunter. Unwillkürlich mußte ich dabei lächeln – endlich war ich frei. Mein ganzes Leben lag nun vor mir, ich mußte nirgendwohin gehen und war niemandem Rechenschaft schuldig. Und irgendwie wußte ich, daß sich alles zum Guten wenden würde.

Nicht weit vom Haus meines Onkels entfernt machte ich zum ersten Mal halt, und zwar bei der somalischen Botschaft. Ich klopfte an die Tür. Der Pförtner, der mir öffnete, kannte meine Familie gut, denn er hatte manchmal meinen Onkel chauffiert. »Hallo, Miss. Was machen Sie denn hier? Ist Mr. Farah noch in der Stadt?«

»Nein, er ist schon abgereist. Ich wollte mit Anna sprechen, um herauszufinden, ob ich vielleicht eine Stelle in der Botschaft bekommen kann.« Er lachte, ging zu seinem Stuhl zurück und setzte sich. Dann verschränkte er die Hände hinter dem Kopf. Ich stand mitten in der Eingangshalle, und er machte keinerlei Anstalten, sich in Bewegung zu setzen. Sein Benehmen verunsicherte mich, weil er früher immer höflich zu mir gewesen war. Dann begriff ich, daß sein verändertes Verhalten – genau wie das des Kochs – mit der Abreise des Botschafters zusammenhing. Mein Onkel war nun fort, und ohne meinen Onkel war ich ein Nichts. Ich war sogar noch weniger als ein Nichts, und diese Dummköpfe genossen es, nun die Oberhand zu haben.

»Oh, Anna ist viel zu beschäftigt, um Sie empfangen zu können«, meinte der Pförtner grinsend.

»Hören Sie zu«, sagte ich entschlossen, »ich *muß* sie sprechen.« Anna war die Sekretärin meines Onkels und immer freundlich zu mir gewesen. Zum Glück hörte sie meine Stimme in der Eingangshalle und kam aus ihrem Büro, um nachzusehen, was dort vor sich ging.

»Waris! Was machst du denn hier?«

»Ach, ich wollte auf keinen Fall mit meinem Onkel zurück nach Somalia«, erklärte ich. »Ich wollte einfach nicht zurück. Und jetzt kann ich nicht mehr in dem Haus bleiben, weißt du. Deshalb habe ich überlegt, ob du vielleicht jemanden kennst, irgendwen, für den ich arbeiten könnte, irgendeine Arbeit. Es ist mir gleich, welche. Ich mache alles.«

»Nun, mein Kind«, und dabei zog sie die Augenbrauen hoch, »das kommt ein bißchen plötzlich. Wo wohnst du denn jetzt?«

»Ach, das weiß ich noch nicht. Aber mach dir darüber keine Gedanken.«

»Tja, hast du eine Telefonnummer, unter der ich dich erreichen kann?«

»Nein, weil ich noch nicht weiß, wo ich unterkommen werde. Ich nehme mir heute abend ein billiges Hotelzimmer.« Ich wußte, daß sie mich eingeladen hätte, zu ihr zu kommen, wenn ihre Wohnung nicht so winzig klein gewesen wäre. »Aber ich kann ja wieder herkommen und dir dann die Telefonummer geben, damit du mich anrufen kannst, wenn du etwas hörst.«

»In Ordnung, Waris. Paß auf dich auf. Bist du sicher, daß du es schaffst?«

»Ja, ja, ich komme schon zurecht.« Aus den Augenwinkeln sah ich, daß der Pförtner immer noch dämlich grinste. »Also, danke. Und bis später.«

Erleichtert trat ich wieder hinaus ins Sonnenlicht und beschloß, erst einmal einkaufen zu gehen. Bis ich eine Arbeit finden würde, hatte ich zum Leben nicht mehr als den kleinen Geldbetrag, den ich mir von meinem Lohn als Dienstmädchen mühsam zurückgelegt hatte. Trotzdem mußte ich mir jetzt, als Frau auf eigenen Beinen, etwas Schickes zum Anziehen kaufen, ein neues Kleid, das mich aufmunterte. So ging ich von der Botschaft zu einem der großen Kaufhäuser am Oxford Circus. Nach meiner Ankunft in London war ich dort schon einmal mit meiner Cousine Basma gewesen. Tante Maruim hatte uns hingeschickt, damit ich mir ein paar Sachen besorgte, denn bei meiner Ankunft hatte ich keinerlei Winterkleidung besessen. Genaugenommen hatte ich überhaupt nichts zum Anziehen gehabt, abgesehen von dem, was ich während des Flugs am Leibe getragen hatte, und einer einzelnen schönen Sandale aus Leder.

Als ich an den Ständern im *Selfridges* entlangschlenderte, war ich ganz benommen von der Vielfalt des Angebots. Der Gedanke, daß ich hier so lange bleiben konnte, wie ich wollte, und all die Kleider in den verschiedenen Farben, Stilen und Größen anprobieren durfte, war berauschend. Auch die Vorstellung, zum ersten Mal in meinem Leben mein eigener Herr zu sein, machte mich ganz schwindlig. Niemand würde mich mehr anschreien, ich solle die Ziegen melken, die Babys füttern, den Tee kochen, die Böden schrubben oder die Toiletten putzen.

In den folgenden Stunden probierte ich, unterstützt von zwei Verkäuferinnen, immer wieder neue Kleider an. Mit meinen paar Brocken Englisch und mit Händen und Füßen vermittelte ich ihnen, daß ich etwas Längeres, Kürzeres, Engeres oder Helleres wollte. Am Ende dieser Marathon-Anprobe, als sich Dutzende von abgelegten Kleidungsstücken vor meiner Umkleidekabine stapelten, lächelte mich eine der Verkäuferinnen an und meinte: »Nun, meine Liebe, wofür haben Sie sich entschieden?«

Die bloße Menge der Auswahl überwältigte mich, aber zugleich machte mich die Vorstellung nervös, ich könnte vielleicht nebenan, im nächsten Geschäft, noch etwas Besseres finden. Bevor ich etwas von meinem wertvollen englischen Geld ausgab, mußte ich das erst einmal herausfinden. »Es ist heute nichts Passendes für mich dabei«, sagte ich freundlich, »aber ich danke Ihnen«. Die Arme voll mit Kleidern, schauten die bedauernswerten Verkäuferinnen mich zuerst ungläubig an, dann warfen sie einander Blicke der Empörung zu. Ich aber stolzierte an ihnen vorbei, um mich weiter meiner Aufgabe zu widmen, nämlich jeden einzelnen Zentimeter der Oxford Street genauestens zu begutachten.

Auch nach dem Stöbern in mehreren Geschäften

hatte ich noch nichts gekauft; wie immer lag das eigentliche Vergnügen für mich darin, die Sachen anzuprobieren. Als ich gerade wieder einen Laden verließ, merkte ich, daß der Tag allmählich zu Ende ging und der winterliche Abend heranrückte, ohne daß ich ein Zimmer zum Übernachten hatte. Mit diesem Gedanken betrat ich den nächsten Laden und sah dort an einem Stand mit Pullovern eine hochgewachsene, attraktive Afrikanerin. Sie sah aus wie eine Somali, und ich beobachtete sie, um herauszufinden, wie ich sie ansprechen könnte. Ich nahm einen Pullover, lächelte sie an und sagte auf Somali: »Eigentlich möchte ich mir etwas kaufen, aber ich weiß nicht genau, was ich will. Und ich habe heute schon eine Menge Kleider probiert.«

So kamen wir ins Gespräch, und die Frau sagte, sie heiße Halwu. Sie war sehr freundlich und lachte viel. »Wo wohnst du, Waris? Was machst du?«

»Oh, du wirst es nicht glauben. Bestimmt hältst du mich für verrückt, aber ich wohne nirgendwo. Ich habe keine Wohnung mehr, weil meine Familie mich heute verlassen hat. Sie sind nach Somalia zurückgegangen.« Ich sah Mitgefühl in ihren Augen; später erfuhr ich, daß diese Frau selbst schon viel durchgemacht hatte.

»Du wolltest also nicht nach Somalia zurück?« Ohne es auszusprechen, wußten wir beide: Wir vermißten unser Zuhause und unsere Familien, aber welchen Chancen hatten wir dort schon? Für den Gegenwert von Kamelen verkauft zu werden? Das Eigentum von irgendeinem Mann zu werden? Jeden Tag ums bloße Überleben zu kämpfen?

»Nein, aber ich habe auch hier nichts«, antwortete ich. »Mein Onkel war der Botschafter, aber jetzt ist er fort, und es kommt jemand Neuer. So haben sie mich heute morgen rausgeschmissen, und bis jetzt habe ich keine blasse Ahnung, wohin ich gehen soll«, sagte ich lachend.

Mit einer winkenden Handbewegung unterbrach sie meinen Redefluß, als könne sie damit alle meine Probleme wegwischen. »Hör zu, ich wohne gleich hier um die Ecke, im YMCA. Meine Unterkunft ist nicht sehr groß, aber du kannst bei mir übernachten. Ich habe allerdings nur ein Zimmer, wenn du also kochen willst, mußt du dir auf einem anderen Stockwerk etwas zu essen machen.«

»Ach, das wäre wunderbar, aber meinst du das wirklich?«

»Ja, das meine ich so. Also komm. Was willst du denn sonst tun?«

Gemeinsam gingen wir zu ihr ins YMCA. Das Gebäude war ein modernes Ziegelhochhaus. Normalerweise wohnten hier Studenten. In Halwus winzigem Zimmer war lediglich Platz für ein Doppelbett, ein Bücherregal und ihren riesigen, wunderschönen, Fernseher.

»Oh!« Ich warf die Arme hoch. »Darf ich hier fernsehen?«

Die Frau sah mich an, als käme ich von einem anderen Stern. »Na klar doch. Schalt ihn ruhig ein.« Ich hockte mich auf den Boden vor das Gerät und starrte gierig auf den Bildschirm. Nach vier Jahren durfte ich endlich fernsehen, ohne daß mich jemand wie eine streunende Katze aus dem Zimmer vertrieb.

Waris bei einem Fotoshooting in Mali, 1994

Waris und Herb Ritts bei einem Fotoshooting
in der Wüste von Arizona, 1995

Waris, von Koto Bolofo
für die italienische *Marie Claire* fotografiert, Frühjahr 1997

Waris und ihre Mutter, wiedervereint in Galadi, Äthiopien
(nahe der Somalischen Grenze), 1995

Waris und Dana im Urlaub
in Gabun, 1996

Dana und Sohn Aleeke, zu Hause in Brooklyn, Januar 1998

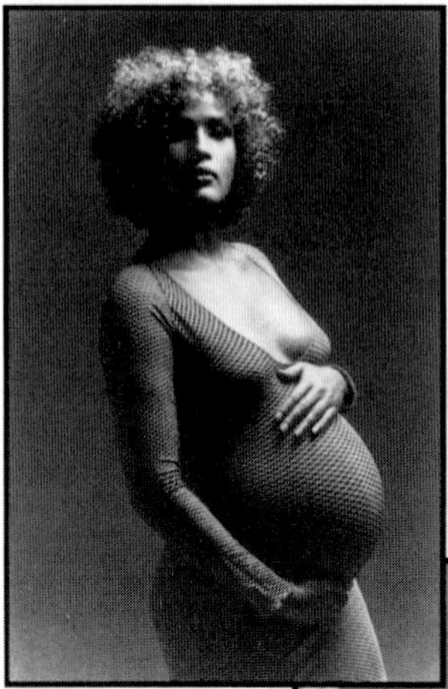

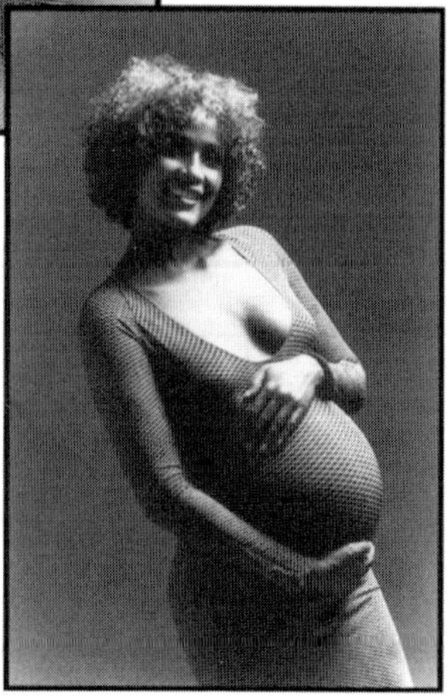

Waris im neunten
Monat schwanger mit Aleeke
Fotos: Sharon Schuster

»Hast du denn bei deinem Onkel nie ferngesehen?« fragte sie neugierig.

»Willst du mich auf den Arm nehmen? Manchmal habe ich mich hineingeschlichen, aber sie haben mich immer erwischt. ›Na, schon wieder vor dem Fernseher, Waris?‹« äffte ich den hochnäsigen Tonfall meiner Tante nach und schnippte wie sie mit den Fingern. »›Mach dich wieder an die Arbeit, los jetzt. Wir haben dich nicht hierhergeholt, damit du fernsiehst.‹«

Meine echte Schule fürs Leben in London begann mit Halwu als meiner Lehrerin; wir schlossen enge Freundschaft. Ich verbrachte diese erste Nacht in ihrem Zimmer, und auch die folgende, und noch die dritte. Dann schlug sie vor: »Warum mietest du dir hier nicht selbst ein Zimmer?«

»Nun, vor allem, weil ich mir keins leisten kann, und außerdem muß ich auf die Schule gehen. Das bedeutet, daß ich keine Zeit habe, um zu arbeiten.« Schüchtern fragte ich sie: »Kannst du denn lesen und schreiben?«

»Aber sicher.«

»Und Englisch sprechen?«

»Auch.«

»Siehst du, ich kann das alles nicht, deshalb muß ich es lernen. Das steht für mich an erster Stelle. Und wenn ich wieder zu arbeiten anfange, habe ich dafür keine Zeit.«

»Weshalb gehst du nicht halbtags zur Schule und arbeitest halbtags? Überleg nicht lange, welche Art von Arbeit das ist, nimm einfach die erstbeste, bis du Englisch kannst.«

»Hilfst du mir dabei?«

»Natürlich helfe ich dir.«

Ich versuchte, im YMCA ein Zimmer zu bekommen, aber es war keines frei, und es gab eine lange Warteliste. Viele junge Leute wollten hier wohnen, weil es billig und das Leben hier sehr gesellig war. Das Haus hatte ein Schwimmbad von olympischen Ausmaßen und einen Fitneßraum. Ich ließ meinen Namen auf der Warteliste eintragen, aber mir war klar, daß ich etwas unternehmen mußte, weil ich nicht auf Dauer das Zimmer der armen Halwu in Anspruch nehmen konnte. Dem YMCA direkt gegenüber lag der YWCA; hier lebten mehr ältere Leute, und es sah ziemlich deprimierend aus, aber ich nahm mir trotzdem vorübergehend ein Zimmer dort und machte mich daran, eine Arbeit zu suchen. Meine Freundin schlug in ihrer praktischen Art vor: »Warum beginnst du mit deiner Suche nicht gleich hier?«

»Was meinst du damit? Gleich wo?«

»Na, hier eben. In unserer Gegend«, erwiderte sie und deutete mit dem Finger vor sich. »Direkt nebenan ist ein McDonald's.«

»Aber dort kann ich doch nicht arbeiten. Wie sollte ich die Leute bedienen? Du weißt doch, ich spreche kein Englisch und kann auch nicht lesen. Außerdem habe ich keine Arbeitserlaubnis.« Aber Halwu kannte sich aus, und ihrem Vorschlag folgend bewarb ich mich als Putzkraft in der Küche.

Als ich bei McDonald's anfing, stellte ich ziemlich bald fest, wie recht sie hatte: Alle, die hinten arbeiteten, waren genau in der gleichen Situation wie ich. Die Geschäftsleitung nutzte unseren Status als illegale Arbeitskräfte aus und verweigerte uns die Löhne und Leistungen, die uns normalerweise zugestanden hätten. Sie wußte, daß wir uns bestimmt nicht als illegal hier lebende Ausländer zu erkennen geben und bei den Behörden gegen die miserable Bezahlung klagen würden. Solange man tüchtig schuftete, kümmerte sich die Geschäftsleitung nicht darum, wer man war; alles wurde vertuscht.

In meinem Job als Küchenhilfe bei McDonald's kamen mir die Fähigkeiten zugute, die ich mir als Hausmädchen angeeignet hatte: Ich spülte das Geschirr, putzte den Tresen, schrubbte den Grill, wischte die Böden und beseitigte unablässig den Fettfilm, der sich auf alles legte. Wenn ich abends nach Hause ging, sah ich aus wie in Fett gebadet und roch entsprechend. Obwohl wir in der Küche ständig unterbesetzt waren, traute ich mich nicht, mich deswegen zu beschweren. Das alles spielte auch keine große Rolle für mich, weil ich mich nun endlich selbst durchbringen konnte. Ich war einfach dankbar, überhaupt eine Stelle zu haben, außerdem wußte ich, daß ich dort nicht lange bleiben würde. Und in der Zwischenzeit würde ich alles tun, was nötig war, um zu überleben.

So fing ich an, nebenbei die kostenlose Sprachenschule für Ausländer zu besuchen. Das verbesserte meine Englischkenntnisse, und ich lernte allmählich lesen und schreiben. Doch zum erstenmal in all den Jahren drehte sich mein Leben nicht allein um die Arbeit: Manchmal nahm mich Halwu in Nachtclubs mit, wo alle Leute sie zu kennen schienen. Sie unterhielt sich, lachte und war ganz überdreht lustig – so lebhaft, daß alle sich um sie scharten. Eines Nachts, nachdem wir schon einige Stunden getanzt hatten, sah ich mich plötzlich um und merkte, daß wir von Männern umringt waren. »Verdammt!« flüsterte ich meiner Freundin zu, »meinst du, diese Männer meinen es gut mit uns?«

Sie grinste nur. »Oh ja. Sie meinen es sogar sehr gut mit uns.« Diese Bemerkung erstaunte mich. Ich sah mir ihre Gesichter an und stellte fest, daß sie recht hatte. Nie zuvor hatte ich einen Freund gehabt, und kein männliches Wesen hatte sich je für mich interessiert, ausgenommen irre Typen wie mein Cousin Haji, was mir nicht besonders geschmeichelt hatte. In den zurückliegenden vier Jahren hatte ich mich selbst als Mauerblümchen betrachtet, eben als das Dienstmädchen. Nun standen die Kerle Schlange, um mit uns zu tanzen. Ich dachte bloß, *Waris, Mädchen, jetzt bist du endlich angekommen!*

Es war auffällig, daß ich zwar immer schwarzhäutige Männer mochte, die weißen aber am meisten an mir interessiert waren. Ich überwand meine strenge afrikanische Erziehung und fing an, mit jedermann zu plaudern; ich zwang mich, mit jedem Menschen zu reden, ganz gleich, ob er nun schwarz, weiß, männlich oder weiblich war. Wenn ich schon dabei war, auf eigenen Füßen zu stehen, so überlegte ich, sollte ich mir die Fähigkeiten aneignen, die nötig waren, um in dieser neuen Welt zu bestehen, auch wenn sie sich von jenen unterschieden, mit denen ich in der Wüste aufgewachsen war. Hier mußte ich lernen, Englisch zu sprechen und mich mit allen Arten von Menschen zu unterhalten. Zu wissen, wie man mit

Kamelen und Ziegen umgeht, genügte nicht, um in London zu überleben.

Halwu ergänzte diese nächtlichen Lehrstunden im Nachtclub mit weiteren Instruktionen am Morgen danach. Dabei ging sie noch einmal das ganze Spektrum von Leuten durch, die wir in der Nacht zuvor getroffen hatten, erklärte mir deren Absichten und Charaktere. Im Grunde genommen gab sie mir einen Schnellkurs über die menschliche Natur. Sie sprach über Sex und darüber, was diese Typen im Sinn hätten, wovor man sich in acht nehmen müsse und welche besonderen Probleme sich für afrikanische Frauen wie uns ergeben würden. Niemand hatte jemals mit mir über solche Dinge gesprochen. »Amüsier dich mit diesen Typen, unterhalte dich, lach und tanz mit ihnen. Danach aber geh nach Hause, Waris. Laß dich nicht überreden, mit ihnen zu schlafen. Sie wissen nicht, daß du anders bist als eine englische Frau; sie verstehen nicht, daß du beschnitten wurdest.«

Nachdem ich einige Monate lang auf ein Zimmer im YMCA gewartet hatte, erfuhr ich von einer Frau, die eine Mitbewohnerin suchte. Sie studierte und konnte sich das Zimmer alleine nicht leisten. Da es mir ebenso ging und das Zimmer zudem ziemlich groß war, paßte das prima. In Halwu hatte ich bereits eine wunderbare Freundin gefunden, und da es im YMCA von jungen Menschen nur so wimmelte, kamen bald neue Freunde dazu. Dank meines Schulbesuchs verbesserte sich langsam mein Englisch, und mein Geld verdiente ich weiterhin bei McDonald's. Mein Leben verlief in völlig geordneten Bahnen, und ich hatte keine Ahnung, wie schnell sich alles ändern sollte.

Eines Nachmittags, als mein Dienst bei McDonald's zu Ende und ich noch ganz voller Fett war, beschloß ich, durch die Vordertür hinauszugehen, wobei ich am Tresen vorbeimußte, wo die Kunden ihre Bestellungen aufgaben. Und dort standen, auf einen Big Mac wartend, der Mann von der All Souls Church School und seine kleine Tochter. »Hallo«, sagte ich im Vorübergehen.

»He, das bist ja du!« Offenbar hätte er hier bei McDonald's jeden anderen Menschen eher erwartet als mich. »Wie geht es dir?« erkundigte er sich.

»Gut, gut. Und wie geht es dir?« fragte ich Sophies Freundin. Es machte mir Spaß, meine Englischkenntnisse zu demonstrieren.

»Es geht ihr gut«, erwiderte ihr Vater.

»Sie wächst schnell, nicht wahr? Also, ich muß jetzt los. Tschüs.«

»Warte. Wo wohnst du denn?«

»Tschüs«, erwiderte ich lächelnd. Ich wollte die Unterhaltung mit ihm abbrechen, weil ich ihm immer noch nicht über den Weg traute. Als nächstes, das wußte ich, würde er sonst vor meiner Tür stehen.

Auf dem Nachhauseweg beschloß ich, die allwissende Halwu über diesen rätselhaften Mann zu befragen. Ich holte meinen Paß aus der Schublade, blätterte ihn durch und nahm Malcolm Fairchilds Karte heraus, die ich an dem Tag hineingesteckt hatte, als ich den kleinen Plastikbeutel im Garten meines Onkels vergrub.

Dann ging ich zu Halwu: »Kannst du mir etwas erklären? Ich habe schon seit einiger Zeit diese Karte hier. Was macht dieser Mann? Ich weiß, hier steht Modefotograf, aber was bedeutet das?«

Meine Freundin nahm mir die Karte aus der Hand. »Es bedeutet, daß dich jemand Kleider anziehen läßt und dich darin fotografiert.«

»Weißt du, das würde mir wirklich Spaß machen.«

»Wer ist dieser Mann? Woher hast du seine Karte?«

»Ach, das ist einer, den ich mal kennengelernt habe, aber ich traue ihm nicht ganz. Er gab mir seine Karte, dann verfolgte er mich einmal bis nach Hause und sagte etwas zu meiner Tante. Darauf wurde sie furchtbar wütend und schrie ihn an. Aber ich habe nie herausgefunden, was er eigentlich wollte.«

»Nun, warum rufst du ihn nicht einfach an und fragst ihn?«

»Meinst du das im Ernst?« erwiderte ich und verzog dabei das Gesicht. »Soll ich wirklich? He, komm doch mit, dann kannst du mit ihm sprechen und herausfinden, was er will. Mein Englisch ist immer noch nicht besonders.«

»Gut, ruf ihn an.«

Es dauerte bis zum nächsten Tag, ehe ich den Mut dazu aufbrachte. Als Halwu und ich zum Münztelefon runtergingen, pochte mir das Herz wie eine Trommel in den Ohren. Sie warf ein Geldstück in den Schlitz, und ich horchte darauf, wie es in den Schacht fiel. Die Karte in der einen Hand, versuchte Halwu im Dämmerlicht des spärlich beleuchteten Gangs die Nummer zu entziffern, während sie wählte. Dann trat eine Pause ein. »Ja, könnte ich bitte mit

Malcolm Fairchild sprechen?« Nach dem Austausch einiger Höflichkeitsfloskeln kam sie sofort zum Kern der Sache: »Sie sind doch wohl nicht einer dieser Perversen, oder? Und Sie wollen meine Freundin nicht umbringen? ... Ja, ich will nur sagen, daß wir ja überhaupt nichts von Ihnen wissen, wo Sie wohnen und überhaupt ... hm, hm ... ja.« Halwu kritzelte etwas auf einen Fetzen Papier, und ich versuchte angestrengt, ihr dabei über die Schulter zu schauen.

»Was sagt er denn?« zischte ich. Sie winkte mit der Hand, ich solle ruhig sein.

»Also gut. Klingt nicht schlecht ... das machen wir.«

Halwu hängte den Hörer ein und atmete tief durch. »›Nun‹, hat er gesagt, ›warum kommen Sie beide nicht in mein Studio und sehen sich an, was hier vor sich geht, wenn Sie mir nicht trauen? Wenn Sie nicht wollen ... nun, dann ist es auch in Ordnung.‹«

Ich hielt mir beide Fäuste vor den Mund. »Ja, und? Fahren wir hin?«

»Na klar doch, meine Kleine. Wir sehen uns die Sache mal an, dann werden wir schon herausfinden, wer dieser Kerl ist, der hinter dir hergeschlichen ist.«

11. Das Model

Einen Tag, nachdem Halwu mit Malcom Fairchild telefoniert hatte, machten wir uns auf den Weg, um uns sein Studio anzusehen. Ich hatte keinerlei Vorstellung, was mich dort erwarten würde, und als wir die Tür öffneten, stolperte ich in eine andere Welt. Überall hingen riesige Plakate und Reklametafeln mit Bildern wunderschöner Frauen. »Oh ...«, staunte ich leise, während ich mich umschaute und die beeindruckenden Gesichter bewunderte. Und wie schon damals, als ich Onkel Mohammed zu Tante Sahru in Mogadischu sagen hörte, daß er ein Mädchen für seinen Haushalt in London brauche, wußte ich auch jetzt: *Das ist es.* Dies ist meine große Chance – hier gehöre ich hin – das ist es, was ich will.

Malcolm kam herbei und begrüßte uns. Wir sollten es uns bei einer Tasse Tee gemütlich machen. Als er sich setzte, meinte er zu Halwu: »Ich möchte Ihnen gleich sagen, daß ich von ihr nichts anderes will als Aufnahmen machen.« Dabei deutete er auf mich. »Ich bin seit über zwei Jahren hinter diesem Mädchen her, und noch nie hat es mir jemand so schwer gemacht, einfach nur ein Foto zu schießen.«

Ich starrte ihn mit offenem Mund an. »Das ist alles? Das ist wirklich alles? Sie wollen mich einfach nur fotografieren. So wie all die hier?« Ich zeigte auf die Poster an den Wänden.

Er nickte nachdrücklich. »Genau. Du kannst mir glauben, das ist in der Tat alles, was ich will.« Mit der Hand zog er eine imaginäre Linie über sein Gesicht. »Ich möchte nur diese Hälfte deines Gesichts aufnehmen«, und indem er sich an Halwu wandte, fuhr er fort, »sie hat das schönste Profil, das ich je gesehen habe.«

Ich war wie vor den Kopf gestoßen: all die vergeudete Zeit. Zwei Jahre hatte er mich verfolgt, und jetzt brauchte es nur zwei Sekunden, bis er mir erklärt hatte, daß er mich einfach fotografieren wollte. »Gut, das können wir gerne machen.« Kaum hatte ich das gesagt, wurde ich auch schon wieder mißtrauisch. Nur zu gut waren mir einige meiner Erlebnisse mit Männern noch in Erinnerung. »Aber sie muß dabeisein.« Ich legte meine Hand auf Halwus Arm, und sie nickte. »Sie soll dabeisein, während Sie die Aufnahme von mir machen.«

Er blickte mich ziemlich überrascht an. Als er dann sagte: »Gut, okay. Sie kann auch kommen ... Kommt übermorgen früh um zehn Uhr. Dann ist auch jemand da, der dich schminken kann«, konnte ich vor Aufregung kaum noch still sitzen bleiben.

Zwei Tage später gingen wir wieder hin. Das Mädchen, das mir das Make-up machen sollte, schob mich in einen Sessel und begann umgehend mit Wattepads, Bürstchen, Schwämmchen, Cremes, Farben und Puder an mir herumzufuhrwerken, sie bearbeitete meine Haut mit ihren Fingerkuppen und zupfte hier und da an meinem Gesicht herum. Ich hatte nicht die geringste Vorstellung, was sie da tat, aber ich hielt brav still und beobachtete sie bei all ihren merkwürdigen Verrichtungen mit diesen seltsamen Gerätschaften. Halwu saß grinsend in ihrem Sessel. Ab und an schaute ich zu ihr rüber und zuckte mit den Schultern oder schnitt eine Grimasse. »Stillhalten«, befahl mir dann die Make-up-Artistin.

»Jetzt« – sie trat einen Schritt zurück, stemmte ihre Hände in die Hüften und sah mich zufrieden an – »jetzt kannst du in den Spiegel schauen.« Ich stand auf und betrachtete mich. Die eine Hälfte meines Gesichts war wie verwandelt, das Make-up hatte einen goldenen und zugleich samtigen Schimmer darübergelegt. Die zweite Gesichtshälfte hingegen sah genauso aus wie immer: die gute alte Waris.

»Wow. Seht mich nur an!« Aber dann fragte ich, doch ein wenig beunruhigt: »Warum haben Sie nur eine Seite hergerichtet?«

»Weil er dich nur im Profil haben möchte.«

»Oh ...«

Sie begleitete mich hinüber ins Studio, wo Malcolm mich auf einem Hocker plazierte. Ich drehte mich hin und her und betrachtete den dunklen Raum voller Gegenstände, die ich noch nie zuvor gesehen hatte: die Breitbildkamera, die Scheinwerfer, die Akkus und die Kabel, die überall wie Schlangen herabhingen. Malcolm korrigierte meine Position so lange, bis ich im rechten Winkel zum Kameraobjektiv saß. »Okay, Waris. Schließ die Lippen und schau geradeaus. Kinn hoch. Gut so ... wunderbar.« Dann hörte ich ein Klicken, auf das ein lauter Knall folgte. Ich zuckte zusammen. Die Blitzlichter flammten auf, und für den Bruchteil einer Sekunde war alles grell erleuchtet. Irgendwie gab mir dieses Blitzlichtgewitter das Gefühl, ein anderer Mensch zu sein; in dieser Sekunde stellte ich mir vor, ich sei einer dieser Filmstars, die ich aus dem Fernsehen kannte, die in die Kameras lächelten, wenn sie bei der Premierenfeier aus ihrer Limousine stiegen. Malcolm zog ein Stück Papier aus der Kamera, setzte sich hin und sah auf seine Uhr.

»Was machen Sie da?« fragte ich.

»Die Zeit stoppen.« Malcolm winkte mir, ins Licht herüberzukommen, und entfernte die obere Schicht von dem Papier. Während ich daraufstarrte, erschien gleichsam durch Zauberhand allmählich das Bild einer Frau. Ich erkannte mich auf dem Polaroidbild kaum wieder: Die Aufnahme zeigte meine rechte Gesichtshälfte, aber statt wie Waris, das Dienstmädchen, sah diese Frau aus wie Waris, das Model. Man hatte mich in eines dieser bezaubernden Wesen verwandelt, wie sie im Eingang zu Malcolm Fairchilds Studio ausgestellt waren.

Nachdem Malcolm den Film entwickelt hatte, zeigte er mir einige Tage später das Resultat. Er legte die Diapositive auf einen Leuchttisch, und sie gefielen mir sehr gut. Auf meine Frage, ob er noch mehr Aufnahmen von mir machen würde, meinte er, das sei zu teuer, und leider könne er sich das nicht leisten. Aber er könne Abzüge von der Aufnahme anfertigen, die er gemacht hatte.

Einige Monate nach dieser Session rief Malcolm mich im YMCA an. »Hör mal, ich weiß nicht, ob du an der Arbeit als Model interessiert bist, aber es gibt da einige Leute, die dich kennenlernen wollen. Eine der Modelagenturen hat dein Foto in meinem Buch gesehen und gemeint, du solltest dich doch bei ihnen melden. Wenn du willst, kannst du bei ihnen unterschreiben, dann werden sie dir Aufträge vermitteln.«

»Okay ... aber Sie müssen mich dorthin bringen ... weil, Sie wissen ja, es ist mir unangenehm, so etwas allein zu machen. Können Sie mich begleiten und mich dort vorstellen?«

»Nein, das geht nicht, aber ich gebe dir die Adresse«, bot er mir an.

Sorgfältig wählte ich die Kleidung aus, die ich bei diesem wichtigen Treffen mit der Modelagentur Crawford tragen wollte. Weil es Sommer und heiß war, zog ich ein kurzärmeliges rotes Kleid mit V-Ausschnitt an. Es war weder kurz noch lang, sondern reichte mir etwa bis zum Knie und war furchtbar häßlich.

Mit diesem billigen roten Kleid und in weißen Turnschuhen betrat ich die Agentur und dachte dabei: *Das ist es. Ich mache Eindruck!* In Wirklichkeit sah ich bescheuert aus. Noch heute schaudert es mich, wenn ich an jenen Tag zurückdenke. Aber vielleicht war es auch gar nicht schlecht, daß ich nicht merkte, wie falsch ich angezogen war, obwohl ich mein bestes Kleid trug. Ich hätte ohnehin kein Geld gehabt, mir ein anderes zu kaufen.

In der Agentur angekommen, fragte mich die Empfangsdame, ob ich Fotos mitgebracht hätte. Ich gab ihr das eine, das ich hatte. Daraufhin führte sie mich zu einer klassisch schönen und elegant gekleideten Frau namens Veronica. Diese bat mich in ihr Büro und bot mir gegenüber ihrem Schreibtisch einen Stuhl an. »Wie alt bist du, Waris?«

»Ich bin noch jung!« Das waren die ersten Worte, die mir in den Sinn kamen und aus mir herausplatzten. »Ehrlich, ich bin jung. Diese Falten« – ich deutete auf meine Augen –, »die habe ich schon von Geburt an.«

Sie lächelte mich an. »Ist gut.« Veronica notierte meine Antworten in irgendwelche Formulare. »Wo wohnst du?«

»Oh, ich wohne im Y.«

»Wie bitte? ...« Sie runzelte die Stirn. »*Wo* wohnst du?«

»Ich wohne im YMCA.«

»Hast du eine Arbeit?«

»Ja.«

»Wo arbeitest du?«

»McDonald's.«

»Gut ... Weißt du etwas über die Arbeit als Model?«

»Ja.«

»Was weißt du darüber – kennst du dich gut aus?«

»Nein. Aber ich weiß, daß ich es machen möchte.« Um das zu unterstreichen, wiederholte ich diesen Satz mehrere Male.

»Gut. Hast du ein Buch ... ich meine Aufnahmen?«

»Nein.«

»Lebt jemand von deiner Familie hier?«

»Nein.«

»Wo ist deine Familie?«

»Afrika.«

»Stammst du von dort?«

»Ja, Somalia.«

»Gut, also niemand hier.«

»Nein, keiner aus meiner Familie hier.«

»Gut. Gleich anschließend findet ein Casting statt, und dort mußt du hin.«

Ich bemühte mich, sie zu verstehen, und schwieg eine Weile, um zu überlegen, was sie mit ihrem letzten Satz gemeint haben könnte. »Tut mir leid, ich verstehe nicht.«

»Ein C-a-s-t-i-n-g.« Sie sprach das Wort betont langsam aus.

»Was ist ein Casting?«

»Das ist so eine Art Bewerbungsgespräch. Wenn du dich um eine Stelle bewirbst, wirst du zu einem Gespräch eingeladen. Ja? Bewerbungsgespräch? Verstehst du das?«

»Ja, ja«, log ich. Ich hatte nicht die blasseste Ahnung, wovon sie sprach. Sie gab mir die Adresse und sagte mir, ich solle mich gleich auf den Weg machen.

»Ich rufe dort an und sage Bescheid, daß du schon unterwegs bist. Hast du Geld für ein Taxi?«

»Nein. Ich kann zu Fuß gehen.«

»Nein, nein. Das ist zu weit. *Zu weit.* Du mußt ein Taxi nehmen. Taxi, verstanden? Hier, hier sind zehn Pfund. Ruf mich an, wenn du fertig bist, ja?«

Auf der Fahrt im Taxi quer durch die Stadt war ich ganz aus dem Häuschen. *Oh, oh, oh, jetzt bin ich auf dem richtigen Weg. Ich werde Model.* Dann fiel mir ein, daß ich etwas vergessen hatte: zu fragen, was für ein Job das war. *Ach was, das spielt doch keine Rolle. Ich kriege das schon hin, weil ich wahnsinnig scharf aussehe!*

In dem Fotostudio, wo das Casting stattfand, drängten sich Berufsmodels – überall Frauen mit unglaublich langen Beinen. Sie stolzierten umher wie Löwinnen, die ihre Beute umkreisen, machten sich vor den Spiegeln zurecht, beugten sich nach unten, um ihr Haar auszuschütteln und schmierten sich Make-up auf die Beine, damit sie dunkler wirkten. Ich ließ mich auf einen Stuhl fallen und sagte zu dem Mädchen, das neben mir saß, hallo. »Hm, was ist das für ein Job?«

»Für den Pirelli-Kalender.«

»Hmmm.« Weise nickte ich. »Prulli-Kalender. Danke.« *Was zum Teufel ist das – der Prulli-Kalender?* Meine Nerven lagen bloß, ich konnte nicht mehr stillsitzen, schlug ständig die Beine übereinander, einmal links, dann wieder rechts, rutschte auf meinem Stuhl herum, bis schließlich eine Assistentin hereinkam und mir mitteilte, ich sei als nächste dran. Vor Schreck blieb ich eine Minute wie erstarrt sitzen.

Dann wandte ich mich an das Mädchen neben mir und schob sie der Assistentin zu. »Geh du. Ich muß noch auf meine Freundin warten.« Jedesmal, wenn die Assistentin auftauchte, wiederholte ich dieses Spiel, bis der Raum leer war. Alle außer mir waren gegangen.

Schließlich kam die Frau wieder heraus, lehnte sich müde an die Wand und meinte: »Komm. Du bist jetzt dran.« Ich starrte sie eine Zeitlang an und sagte dann zu mir selbst: *Jetzt reicht's, Waris. Machst du diese Sache jetzt oder nicht? Los, steh auf, und geh mit.*

Ich folgte der Assistentin in den Aufnahmeraum. Ein Mann, der sich über eine Kamera beugte, rief mir zu: »Dort hinüber. Da ist die Markierung.« Mit der Hand zeigte er mir die Richtung.

»Markierung?«

»Ja, stell dich auf die Markierung.«

»Ach ja, gut. Stehe da.«

»Okay. Zieh dich obenrum aus.«

Ich dachte: *Bestimmt habe ich mich verhört.* Inzwischen war mir so schlecht, daß ich mich am liebsten übergeben hätte. »Oben ausziehen? Sie meinen meine Bluse?«

Er kam mit dem Kopf unter dem Tuch hervor und blickte mich an wie eine arme Irre. »Klar doch. Zieh deine Bluse aus, du weißt doch wohl, *wofür du hier bist?*« sagte er entnervt.

»Aber ich habe keinen BH an.«

»So soll's ja sein, wir wollen schließlich deinen Busen sehen.«

»NEIN!« *Was soll diese Scheiße – meinen Busen!* Außerdem trug ich überhaupt keine Bluse. Alles, was ich anhatte, war mein rotes Kleid. *Was glaubt denn dieser Wichser? Etwa, daß ich mich ausziehe und hier in meiner blöden Unterhose und den Tennisschuhen herumstehe?*

»Nein. Nein? Alle reißen sich darum, zu diesem Casting zu kommen, und du sagst nein?«

»Nein, nein, tut mir leid. Irrtum, Irrtum. Ich habe Irrtum gemacht.« Voller Panik steuerte ich auf den Ausgang zu. Da sah ich auf dem Boden eine Reihe von Polaroids herumliegen. Ich bückte mich, um sie mir anzuschauen.

Der Fotograf starrte mich einige Sekunden lang mit offenem Mund an. Dann drehte er sich um und rief über die Schulter: »O Herr im Himmel, was hast du uns denn da geschickt? Terence, wir haben hier ein kleines Problem.«

Ein stämmiger, robuster Mann mit grauem Haarschopf und rosigen Wangen kam herein und blickte mich neugierig an. Er lächelte sanft. »Aha. Wen haben wir denn hier?«

Ich richtete mich auf, und die Tränen schossen mir in die Augen. »Nein. Das kann ich nicht tun. Ich mache das nicht.« Dabei deutete ich auf das Foto einer Frau mit bloßem Oberkörper. Zuerst war ich einfach nur enttäuscht, weil mein großer Traum, Model zu werden, mit einem Schlag zerplatzt war. *Der erste Job, den ich bekomme, und sie wollen, daß ich mich ausziehe.* Dann stieg die Wut in mir hoch. Voller Zorn beschimpfte ich sie auf Somali. »Ihr Saukerle! Ihr Arschlöcher! Steckt euch den Job doch sonstwohin, ihr Schweine!«

»Was sagst du? Hör zu, ich habe für solche Mätzchen keine Zeit.« Aber da rannte ich schon hinaus und schlug die Tür so heftig zu, daß sie fast aus den Angeln sprang. Den ganzen Rückweg zum YMCA über heulte ich und dachte: *Ich hab's doch gewußt – an dieser Arbeit als Model ist etwas Trauriges, etwas ganz Abstoßendes.*

Abends, als ich krank vor Elend im Bett lag, kam meine Mitbewohnerin herein. »Waris, Anruf für dich.«

Es war Veronica von der Modelagentur. »Sie sind das!« schrie ich. »Ich will mit Leuten wie Ihnen nicht mehr sprechen! Sie haben mich in eine peinig... peinlig...« – ich wollte *peinliche Situation* sagen, brachte es aber nicht heraus. »Es war schrecklich. Es war sehr schlimm; ich will so etwas nicht tun. Ich will es nicht. Ich will mit Ihnen nichts mehr zu tun haben!«

»Okay, aber beruhige dich erst einmal, Waris. Weißt du, wer das heute war, dieser Fotograf?«

»Nein.«

»Weißt du, wer Terence Donovan ist?«

»Nein.«

»Hast du eine Freundin, die Englisch spricht?«

»Ja.«

»Nun, jeder, der Englisch spricht, weiß, wer dieser Mann ist. Frag sie nachher mal. Er macht Aufnahmen von Angehörigen des Königshauses, von Prinzessin Di und von allen großen Models. Jedenfalls möchte er dich wiedersehen, er ist daran interessiert, dich zu fotografieren.«

»Er wollte, daß ich mich ausziehe! Das haben Sie mir nicht gesagt, bevor ich hingefahren bin!«

»Das stimmt – tja, wir hatten es sehr eilig. Ich dachte einfach, du seist genau die richtige für diesen Job. Ich habe ihm erklärt, daß du kein Englisch kannst und diese Aufnahmen deiner Kultur widersprechen. Aber das ist der Pirelli-Kalender, und nach diesem Job wirst du jede Menge Aufträge bekommen. Liest du Modemagazine, *Vogue* oder *Elle*?«

»Nein, die kann ich mir nicht leisten. Ich sehe sie mir am Zeitungsstand an, lege sie dann aber wieder zurück.«

»Okay, dann kennst du sie also? Das ist die Art von Arbeit, die du machen wirst. Terence Donovan ist der beste; wenn du Model werden willst, mußt du diesen Job machen. Danach wirst du einen Haufen Geld verdienen und tun und lassen können, was du willst.«

»Ich ziehe mich aber obenrum nicht aus.«

Ich hörte sie aufseufzen. »Waris, wo sagtest du, daß du arbeitest?«

»McDonald's.«

»Wieviel bezahlen sie dir da?« Ich sagte es ihr. »Nun, er zahlt dir 1500 Pfund für einen Tag.«

»Ganz für mich allein? Alles für mich?«

»Ja, und du kannst auch reisen. Der Job ist in Bath. Ich weiß nicht, ob du schon einmal dort gewesen bist, aber es ist ein wunderschöner Ort. Du wirst im Royalton wohnen«, fügte sie noch hinzu, als ob ich gewußt hätte, was das bedeutete. »Nun, willst du es tun oder nicht?«

Damit hatte sie mich überzeugt. Wenn ich so viel Geld verdiente, hatte ich bald genug gespart, um meiner Mutter zu helfen. »Okay, okay. Wann kann ich wieder zu ihm?«

»Wie wär's mit morgen vormittag?«

»Und ich muß mich bloß ausziehen – das ist wirklich alles? Ich meine, sind Sie sicher, daß ich nicht mit diesem Mann schlafen muß?«

»Nein, nein. Das ist kein Trick. Nichts in der Art.«

»Oder ... daß er vielleicht will, ich solle die Beine spreizen oder etwas ähnlich Widerliches. Wenn das so ist, sagen Sie es mir lieber gleich.«

»Du mußt dich nur obenrum ausziehen. Aber

denk daran, morgen macht er nur ein Polaroid von dir. Danach wird er dir sagen, ob du den Job bekommst. Dann alles Gute ...«

Als ich am nächsten Tag ins Studio kam und Terence Donovan mich sah, fing er an zu lachen. »Ach. Du schon wieder. Komm näher. Wie heißt du denn?« Von da an hatte er sehr viel Geduld mit mir. Terence war wie ein Vater, er merkte, daß ich einfach nur ein verängstigtes Kind war, das Hilfe brauchte. Er brachte mir Tee und zeigte mir Beispiele seiner Arbeit, Aufnahmen, die er von den schönsten Frauen der Welt gemacht hatte. »Okay. Ich will dir jetzt ein paar Bilder zeigen. Komm mit.« Wir gingen in einen anderen Raum voller Regale und Schubkästen. Auf einem Tisch lag ein Kalender. Er blätterte durch die Seiten, und auf jeder war das Foto einer anderen atemberaubend schönen Frau zu sehen. »Siehst du? Das ist der Pirelli-Kalender vom letzten Jahr. Ich mache ihn jedes Jahr. Aber der nächste wird anders aussehen – nur mit afrikanischen Frauen. Auf einigen Bildern wirst du etwas anhaben, auf anderen nicht.« Er sprach mit mir alles durch und erklärte mir den gesamten Ablauf. So bekam ich das sichere Gefühl, daß er nicht einer dieser schmierigen alten Dreckskerle war. Schließlich sagte er: »Okay, und jetzt machen wir das Polaroid. Bist du bereit?«

Ich war bereit gewesen, seit Veronica mir gesagt hatte, wieviel ich verdienen würden, aber nun war ich auch völlig entspannt. »Ja, ich bin bereit.« Und von diesem Augenblick an war ich voll und ganz Profi. Ich stellte mich auf die Markierung, weg war die Bluse, und blickte vertrauensvoll in die Kamera. Perfekt! Als Terence mir das Polaroid zeigte, war mir, als sähe ich mich in meiner Heimat Afrika. Eine Aufnahme in Schwarzweiß, sehr einfach gemacht und anständig – nichts Kitschiges oder Schlüpfriges, nichts Pornographisches. Statt dessen zeigte sie Waris, wie sie in der Wüste aufgewachsen war – ein junges Mädchen, das in der Hitze seine kleinen Brüste entblößt hat.

Als ich abends nach Hause kam, erhielt ich einen Anruf von der Agentur, die mir mitteilte, ich hätte den Job bekommen und würde nächste Woche nach Bath fahren. Veronica hatte mir ihre Privatnummer hinterlassen. So rief ich sie an, um ihr zu erklären, daß ich es mir nicht leisten könne, von meiner Arbeit bei McDonald's fernzubleiben, weil ich nicht wüßte, wann ich denn meine Gage für das Modeling bekommen würde. Aber sie beruhigte mich und meinte, wenn ich Geld brauche, würde sie mir einen Vorschuß zahlen.

Seit diesem Tag habe ich nie wieder den Fuß in eine McDonald's-Fiale gesetzt. Nach dem Telefonat mit Veronica rannte ich durch den ganzen YMCA und erzählte nicht nur meinen alten Freundinnen von meinem neuen Job, sondern jedem, der es hören wollte. Woraufhin Halwu meinte: »Reiß dich zusammen, und gib um Himmels willen nicht so an! Du zeigst doch bloß deine Titten her, oder?«

»Ja, aber für 1500 Pfund!«

»So viel für diese kleinen Dinger? Du solltest dich schämen«, lachte sie.

»Es ist nicht, wie du denkst. Es ist wirklich in

Ordnung, nichts Schmutziges ... wir werden nach Bath fahren und in einem Hotel wohnen!«

»Ich will nichts davon hören, und hör bitte auf damit, es überall herumzuposaunen, ja?«

In der Nacht vor der Abfahrt fand ich keinen Schlaf. Ich wünschte mir, es wäre schon Morgen. Meine Tasche stand gepackt neben der Tür. Ich konnte es immer noch nicht glauben – bisher war ich noch nie woanders gewesen, und diese Leute zahlten mir sogar Geld dafür! Terence Donovan ließ mich mit einem Wagen abholen und zur Victoria Station bringen. Dort sollte sich die ganze Gruppe – die Fotografen und Assistenten, der Art Director, vier weitere Models, die Visagistin, der Hairstylist und ich – treffen, um gemeinsam mit dem Zug nach Bath zu fahren. Ich war als erste am Bahnhof, weil ich fürchtete, ich könnte den Zug verpassen. Die nächste, die eintraf, war Naomi Campbell.

Nachdem wir in Bath angekommen waren, bezogen wir unsere Zimmer im Royalton, das wie ein Palast aussah. Ich bekam ganz für mich allein ein riesiges Zimmer. Aber in der ersten Nacht kam Naomi zu mir und fragte mich, ob sie bei mir schlafen dürfe. Sie war noch sehr jung und mädchenhaft, etwa sechzehn oder siebzehn Jahre alt, und fürchtete sich allein in ihrem Zimmer. »Sicher«, sagte ich, denn ich hatte gerne Gesellschaft.

»Aber verrate es niemandem, ja? Sie werden sonst vielleicht böse, wenn sie merken, daß sie einen Haufen Geld für mein Zimmer ausgegeben haben, und ich schlafe gar nicht darin.«

»Mach dir keine Sorgen – bleib einfach hier.« Nach all den Jahren der Übung war es für mich die selbstverständlichste Sache der Welt, die Mutter zu spielen. Meine Freundinnen nannten mich schon »Mama«, weil ich immer alle bemuttern wollte. »Ich werde keinem etwas sagen, Naomi.«

Am nächsten Morgen ging die Arbeit los. Jeweils zwei der Mädchen bekamen das Haar und das Make-up gemacht, dann begann Terence Donovan mit den Aufnahmen. In der Zwischenzeit bereiteten sich die nächsten beiden Mädchen vor, und so weiter. Als ich an diesem Morgen zum Hairstylisten kam, sagte ich zu ihm, er solle alles abschneiden. Damals war ich für ein Model ziemlich stämmig; ich hatte reichlich McDonald's-Speck auf den Rippen. Ich wollte kurzes Haar, damit ich etwas modischer aussah. Der Friseur schnippelte und schnippelte, bis fast nichts mehr übrig war. Als die anderen mich sahen, meinten sie: »Oh, du bist ja kaum wiederzuerkennen.« Aber ich hatte mir vorgenommen, die Leute wirklich zu schockieren, und sagte zu dem Haarstylisten: »Weißt du, was ich will? Blond gefärbte Haare.«

»O Gott. Nein, das werde ich nicht tun. Du würdest gräßlich aussehen – wie durchgeknallt!«

Naomi Campbell lachte und meinte: »Waris, weißt du was? Eines Tages wirst du berühmt sein. Aber vergiß mich dann nicht, ja?« Natürlich wurde genau das Gegenteil wahr, und jetzt ist sie von uns beiden die Berühmtheit.

So arbeiteten wir sechs Tage lang, und ich konnte nicht glauben, daß ich dafür bezahlt wurde. Wenn wir abends Schluß machten und die anderen mich fragten, was ich heute abend noch vorhätte, kam von mir immer die gleiche Antwort: einkaufen gehen. Sie überließen mir das Auto, und der Chauffeur setzte mich ab, wo ich wollte; später holte er mich dort wieder ab. Nach der Session wählten sie überraschenderweise mein Foto für das Titelbild aus. Ich empfand das als besondere Ehre, und zudem verschaffte es mir große Publicity.

Wir nahmen den Zug zurück nach London. Am Bahnhof hüpfte ich in die Limousine und ließ mich zur Agentur bringen. Kaum dort angekommen, riefen sie schon: »Rate mal, was wir für dich haben! Ein neues Casting, es ist gleich hier in der Nähe. Aber Beeilung, du mußt sofort los.«

Ich protestierte, denn ich war müde. »Ich gehe morgen hin«, sagte ich.

»Nein, nein. Morgen ist zu spät, dann ist es schon vorbei. Sie suchen nach Bond-Girls für den neuen James-Bond-Film *Der Hauch des Todes* mit Timothy Dalton. Laß deine Tasche hier, und dann los. Wir gehen mit und zeigen dir, wo es ist.«

Einer der Jungs aus der Agentur führte mich um den Häuserblock und deutete auf ein Gebäude: »Siehst du den Eingang dort drüben, wo alle Leute hineinlaufen? Da ist es.« Ich ging hinüber, und es wiederholte sich, was ich schon im Studio von Terence Donovan erlebt hatte, nur schlimmer. Drinnen war eine ganze Armee von Mädchen, die herumstanden, an den Wänden lehnten, dasaßen, schwatzten, herumstolzierten und posierten.

Der Assistent sagte: »Wir möchten, daß jede von

euch ein paar Sätze spricht.« Das beunruhigte mich ein wenig, aber ich redete mir selbst gut zu, daß ich nun ja Berufsmodel war, oder etwa nicht? Schließlich hatte ich mit Terence Donovan für den Pirelli-Kalender gearbeitet. Also gab es nichts, mit dem ich nicht fertigwerden konnte. Als ich an die Reihe kam, führten sie mich ins Studio und zeigten mir die Markierung, auf die ich mich stellen sollte.

»Ich will euch Jungs nur sagen, daß ich nicht sehr gut Englisch spreche«, begann ich.

Sie hielten eine Texttafel hoch und sagten: »Ist schon in Ordnung, du mußt das nur ablesen.« *O mein Gott, was mache ich jetzt? Zugeben, daß ich kaum lesen kann? Nein, das ist zuviel, das ist zu erniedrigend. Das kann ich nicht.*

Statt dessen sagte ich: »Entschuldigung. Ich muß mal schnell, bin gleich zurück.« Und ich rannte aus dem Gebäude hinüber zur Agentur, um meine Tasche zu holen. Der Himmel weiß, wie lange die Casting-Leute auf meine Rückkehr gewartet haben, bis jemand merkte, daß ich fort war. In der Agentur behauptete ich, ich sei noch nicht an der Reihe und wolle zuerst einmal meine Tasche holen, weil es nach einer langen Warterei aussehe. Das war gegen ein oder zwei Uhr, aber ich ging nach Hause, warf meine Tasche in die Ecke und machte mich dann auf den Weg zu einem Friseur. Ganz in der Nähe des YMCA fand ich einen Frisierladen. Der freundliche Herr, der ihn führte, fragte nach meinen Wünschen.

»Färben Sie mein Haar blond«, erwiderte ich.

Der Mann zog die Augenbrauen hoch. »Tja, das können wir machen, aber Sie müssen wissen, daß das ziemlich lange dauert. Und wir schließen um acht.«

»Gut. Dann haben wir ja Zeit bis um acht.«

»Ja schon. Aber es sind noch andere Kundinnen vor Ihnen dran.« Ich bettelte so lange, bis er schließlich nachgab. Beim Auftragen des Peroxids bereute ich meinen Entschluß beinahe schon wieder. Mein Haar war so kurz, daß das Mittel auf der Kopfhaut brannte; mir war, als würden sich ganze Hautfetzen vom Schädel lösen. Doch ich biß die Zähne zusammen und ließ es über mich ergehen. Als der Friseur mein Haar wusch, hatte es eine orange Farbe. Er führte also die ganze Prozedur noch einmal durch, denn das Peroxid mußte länger einwirken, um meine natürliche Haarfarbe wegzubleichen. Nach dem zweiten Mal hatte ich gelbes Haar. Erst beim dritten Mal war ich schließlich blond.

Mir gefiel es, aber auf dem Weg zur U-Bahn begegneten mir kleine Kinder, die schnell ihre Mutter an der Hand faßten, als sie mich sahen, und aufgeregt riefen: »Mami, Mami, was ist denn das? Ist das ein Mann oder eine Frau?« Ich dachte nur: *Verdammt. Vielleicht habe ich einen Fehler gemacht. Ich jage den Kindern Angst ein.* Aber zu Hause angekommen, beschloß ich, mich nicht darum zu scheren, denn schließlich hatte ich mein Haar ja nicht wegen irgendwelcher Kinder gefärbt. Blond zu sein, war etwas, das ich für *mich* ausprobieren wollte, und ich fand, daß es ganz toll aussah.

Ein Stapel Nachrichten von der Agentur wartete zu Hause auf mich. *Wo steckst du? Die ganze Mannschaft vom Casting wartet auf dich. Kommst du zurück? Sie wollen dich nach wie vor sehen* ... Weil die Agentur schon Feierabend hatte, rief ich Veronica zu Hause an. »Waris, wo bist du denn gewesen? Sie dachten, du wolltest nur schnell auf die Toilette. Versprich mir, daß du morgen wieder hingehst.« Ich versprach es ihr.

Natürlich stach das, was ich Veronica verschwiegen hatte, den Casting-Leuten sofort ins Auge: Gestern war ich eine ganz normale Schwarze gewesen, heute war ich eine Somali mit blondem Haar. Alle blieben stehen und starrten mich an. »Mensch! Das ist ja irre! Hast du das gestern abend machen lassen?«

»Ja.«

»Unglaublich. Phantastisch. Phantastisch! Laß das so, ja?«

»Glaubt mir«, erwiderte ich, »so schnell bringt mich niemand mehr zu dieser Tortur. Erstmal bleibt mein Haar blond.«

Wir fuhren mit den Probeaufnahmen an dem Punkt fort, an dem wir tags zuvor aufgehört hatten. »Machst du dir Gedanken wegen deinem Englisch? Ist das das Problem?«

»Ja.« Noch immer fehlte mir der Mut zuzugeben, daß ich kaum lesen konnte.

»Okay. Also stell dich einfach hin, sieh nach rechts, dann nach links. Sag deinen Namen, erzähl uns, woher du kommst, was das für eine Agentur ist, für die du arbeitest, und das wär's dann schon.« Soviel brachte ich noch fertig.

Da meine Agentur ganz in der Nähe lag, beschloß ich nach dem Casting, einfach dort vorbeizuschauen und ihnen mein neues Aussehen zu präsentieren. Sie waren auf hundertachtzig. »Was zum Teufel hast du mit deinem Haar gemacht«

»Ist doch schön, oder?«

»O mein Gott, nein, es ist nicht schön! So können wir dich nicht vermitteln. Du mußt dich mit uns absprechen, bevor du etwas an deiner Erscheinung änderst, Waris. Die Kunden müssen wissen, was sie bekommen. Das ist nicht mehr nur *dein* Haar, und du kannst nicht einfach damit machen, was dir gefällt.«

Den Casting-Leuten jedoch hatte mein Haar sehr wohl gefallen, und ich bekam den Job als Bond-Girl. Aber in der Agentur hatten die Leute von diesem Tag an einen Spitznamen für mich: Guinness. Weil ich schwarz war mit einer weißen Krone obendrauf.

Ich freute mich riesig über meine neue Filmkarriere, bis ich eines Tages in die Agentur kam und Veronica zu mir sagte: »Ich habe große Neuigkeiten für dich, Waris. *Der Hauch des Todes* wird in Marokko gedreht.«

Mir fuhr der Schreck in alle Glieder. »Leider muß ich dir etwas sagen, was ich dir lieber nicht würde erzählen müssen. Erinnerst du dich noch, als du mich in die Agentur aufgenommen und gefragt hast, ob ich einen Paß habe? Nun, ich besitze zwar einen, aber ohne gültiges Visum. Wenn ich also England verlasse, kann ich nicht mehr einreisen.«

»Waris, du hast mich angelogen! Du mußt einen gültigen Paß besitzen, um Model zu sein, oder wir können dich nicht gebrauchen; du mußt doch ständig reisen. Mein Gott! Du kannst diesen Auftrag nicht annehmen. Wir müssen absagen.«

»Nein, nein. Mach das nicht. Ich denke mir etwas aus. Ich finde schon eine Lösung.« Veronica sah mich ungläubig an, meinte aber, das sei meine Sache. In den folgenden Tagen hockte ich in meinem Zimmer und grübelte über mein Problem nach. Aber mir fiel nichts ein. Ich zog alle meine Freundinnen zu Rate, doch die einzig denkbare Möglichkeit war zu heiraten. Was daran scheiterte, daß ich niemanden kannte, der dafür in Frage kam. Ich war am Boden zerstört, nicht nur, weil meine Karriere jetzt im Eimer war, sondern auch, weil ich Veronica angelogen und die Agentur in Schwierigkeiten gebracht hatte.

Mitten in diesem Schlamassel ging ich eines Abends hinunter ins Schwimmbad. Meine Freundin Marilyn, eine Schwarze, die in London geboren war, arbeitete dort als Bademeisterin. Als ich das erste Mal dort gewesen war, hatte ich mich nur einfach an den Rand gesetzt und auf das Becken geschaut, weil ich Wasser so gerne mag. Schließlich fragte mich Marilyn eines Abends, warum ich nie ins Wasser steigen würde, und ich erzählte ihr, ich könne nicht schwimmen. »Das kann ich dir doch beibringen«, meinte sie.

»Gut.« Ich ging zur tiefen Seite des Beckens, holte tief Luft und sprang hinein. Da sie ja Bademeisterin war, so stellte ich mir vor, würde sie mich retten. Aber statt dessen schwamm ich wie ein Fisch unter Wasser die ganze Strecke bis zum anderen Ende des Beckens.

Breit grinsend tauchte ich auf. »Ich hab's geschafft! Ich kann's kaum glauben, aber ich hab's geschafft!«

Marilyn war jedoch ziemlich sauer. »Wieso hast du behauptet, du könntest nicht schwimmen?«

»Ich bin noch nie in meinem Leben geschwommen!« Wir wurden enge Freundinnen. Sie wohnte bei ihrer Mutter am anderen Ende der Stadt, und manchmal, wenn sie erst spätabends Dienstschluß hatte und zu müde für die lange Fahrt nach Hause war, übernachtete sie bei mir im Zimmer.

Marilyn war ein großzügiger, liebenswerter Mensch, und als ich an jenem Abend im Becken meine Runden drehte und dabei meine Probleme mit dem Paß zu vergessen suchte, kam mir plötzlich die rettende Idee. Ich steuerte auf den Beckenrand zu und nahm meine Schwimmbrille ab. »Marilyn«, japste ich, »ich brauche deinen Paß.«

»Was? Wovon sprichst du?« Ich erklärte ihr mein Dilemma. »Du hast wohl nicht alle Tassen im Schrank, Waris! Weißt du, was passieren wird? Sie werden dich schnappen und für immer ausweisen, und mich stecken sie in den Knast. Und wofür soll ich das alles riskieren? Damit du in einem blöden James-Bond-Film mitspielen kannst! Ich denke gar nicht daran.«

»Ach, Marilyn, komm schon. Das ist doch nur ein Spaß, ein Abenteuer! Riskier's einfach. Wir gehen zusammen zum Postamt, und ich beantrage in deinem Namen einen Paß. Ich fälsche deine Unterschrift und klebe mein Bild hinein. Zwar ist nicht mehr viel Zeit, aber einen vorläufigen Paß kann ich innerhalb von ein paar Tagen bekommen. *Bitte, Marilyn.* Das ist meine große Chance, zum Film zu kommen!«

Nach stundenlangem Bitten und Betteln gab sie schließlich am Tag vor meiner geplanten Abreise nach Marokko nach. Ich ließ ein Foto von mir machen, dann gingen wir gemeinsam zum Postamt; eine Stunde später hatte ich einen britischen Paß. Marilyn jedoch war den ganzen Nachhauseweg über krank vor Sorge. Ich versuchte ständig, sie aufzumuntern. »Kopf hoch, Marilyn. Komm schon, es wird bestimmt gutgehen. Du mußt nur daran glauben.«

»Daß ich nicht lache. Ich glaube nur eins, nämlich daß dieser Blödsinn mein ganzes Leben zerstören kann.« Wir fuhren zu ihrer Mutter, um dort den Abend zu verbringen. Ich schlug vor, uns ein paar Videofilme auszuleihen, beim Chinesen etwas zum Essen zu holen und es uns dann gemütlich zu machen. Aber als wir bei ihr waren, jammerte Marilyn: »Waris – ich kann's einfach nicht. Es ist zu gefährlich. Gib mir den Paß zurück.« Traurig reichte ich ihn ihr. Damit hatte sich meine Filmkarriere ins Reich der Träume verflüchtigt. »Du bleibst hier. Ich will ihn oben in meinem Zimmer verstecken«, sagte sie.

»Okay, Mädchen«, erwiderte ich. »Wenn es dir solche Bauchschmerzen bereitet und du glaubst, daß es schiefgehen wird, dann lassen wir es bleiben.« Aber sobald sie schlafen gegangen war, begann ich, ihr Zimmer zu durchstöbern. Sie hatte Hunderte von Büchern, und ich wußte, daß der Paß in einem von ihnen versteckt sein mußte. Eines nach dem anderen zog ich sie aus dem Regal und schüttelte jedes aus. Ich mußte mich beeilen, weil mich am nächsten Morgen ein Auto bei ihr abholen würde. Und tatsächlich – plötzlich fiel mir der Paß vor die Füße. Ich hob ihn schnell auf, steckte ihn in meine Tasche und schlüpfte dann ins Bett. Morgens schlich ich mich gleich nach dem Aufwachen hinunter, damit der Fahrer niemanden aufweckte, wenn er an der Tür klingelte. Es war kalt draußen. Zitternd wartete ich auf dem Bürgersteig, bis der Wagen kam, der mich nach Heathrow brachte.

Aus England auszureisen, war kein Problem. In Marokko bestand meine Filmkarriere aus ein paar Szenen, in denen ich eine »junge Schönheit« mimte, »die sich am Pool räkelt«. Außerdem wirkte ich noch in einer anderen Einstellung mit, in der wir in diesem phantastischen Haus in Casablanca sitzen und Tee trinken, wobei sämtliche Frauen aus irgendeinem Grund nackt sind. James Bond fliegt durch das blöde Dach, und wir schlagen uns die Hände vors Gesicht und kreischen: »Ahhh, o mein Gott!« Aber ich dachte mir bloß: *Ich will mich nicht beklagen. Da ich keine Sprechrolle habe, muß ich mir wenigstens keine Sorgen machen, daß ich nicht lesen kann.*

Wenn nicht gedreht wurde, hingen wir im Haus herum, vergnügten uns am Pool, aßen unentwegt und schlugen die Zeit tot. Ich setzte mich immer in die Sonne, überglücklich, sie nach meinem Leben im nebligen London endlich wiederzusehen. Da ich keinen rechten Kontakt zu den Filmleuten fand, blieb ich meist für mich allein. Es waren alles sehr gutaussehende und beeindruckende Menschen, sie sprachen perfekt Englisch und schienen einander zu kennen; ständig schwatzten sie über diesen oder jenen Job. Ich war einfach nur begeistert, wieder in Afrika zu sein; abends ging ich immer nach draußen zu den

Mamas, die für ihre Familien prächtige Mahlzeiten zubereiteten. Ich konnte zwar ihre Sprache nicht, aber wir lächelten uns an, und wenn ich ein Wort auf Arabisch sagte, antworteten sie mit einem englischen Ausdruck, und dann lachten wir.

Eines Tages meinte jemand aus der Filmcrew: »Will jemand zu den Kamelrennen? Kommt, wir fahren hin.« Nachdem wir uns einige Rennen angesehen hatten, fragte ich einen der arabischen Jockeys, ob ich auch einmal reiten dürfe. Wir verständigten uns in einem Mischmasch aus verstümmeltem Arabisch und Englisch. Er wehrte ab – o nein, Frauen seien als Jockeys nicht zugelassen.

»Ich wette, ich schlage dich«, erwiderte ich. »Komm schon, ich zeig's dir. Du willst mich bloß nicht reiten lassen, weil du Angst hast, daß ich gewinne!« Daß dieses kleine Mädchen ihn herausforderte, ärgerte ihn sehr, und deshalb gab er schließlich nach. In der Filmcrew sprach sich schnell herum, daß Waris am nächsten Rennen teilnehmen würde; sie umringten mich, und ein paar Leute versuchten, es mir auszureden. Ich aber erwiderte nur, sie sollten ihr Geld auf Waris setzen, denn ich hätte vor, diesen marokkanischen Kerlen eine Lektion zu erteilen. An den Start kamen etwa zehn arabische Jockeys auf ihren Kamelen – und ich. Das Rennen begann, die Tiere schossen los. Für mich war es ein schrecklicher Ritt, weil mir dieses Kamel nicht vertraut war und ich es nicht recht im Griff hatte. Kamele laufen nicht nur ziemlich schnell, sondern bewegen sich dabei auf und ab und schwanken noch dazu, deshalb klammerte ich mich mit aller Kraft fest. Mir war klar, wenn ich hinunterfiel, würden mich die Tiere zu Tode trampeln.

Am Ende belegte ich den zweiten Platz. Die James-Bond-Leute waren verblüfft, und obwohl sie mich etwas sonderbar musterten, hatte ich mir bei ihnen Respekt verschafft, vor allem, als sie ihre Wettgewinne abholten. »Wieso kannst du so etwas?« wollte eines der Mädchen wissen.

»Das war leicht. Wenn du auf einem Kamel geboren bist, weißt du auch, wie man ein Kamel reitet«, lachte ich.

Das Kamelrennen erforderte jedoch weniger Mut als das, was mich erwartete, als wir wieder in Heathrow eintrafen. Wir stiegen aus dem Flugzeug und reihten uns in die Schlange vor der Zollabfertigung ein. Während wir langsam vorrückten, holten wir unsere Pässe heraus. Jedesmal wenn die Beamten am Schalter »Der nächste!« riefen, litt ich Höllenqualen, denn dadurch näherte ich mich Schritt für Schritt der Gefahr, verhaftet zu werden.

Die britischen Grenzbeamten sind sowieso schon sehr schroff, wenn man nach England einreisen will; aber bei einer Afrikanerin mit schwarzer Hautfarbe sind sie doppelt streng. Sie mustern die Pässe mit Röntgenblicken. Ich fühlte mich so elend, daß ich am liebsten ohnmächtig geworden wäre, und wünschte mir, ich könnte mich auf den Boden legen und sterben, so daß diese Qual ein Ende hätte. *Lieber Gott*, betete ich, *bitte hilf mir. Wenn ich das durchstehe, verspreche ich, nie wieder etwas so Blödes zu tun.*

Mir durften nur die Knie nicht versagen, dann hätte ich es geschafft. Plötzlich riß mir eines der männlichen Models, ein widerlicher Kerl namens Geoffrey, meinen Paß aus der Hand. Dieser Geoffrey war bekannt als ekliger Klugscheißer, der sich gern einen Spaß daraus machte, andere Leute in Verlegenheit zu bringen. Und diesmal hätte er kein besseres Opfer finden können. »Oh, bitte, bitte ...« Ich versuchte, ihm den Paß wieder wegzunehmen, aber er war viel größer als ich und hielt ihn so hoch, daß ich ihn nicht zu fassen bekam.

Die ganze Crew kannte mich unter meinem Namen Waris; jeder wußte, daß ich Waris Dirie hieß. Nun schlug Geoffrey den Paß auf und brüllte los: »O mein Gott. Hört mal zu, hört alle zu! Ratet mal, wie sie heißt! MARILYN MONROE.«

»Bitte, gib ihn mir wieder ...« Ich zitterte vor Angst.

Er lief im Kreis herum, bog sich vor Lachen und hielt dann jedem in der Schlange meinen Paß unter die Nase. »Sie heißt Marilyn Monroe! Stellt euch das mal vor! Was soll dieser Quatsch? Was verheimlichst du eigentlich, Mädchen? Jetzt ist klar, warum du dir die Haare blond gefärbt hast!«

Ich hatte keine Ahnung, daß es noch eine andere Marilyn Monroe gab. Für mich war das einfach meine Freundin, die Bademeisterin im YMCA. Zum Glück war mir das zusätzliche Risiko, daß ich mit einem Paß herumlief, in dem mein Bild klebte und daneben der Name eines berühmten Filmstars stand, nicht bewußt gewesen. Meine einzige Sorge bestand in diesem Augenblick darin, daß ich laut meinem Paß Marilyn Monroe hieß, in London geboren war, aber kaum einen korrekten englischen Satz herausbrachte. *Ich bin tot ... es ist aus ... ich bin tot ... es ist aus ...* hallte es mir ständig durch den Kopf, während mir der Schweiß in Strömen den Körper hinunterlief.

Die anderen James-Bond-Leute beteiligten sich an dem grausamen Spiel: »He, wie heißt du denn nun wirklich? Also mal ehrlich, woher kommst du? Wußtest du, daß Leute, die mitten in London geboren sind, kein Englisch sprechen?« Es war eine gräßliche Stichelei. Schließlich gab mir dieser Wichser Geoffrey den Paß zurück. Ich stellte mich wieder ans Ende der Schlange und ließ sie alle vor mir durchgehen. Meine Hoffnung war, daß sie verschwunden wären, wenn ich an die Reihe kam.

»DIE NÄCHSTE!«

Nachdem die übrige Filmcrew die Paßkontrolle hinter sich gebracht hatte, ging keiner von ihnen gleich seines Weges oder sprintete zum Auto, wie sie es normalerweise nach einer langen Reise getan hätten. Nein. Sie warteten, standen gleich hinter dem Paßschalter in Gruppen zusammen, um zu beobachten, wie ich wohl aus diesem Schlamassel herauskäme.

Reiß dich zusammen, Waris. Du kannst es schaffen. Ich trat an den Schalter und reichte dem Grenzbeamten mit einem strahlendem Lächeln meinen Paß. »Hallo!« rief ich, dann hielt ich den Atem an. Mir war klar, daß ich kein weiteres Wort sagen durfte, denn dann hätte er gemerkt, daß mein Englisch ein Witz war.

»Herrliches Wetter heute, nicht?«

»Hmm.« Ich nickte und lächelte. Schließlich gab er mir meinen Paß zurück, und ich rauschte an ihm vorbei. Die James-Bond-Crew stand nur da und starrte mich verblüfft an. Am liebsten hätte ich jetzt erst mal verschnauft, eine Pause eingelegt, aber ich hastete an ihnen vorbei, denn ich wußte, daß ich erst außerhalb des Flughafens in Sicherheit war. *Geh einfach weiter, Waris. Sie zu, daß du lebend aus Heathrow herauskommst.*

12. Die Ärzte

Zu der Zeit, als ich noch im YMCA wohnte, verbrachte ich einmal einen Nachmittag unten im Schwimmbad und drehte dort meine Runden. Danach zog ich mich in der Umkleidekabine um und war schon wieder auf dem Weg in mein Zimmer, als jemand aus dem kleinen Cafe im YMCA meinen Namen rief. Es war William, ein Typ, der ebenfalls hier wohnte. Er winkte mir, ich solle hereinkommen. »Waris, setz dich doch. Möchtest du vielleicht etwas essen?«

William verdrückte gerade ein Käsesandwich, und ich erwiderte: »Ja, ich nehme auch so eins, bitte.« Meine Englischkenntnisse waren immer noch ziemlich bescheiden, aber ich konnte mir zusammenreimen, was er sagte. Während wir aßen, lud er mich ein, mit ihm ins Kino zu gehen. Es war nicht seine erste Einladung. William war ein junger Weißer, sah gut aus und war stets sehr nett. Aber als er mit mir sprach, achtete ich mit einem Mal nicht mehr auf das, was er sagte. Statt dessen beobachtete ich nur, wie sich seine Lippen bewegten, und mein Gehirn begann wie ein Computer zu arbeiten:

Geh mit ihm ins Kino.
Wenn er doch nur wüßte, was mit mir los ist.

Ach, stell dir vor, wie es wäre, einen Freund zu haben.
Es wäre wahrscheinlich sehr schön.
Jemanden zu haben, mit dem man reden kann.
Jemanden, der mich liebt.
Aber wenn ich mit ihm ins Kino gehe,
Wird er mich küssen wollen.
Dann wird er mit mir schlafen wollen.
Und wenn ich einwillige,
Wird er herausfinden, daß ich nicht wie andere Mädchen bin.
Ich bin beschädigt.
Wenn ich aber nein sage,
Wird er wütend werden, und wir werden streiten.
Geh nicht.
Es ist den Kummer nicht wert.
Sag nein.
Wenn er bloß wüßte, was mit mir los ist, würde er begreifen, daß es nichts mit ihm zu tun hat.

Ich lächelte und schüttelte den Kopf. »Nein, danke. Ich habe zuviel zu tun.« Der verletzte Blick, den ich erwartet hatte, kam auch prompt; ich zuckte die Achseln, eine Geste, die an uns beide gerichtet war: *Ich kann's nicht ändern.*

Dieses Problem war erst aufgetaucht, nachdem ich in den YMCA gezogen war. Als ich noch bei meiner Familie lebte, traf ich normalerweise nie ohne Begleitperson mit fremden Männern zusammen. Ein Mann, der zu meinen Eltern oder zu Tante Sahru oder Onkel Mohammed kam, kannte entweder unsere Kultur und versuchte daher erst gar nicht, sich mit mir zu verabreden, oder er wäre von meinen Familienangehörigen entsprechend instruiert worden. Aber seit ich das Haus meines Onkels verlassen hatte, lebte ich allein. Und zum erstenmal mußte ich nun mit Situationen wie dieser selbst zurechtkommen. Im YMCA wohnten eine Menge junger, alleinstehender Männer. Wenn ich mit Halwu durch die Clubs zog, lernte ich weitere Männer kennen, und durch die Arbeit als Model noch mehr.

Doch ich war an keinem näher interessiert. Der Gedanke, mit einem Mann zu schlafen, kam mir nie in den Sinn, aber leider wußte ich durch einige meiner leidvollen Erfahrungen, daß sie hingegen sehr wohl daran dachten. Obwohl ich mich immer wieder gefragt habe, wie wohl mein Leben ausgesehen hätte, wäre ich nicht beschnitten worden, kann ich es mir nicht vorstellen. Ich mag Männer, und ich bin ein sehr gefühlsbetonter, liebesbedürftiger Mensch. Damals lag es sechs Jahre zurück, daß ich meinem Vater davongelaufen war, und ich ertrug das Alleinsein nur schwer; mir fehlte meine Familie. Und ich hoffte auch, eines Tages einen Ehemann und eine eigene Familie zu haben. Aber solange ich zugenäht war, sperrte sich alles in mir gegen eine Beziehung, ruhte dieser Wunsch tief verschlossen in meinem Inneren. Es war, als würde die Naht es jedem Mann unmöglich machen, auf irgendeine Weise in mich einzudringen – physisch und emotional.

Das andere Problem, das mich von einer Beziehung mit einem Mann abhielt, tauchte auf, als ich begriff, daß ich anders war als die übrigen Frauen, vor allem die Engländerinnen. Nachdem ich in London angekommen war, dämmerte mir allmählich, daß nicht mit allen Mädchen das gemacht worden war, was man mir zugefügt hatte. Als ich zusammen mit meinen Cousinen in Onkel Mohammeds Haus wohnte, war ich manchmal gemeinsam mit den anderen Mädchen im Badezimmer. Ich war völlig erstaunt, wenn sie mit starkem Strahl pinkelten, während ich an die zehn Minuten dazu brauchte. Durch die winzige Öffnung, die die Beschneiderin gelassen hatte, konnte der Urin nur tropfenweise heraus. »Waris, warum pinkelst du denn so komisch? Was ist mir dir los?« Ich wollte es ihnen nicht sagen, weil ich vermutete, daß man sie nach ihrer Rückkehr nach Somalia ebenfalls beschneiden würde, deshalb lachte ich zur Antwort nur.

Meine Menstruation jedoch war keineswegs zum Lachen. Von Anfang an – ich war damals etwa elf oder zwölf Jahre alt – war sie ein einziger Alptraum. Eines Tages, als ich gerade allein meine Schafe und Ziegen hütete, setzte sie ein. An diesem Tag war es unerträglich heiß, und ich hockte matt unter einem Baum und fühlte mich zusehends unwohler, weil mir der Bauch weh tat. Zuerst überlegte ich: *Was ist das für ein Schmerz? Bin ich etwa schwanger? Vielleicht bekomme ich ein Baby? Aber ich bin doch mit keinem Mann zusammengewesen, wie könnte ich da schwanger sein?* Der Druck wurde immer stärker und ebenso meine Angst. Etwa eine Stunde später ging ich pinkeln, und da sah ich das Blut. Ich dachte, jetzt müsse ich sterben.

Ich ließ die Tiere im Busch grasen und lief, so

schnell ich konnte, zu meiner Mutter. »Ich sterbe! O Mama, ich sterbe!« schrie ich.

»Was redest du da?«

»Ich verblute, Mama, ich werde sterben!«

Sie blickte mich streng an. »Nein, du wirst nicht sterben. Das ist schon in Ordnung. Es ist nur deine Periode.« Ich hatte noch nie davon gehört und wußte überhaupt nichts darüber.

»Kannst du mir das bitte erklären und mir sagen, was das heißt?« Während ich mich vor Schmerzen krümmte und mir den Unterleib hielt, beschrieb mir meine Mutter den Vorgang. »Aber was kann man gegen diese Schmerzen tun? Weil ... weißt du, *es fühlt* sich *an*, als würde ich sterben!«

»Waris, da kann man nichts dagegen machen. Du mußt es halt ertragen. Warte, bis es von selbst wieder aufhört.«

Aber ich war nicht bereit, das einfach so hinzunehmen. Auf der Suche nach irgend etwas, das mir Erleichterung verschaffen könnte, ging ich zurück in die Wüste und fing an, unter einem Baum ein Loch zu graben. Die Bewegung tat mir gut und lenkte mich ein wenig von den Schmerzen ab. Mit einem Stock grub ich und grub, bis das Loch so tief war, daß ich bis zur Hüfte hineinpaßte. Dann stieg ich hinein und füllte es um mich herum wieder mit Erde; auf diese Weise verschaffte ich mir etwas Kühlung, es war wie eine Art Eispackung. Und dort blieb ich, solange die Hitze des Tages anhielt.

Ein Loch in die Erde zu graben, wurde meine Methode, allmonatlich mit meiner Periode fertigzuwerden. Zu meiner Überraschung fand ich später heraus, daß meine Schwester Aman das gleiche gemacht hatte. Aber diese Behandlung hatte auch ihre Schattenseiten. Eines Tages kam mein Vater vorbei und sah, daß ich halb eingegraben unter einem Baum in der Erde steckte. Aus der Entfernung sah es aus, als sei ich an der Hüfte entzweigeschnitten und auf den Boden gesetzt worden. »Was zum Teufel tust du da?« Als ich seine Stimme hörte, versuchte ich automatisch, aus dem Loch herauszuspringen, aber weil ich fest in die Erde eingepackt war, blieb ich stecken. Ich schaufelte wild mit den Händen, um meine Beine freizubekommen. Papa lachte wie verrückt. Da ich zu schüchtern war, um zu erklären, warum ich das gemacht hatte, riß er anschließend immer wieder Witze darüber. »Wenn du dich lebendig begraben willst, dann mach es aber auch richtig. Ich meine, was sollen denn diese halben Sachen?« Später fragte er meine Mutter, was mein seltsames Verhalten zu bedeuten habe. Er befürchtete, seine Tochter könnte sich in eine Art Höhlentier verwandeln – in einen Maulwurf, der ganz wild darauf ist, sich in die Erde zu wühlen. Aber Mama erklärte ihm, was dahintersteckte.

Doch wie meine Mutter vorhergesagt hatte, gab es nichts, womit ich den Schmerz wirklich hätte lindern können. Damals wußte ich noch nicht, was in mir vorging – daß das Menstruationsblut sich in meinem Körper staute, genau wie der Urin. Und da es mehrere Tage lang floß – oder zumindest zu fließen versuchte –, war der durch den Stau verursachte Druck eine einzige Tortur. Das Blut konnte nur tropfenweise austreten; das führte dazu, daß meine Periode meist mindestens zehn Tage dauerte.

Ganz schlimm wurde es, als ich bei meinem Onkel Mohammed wohnte. Eines Morgens machte ich ihm wie gewöhnlich sein Frühstück. Doch als ich mit dem Tablett auf dem Weg von der Küche ins Eßzimmer war, wo er wartete, fiel ich plötzlich in Ohnmacht. Das ganze Geschirr rutschte mir aus der Hand und zerbrach. Mein Onkel kam gleich herbeigelaufen und schlug mir ins Gesicht, um mich wieder zu Bewußtsein zu bringen. Ganz langsam kam ich zu mir, und wie aus weiter Ferne hörte ich ihn rufen: »Maruim! Maruim! Sie ist ohnmächtig geworden!«

Als ich wieder bei Sinnen war, fragte mich Tante Maruim, was mit mir los sei, und ich erzählte ihr, daß an diesem Morgen meine Periode eingesetzt hatte. »Nun, das ist nicht in Ordnung, wir müssen dich zu einem Arzt bringen. Ich vereinbare für heute nachmittag einen Termin.«

Dem Arzt meiner Tante erzählte ich, daß meine Perioden sehr schlimm seien und ich anfangs immer ganz benommen sei. Der Schmerz lähme mich, und ich wisse nicht, was ich dagegen tun könne. »Können Sie mir helfen? Bitte. Gibt es etwas, was Sie dagegen machen können? Ich halte das nicht mehr aus.« Nicht erwähnt hatte ich allerdings, daß ich beschnitten war. Ich hätte nicht einmal gewußt, wie ich dieses Thema hätte anschneiden sollen. Damals war ich noch ein junges Mädchen, und alles, was mit meinen Körperfunktionen zusammenhing, war verbunden mit Unwissenheit, Verwirrung und Scham. Auch war ich mir gar nicht sicher, ob meine Beschneidung die Ursache des Problems war, weil ich damals noch dachte, daß mit allen Mädchen das gleiche gemacht werde wie mit mir. In den Augen meiner Mutter waren meine Schmerzen ganz normal gewesen, denn alle Frauen, die sie kannte, waren beschnitten, alle durchlitten die gleichen Qualen. Sie werden einfach als Teil der Bürde angesehen, eine Frau zu sein.

Da der Arzt mich nicht untersuchte, entdeckte er mein Geheimnis auch nicht. »Das einzige, was ich Ihnen gegen die Schmerzen verschreiben kann, ist die Anti-Baby-Pille. Sie wird Ihre Schmerzen beenden, weil sie verhindert, daß Sie eine Periode bekommen.«

Hallelujah! Ich nahm also die Pille, auch wenn ich nicht restlos begeistert davon war. Von meiner Cousine Basma hatte ich nämlich gehört, daß sie schädlich sei. Aber noch im gleichen Monat hörten die Schmerzen auf, ebenso wie die monatliche Blutung. Weil das Mittel meinem Körper jedoch vortäuschte, er sei schwanger, traten noch andere unerwartete Dinge ein. Meine Brüste und auch mein Hinterteil nahmen gewaltig an Umfang zu. Außerdem bekam ich ein Vollmondgesicht, und mein Körpergewicht ging steil nach oben. Diese drastischen Veränderungen meines Körpers erschienen mir äußerst befremdlich und unnatürlich. Deshalb beschloß ich, doch lieber wieder den Schmerz zu ertragen, und setzte die Pille ab. Und den Schmerz mußte ich in der Tat ertragen, denn er setzte sofort wieder ein und war schlimmer als je zuvor.

Später suchte ich noch einen zweiten Arzt auf, weil ich die Hoffnung auf Hilfe noch nicht ganz aufgegeben hatte. Aber bei ihm wiederholte sich nur, was ich schon einmal erlebt hatte: Er wollte mir ebenfalls die Pille verschreiben. Ich erklärte ihm, daß ich diese Möglichkeit bereits ausprobiert hätte, aber mit den Nebenwirkungen nicht zurechtkäme. Ohne die Pille jedoch sei ich jeden Monat mehrere Tage lang völlig lahmgelegt; ich müsse im Bett bleiben und wolle nichts anderes mehr als sterben, damit die Schmerzen endlich aufhörten. Ob es denn nicht noch eine andere Lösung gebe? Darauf erwiderte der Arzt: »Nun, was erwarten Sie denn? Wenn Frauen die Anti-Baby-Pille nehmen, bleibt in den meisten Fällen ihre Periode aus. Und wenn Frauen ihre Periode haben, haben sie auch Schmerzen. Sie müssen sich entscheiden.« Als ein dritter Arzt mir dasselbe sagte, begriff ich, daß ich etwas anderes versuchen mußte, als immer nur neue Ärzte zu konsultieren.

Zu meiner Tante sagte ich: »Vielleicht brauche ich ja einen Spezialisten?«

Daraufhin blickte sie mich streng an: »Nein«, meinte sie bestimmt. »Und überhaupt: Was erzählst du diesen Männern eigentlich?«

»Nichts. Nur, daß ich die Schmerzen loswerden will, das ist alles.« Ich wußte, was in ihrer Frage unausgesprochen mitschwang: Die Beschneidung ist unser afrikanischer Brauch – und darüber spricht man nicht mit diesen weißen Männern.

Allmählich dämmerte mir jedoch, daß es genau das war, was ich tun mußte, wenn ich nicht weiterhin leiden und ein Drittel jedes Monats wie eine Invalide verbringen wollte. Ich wußte aber auch, daß mein Vorhaben niemals von meiner Familie gebilligt werden würde. So nahm mein nächster Schritt allmählich Gestalt an: Ich mußte heimlich einen Arzt aufsuchen und ihm sagen, daß ich beschnitten war. Vielleicht konnte mir ja dann einer helfen.

Meine Wahl fiel auf Dr. Macnea, den Arzt, bei dem ich zuerst gewesen war. Er hatte seine Praxis in einer großen Klinik, und meine Überlegung war, daß dann im Falle einer Operation die notwendigen Einrichtungen gleich vorhanden wären. Einen ganzen qualvollen Monat lang mußte ich warten, bis ich einen Termin bei ihm bekam. Als es endlich soweit war, erfand ich gegenüber meiner Tante eine Ausrede für mein Verschwinden und ging zu Dr. Macneas Praxis. »Es gibt da etwas, was ich Ihnen nicht erzählt habe«, sagte ich zu ihm. »Ich stamme aus Somalia, und ich ... ich ...« Es war schrecklich, ihm dieses furchtbare Geheimnis in meinem gebrochenen Englisch beichten zu müssen. »Man hat mich beschnitten ...«

Er ließ mich nicht einmal ausreden. »Gehen Sie sich bitte umziehen. Ich möchte Sie untersuchen.« Er bemerkte mein angstverzerrtes Gesicht. »Machen Sie sich keine Sorgen.« Dann rief er seine Sprechstundenhilfe herein, und sie zeigte mir, wo ich mich umkleiden konnte und wie man den Patientenkittel überzog.

Wieder im Behandlungszimmer, fragte ich mich, was bloß in mich gefahren war. Die Vorstellung, daß ein Mädchen aus meinem Land hier in diesem seltsamen Raum saß, die Beine spreizte und einen weißen Mann in sich hineinschauen ließ ... nun, das war das Beschämendste, was ich mir ausmalen konnte. Währenddessen redete mir der Arzt gut zu, damit ich die Knie auseinandernahm. »Entspannen Sie sich. Keine

Sorge – ich bin doch Arzt. Die Schwester ist auch hier, sie steht gleich neben Ihnen.« Krampfhaft bog ich den Hals, um in die Richtung zu schauen, in die er mit dem Finger deutete. Sie lächelte mich aufmunternd an, und schließlich gab ich nach. Dabei zwang ich mich, an etwas anderes zu denken, redete mir ein, gar nicht hier zu sein, sondern in meiner Heimat an einem strahlend schönen Tag mit meinen Ziegen durch die Wüste zu streifen.

Als er mich fertig untersucht hatte, fragte er die Schwester, ob es jemanden in der Klinik gebe, der Somali sprach; sie sagte, ja, in einem der unteren Stockwerke arbeite eine Frau aus Somalia. Aber als sie zurückkam, brachte sie statt dessen einen somalischen Mann mit, weil sie die Frau nicht hatte finden können. *Das ist ja großartig*, dachte ich. *Jetzt also auch noch das Pech, diese schreckliche Sache mit einem somalischen Mann als Dolmetscher bereden zu müssen!* Schlimmer hätte es gar nicht kommen können.

Dr. Macnea sagte: »Erklären Sie ihr, daß sie zu eng zugenäht ist. Ich weiß gar nicht, wie sie das bisher ausgehalten hat. Wir müssen sie so rasch wie möglich operieren.« Ich konnte sehen, daß der Somali darüber nicht gerade erfreut war. Er schürzte die Lippen und warf dem Arzt wütende Blicke zu. Da ich ja etwas Englisch verstand und sehen konnte, wie sich der Somali verhielt, wurde mir klar, daß etwas nicht stimmte.

Er sagte zu mir: »Also, wenn du das wirklich willst, können sie dich aufschneiden.« Ich starrte ihn nur an. »Aber weißt du auch, daß das deiner Kultur widerspricht? Weiß deine Familie, was du da vorhast?«

»Nein. Ehrlich gesagt, nein.«

»Bei wem wohnst du?«

»Bei meiner Tante und meinem Onkel.«

»Wissen sie, was du vorhast?«

»Nein.«

»Nun, ich an deiner Stelle würde zuerst einmal mit ihnen darüber reden.« Ich nickte und dachte dabei: *Du bist typisch für die afrikanischen Männer. Danke für deinen guten Rat, Bruder. Damit ist die Sache bestimmt gestorben.*

Dr. Macnea fügte hinzu, daß er die Operation nicht sofort durchführen könne; ich müsse mir einen Termin geben lassen. Da begriff ich, daß ich es nicht machen lassen konnte, weil meine Tante es herausfinden würde. »Ja, das tue ich. Ich rufe Sie wegen eines Termins an.« Natürlich verging über ein Jahr, ohne daß ich mich meldete.

Gleich nachdem meine Angehörigen nach Somalia zurückgekehrt waren, vereinbarte ich schließlich einen Termin, aber der früheste, den ich bekommen konnte, war zwei Monate später. Während dieser achtwöchigen Wartezeit kam mir die Erinnerung an das furchtbare Erlebnis meiner Beschneidung immer stärker ins Gedächtnis. Ich fürchtete, die Operation sei eine Neuauflage dieser Tortur, und je mehr ich darüber nachdachte, um so deutlicher wurde mir, daß ich das nicht noch einmal durchstehen konnte. Am vereinbarten Tag der Operation erschien ich daher einfach nicht in der Klinik und sagte dort auch nicht ab.

Damals wohnte ich bereits im YMCA. Die Probleme mit meiner Periode waren nicht geringer geworden, aber nun mußte ich mir meinen Lebensunterhalt außer Haus verdienen. Und man konnte in der Arbeit nicht einfach jeden Monat eine Woche lang fehlen und hoffen, die Stelle dennoch zu behalten. Ich biß also die Zähne zusammen, aber meine Freundinnen im YMCA sahen, daß ich in schlechter Verfassung war: Marilyn fragte mich ständig, was denn mit mir nicht stimme. Schließlich erzählte ich ihr, daß man mich als kleines Mädchen in Somalia beschnitten hatte.

Marilyn aber war in London aufgewachsen, und deshalb hatte sie keine Ahnung, wovon ich sprach. »Zeig es mir doch einmal, Waris. Ich weiß wirklich nicht, was du damit meinst. Haben sie dir was weggeschnitten? Und wo denn genau? Was haben sie mit dir gemacht?«

Schließlich zog ich eines Tages meine Hose herunter und zeigte es ihr. Nie werde ich ihren Gesichtsausdruck vergessen. Tränen liefen ihr über die Wangen, und sie wandte sich ab. Ich war vollkommen verzweifelt, weil ich dachte: *O mein Gott, sieht es wirklich so schlimm aus?* Die ersten Worte, die aus ihrem Mund kamen, waren: »Waris, kannst du denn *irgendwas* fühlen?«

»Was meinst du damit?«

Sie schüttelte bloß den Kopf. »Ich meine, weißt du denn noch, wie das ausgesehen hat, als du ein kleines Mädchen warst? Bevor sie das gemacht haben?«

»Ja.«

»Also – so sieht es bei mir aus. Du bist nicht so wie ich.« Jetzt wußte ich es mit Bestimmtheit. Ich mußte nicht mehr darüber nachgrübeln, ob alle Frauen auf die gleiche Weise verstümmelt waren wie ich – oder hatte ich es vielleicht sogar gehofft? Nun wußte ich jedenfalls, daß ich anders war. Ich wünschte mein Leiden keiner anderen, aber ich wollte auch nicht ganz allein damit sein.

»Mit dir hat man das also nicht gemacht, weder mit dir noch mit deiner Mutter?«

Sie schüttelte den Kopf und fing wieder an zu weinen. »Es ist schrecklich, Waris. Ich kann nicht fassen, daß jemand dir so etwas angetan hat.«

»Ach komm, mach mich bitte nicht traurig.«

»*Ich* bin traurig. Traurig und wütend. Ich heule, weil ich nicht glauben kann, daß es auf der Welt Menschen gibt, die einem kleinen Mädchen so etwas antun.«

Wir saßen eine Weile schweigend da. Marilyn schluchzte leise vor sich hin; ich konnte sie nicht ansehen. Dann beschloß ich, daß es jetzt genug sei. »Nun, was soll's. Ich lasse mich operieren. Morgen rufe ich diesen Arzt an. Dann kann ich wenigstens mit Genuß aufs Klo gehen. Vielleicht ist das alles, was ich genießen kann, aber wenigstens das.«

»Ich begleite dich, Waris. Ich werde dir beistehen. Das verspreche ich dir.«

Marilyn rief in der Praxis des Arztes an und vereinbarte einen Termin für mich; diesmal dauerte die Wartezeit einen Monat. Während dieser Wochen fragte ich Marilyn immer wieder: »Mädchen, kommst du auch ganz bestimmt mit?«

»Keine Sorge. Ich begleite dich. Ich werde zur Stelle sein.« An dem Tag, für den die Operation angesetzt war, weckte sie mich schon früh, und wir fuhren in die Klinik. Die Schwester führte mich in den Behandlungsraum. Da stand er, der Operationstisch. Als ich diesen Tisch sah, hätte ich fast kehrtgemacht und wäre aus dem Gebäude gelaufen. Der Tisch war zwar besser als ein Felsen im Busch, aber ich hegte wenig Hoffnung, daß der Eingriff für mich viel angenehmer sein würde. Dr. Macnea gab mir ein Mittel gegen den Schmerz – solch ein Mittel hätte ich auch gerne gehabt, als die Mörderin damals an mir herumgemetzgert hatte. Und Marilyn hielt mir die Hand, während ich langsam wegdämmerte.

Als ich wieder erwachte, hatten sie mich in ein Doppelzimmer geschoben, in dem eine Frau lag, die gerade ein Baby bekommen hatte. Diese Dame und auch alle anderen, die ich mittags in der Cafeteria traf, wollten von mir wissen: »Weshalb sind Sie denn hier?«

Was konnte ich darauf antworten? Sollte ich es zugeben: »Ach, ich habe mich hier an der Vagina operieren lassen. Meine Muschi war ein bißchen zu eng!« Ich habe niemandem die Wahrheit verraten. Statt dessen behauptete ich, ich hätte Probleme mit dem Magen. Und obwohl der Genesungsprozeß wesentlich problemloser verlief als damals nach meiner Beschneidung, wiederholten sich einige meiner schlimmsten Erfahrungen aus jener Zeit. Jedesmal, wenn ich pinkeln mußte, das gleiche: Salz und heißes Wasser. Schließlich ließen mich die Schwestern ein Bad nehmen, und ich glitt ins warme Naß. Au! Sie gaben mir Schmerzmittel, deshalb war es nicht ganz so schlimm, aber ich war wirklich froh, als es vorbei war.

Dr. Macnea hat gute Arbeit geleistet, und ich werde ihm immer dankbar sein. Am Schluß sagte er zu mir: »Sie müssen wissen, daß sie nicht die einzige sind. Es kommen immer wieder Frauen zu mir, die das gleiche Problem haben. Viele davon stammen aus dem Sudan, aus Ägypten und Somalia. Manche von ihnen sind schwanger und haben schreckliche Angst, denn es ist gefährlich, mit einer zu engen Öffnung zu gebären. Es können dabei viele Komplikationen eintreten: Das Baby kann ersticken, wenn es versucht, durch die schmale Öffnung zu kommen, oder die Mutter kann verbluten. Und so kommen sie zu mir, ohne die Erlaubnis ihrer Ehemänner oder Familien, und ich tue, was ich kann. Ich tue mein Bestes.«

Nach zwei oder drei Wochen war ich wieder normal. Nein, nicht wirklich normal im gängigen Sinn, aber doch etwas mehr so wie eine Frau, die nicht beschnitten war. Waris war zu einer neuen Frau geworden. Ich konnte mich auf die Toilette setzen und pinkeln – wusch! Ich kann gar nicht beschreiben, was für ein Gefühl der Befreiung das war.

13. Paßprobleme

Nach meinem Filmdebüt als Bond-Girl ließ ich mich von dem Fahrer gleich von Heathrow aus zu Marilyn Monroe bringen. Feige hatte ich mich bei meiner Freundin seit meiner Abreise nach Marokko nicht mehr gemeldet; ich hatte abwarten wollen, bis ich wieder in England war, weil ich hoffte, sie würde sich inzwischen beruhigt haben. Und so stand ich nervös mit einem Haufen Geschenke vor ihrem Haus und klingelte. Sie öffnete die Tür und grinste über das ganze Gesicht, dann stürzte sie auf mich zu und umarmte mich. »Du hast es wirklich getan! Du verrücktes Biest, du hast es tatsächlich gemacht!« Schwer beeindruckt, daß ich genug Mumm gehabt hatte, den Schwindel durchzuziehen, hatte Marilyn mir nicht lange böse sein können und den Diebstahl des gefälschten Passes schnell verziehen. Allerdings war ich mit ihr einer Meinung, daß dies eine einmalige Sache gewesen sein mußte; nach den Höllenängsten, die ich am Zoll von Heathrow ausgestanden hatte, wollte ich uns nie wieder in Gefahr bringen, indem ich ihren Paß benutzte.

Ich war froh, daß Marilyn mir nichts nachtrug, denn sie war wirklich eine wichtige Freundin für mich. Und wieder einmal war ich auf eine solche

Freundschaft angewiesen. Denn nach den beiden aufeinanderfolgenden Engagements bei Terence Donovan und in dem James-Bond-Film hatte ich bei meiner Rückkehr nach London geglaubt, mit meiner Modelkarriere gerade erst am Anfang zu stehen. Doch wie durch Zauberhand löste sich meine Karriere, unvermittelt und rätselhaft, wie sie begonnen hatte, wieder in Luft auf. Da ich nicht mehr bei McDonald's arbeitete, konnte ich nicht weiter im YMCA wohnen bleiben, denn ohne Arbeit hatte ich kein Geld für die Miete. Und so war ich gezwungen, bei Marilyn und ihrer Mutter einzuziehen, was mir in vielerlei Hinsicht aber sogar noch lieber war. Denn hier lebte ich in einem wirklichen Zuhause und gehörte praktisch mit zur Familie. Schließlich wohnte ich sieben Monate lang dort, und auch wenn sich keiner beklagte, wußte ich doch, daß ich länger blieb als erwünscht. Ab und an hatte ich zwar Model-Jobs, doch damit verdiente ich immer noch nicht genug Geld für meinen Lebensunterhalt. Ich zog zu einem anderen Freund, einem Chinesen namens Frankie, der mit meinem Friseur befreundet war. Frankie besaß ein großes Haus, zumindest in meinen Augen, denn es hatte zwei Schlafzimmer; und großzügig bot er mir an, zu bleiben, bis ich wieder etwas Schwung in meine Karriere gebracht hätte.

1987, kurz nachdem ich bei Frankie eingezogen war, lief *Der Hauch des Todes* im Kino an. Ein paar Wochen darauf war Weihnachten, und ein Bekannter führte mich an Heiligabend aus. Jeder in London war in Feierstimmung, und ich ließ mich anstecken und kam erst sehr spät nach Hause. Kaum hatte ich mich ins Bett gelegt, war ich auch schon eingeschlafen. Doch ein dauerndes Klopfen an meinem Schlafzimmerfenster weckte mich. Ich sah hinaus – draußen stand mein Bekannter, der mich doch gerade erst heimgebracht hatte, und hielt eine Zeitung hoch. Er wollte mir etwas sagen, und so öffnete ich das Fenster, um ihn besser zu verstehen.

»Waris! Du bist auf dem Titelblatt der *Sunday Times!*«

»Oh ...« Ich rieb mir die Augen. »Wirklich ich?«

»Ja, schau doch.« Er streckte mir die Zeitung entgegen, und tatsächlich, auf der Titelseite prangte eine überlebensgroße Aufnahme von mir im Dreiviertelprofil, mit hell leuchtendem Blondschopf und entschlossener Miene.

»Wie schön ... ich geh jetzt wieder ins Bett ... schlafen«, murmelte ich und taumelte zurück auf mein Nachtlager. Doch am nächsten Mittag wurde mir klar, welche Möglichkeiten diese Publicity barg. Dieses Titelblatt der *Sunday Times* mußte Folgen haben. Und so arbeitete ich unter Hochdruck, ich nahm in London an jedem Casting teil, von dem ich erfuhr, fiel meiner Agentin auf die Nerven und wechselte schließlich zu einer anderen Agentur. Aber meine Lage besserte sich nicht.

»Weißt du, Waris, in London gibt es eben nicht viel Nachfrage für schwarze Models«, erklärte meine neue Agentin. »Du mußt reisen, um gebucht zu werden – Paris, Mailand, New York.« Ich hatte ganz und gar nichts gegen das Reisen einzuwenden, doch da gab es immer noch das alte Dilemma mit meinem Paß. In der Agentur erzählte man mir von einem Anwalt, Harold Wheeler, der schon mehreren Immigranten mit Paßproblemen hatte helfen können. Vielleicht sollte ich mich einmal an ihn wenden?

Ich suchte Harold Wheeler in seiner Kanzlei auf und stellte fest, daß er eine exorbitante Summe für seine Hilfe verlangte: zweitausend Pfund! Doch ich überlegte, daß ich dieses Geld blitzschnell verdient hätte, sobald ich erst einmal arbeiten und reisen durfte. Und so wie die Dinge lagen, kam ich anders einfach nicht weiter. Also kratzte ich das Geld aus jeder nur möglichen Quelle zusammen und hatte mir schließlich die zweitausend Pfund zusammengepumpt. Doch ich zögerte, dem Mann das viele geliehene Geld zu geben. Was, wenn sich herausstellte, daß er ein Betrüger war?

Und so vereinbarte ich einen zweiten Termin, bei dem ich Marilyn mitnahm, um ihre Meinung zu hören. Das Geld ließ ich sicherheitshalber zu Hause. Als ich an der Haussprechanlage klingelte, ließ uns Wheelers Sekretärin ein, und ich ging zu Wheeler ins Büro, während meine Freundin im Vorzimmer wartete.

Ohne Umschweife verlangte ich: »Sagen Sie mir die Wahrheit. Ich will einfach wissen, ob der Paß, den ich mit Ihrer Hilfe bekomme, seine zweitausend Pfund wert ist. Kann ich damit legal in jedes Land der Welt reisen? Ich habe keine Lust, irgendwann an irgendeinem gottverlassenen Ort festzusitzen und abgeschoben zu werden. Und wo bekommen Sie dieses Ding überhaupt her?«

»Oh, nein, tut mir leid, aber über meine Mittel und Wege kann ich nichts sagen. Das müssen Sie schon mir überlassen. Wenn Sie einen Paß wollen, meine Liebe, besorge ich ihn. Und ich verspreche Ihnen, damit ist rechtlich alles in Ordnung. Nach Beginn meiner Bemühungen dauert es zwei Wochen, bis alles fertig ist, meine Sekretärin ruft Sie dann an.« *Großartig! Das hieß, schon in zwei Wochen konnte ich jederzeit abhauen, wohin ich wollte.*

»Nun, das klingt gut«, erwiderte ich. »Was ist also zu tun?« Wheeler erklärte mir, daß ich einen Iren heiraten würde, den er zufälligerweise in petto hatte. Dieser Ire würde als Gegenleistung für seine Dienste meine zweitausend Pfund erhalten, Wheeler selbst beanspruche davon nur eine geringe Bearbeitungsgebühr. Er notierte Datum und Uhrzeit meiner Eheschließung. Ich würde meinen zukünftigen Gatten auf dem Standesamt treffen und sollte einhundertfünfzig Pfund in bar für zusätzliche Ausgaben mitbringen.

»Es handelt sich um einen gewissen Mr. O'Sullivan«, informierte mich Wheeler in seinem sehr britischen Englisch und redete dann weiter, während er noch schrieb: »Das ist der Gentleman, den Sie heiraten werden. Ach, übrigens, herzlichen Glückwunsch.« Dabei sah er mit einem dünnen Lächeln auf.

Als ich Marilyn später fragte, ob ich diesem Kerl wohl trauen könne, antwortete sie: »Nun, er hat eine schicke Kanzlei in einem schicken Gebäude in einer schicken Gegend. Sein Namensschild ist an der Tür. Und er beschäftigt eine richtige Sekretärin. Für mich sieht es aus, als ob mit ihm alles in Ordnung wäre.«

Meine treue Freundin Marilyn begleitete mich auch an meinem Hochzeitstag. Vor dem Standesamt beobachteten wir einen rotgesichtigen alten Mann voller Falten mit struppigem Haar, der zerlumpt den Bürgersteig entlangtaumelte. Anfangs lachten wir noch über ihn, doch dann ging er die Treppe zum Standesamt hinauf, und Marilyn und ich schauten zuerst uns, dann ihn erschrocken an. »Sind Sie Mr. O'Sullivan?« wagte ich schließlich zu fragen.

»Höchstpersönlich.« Er senkte die Stimme. »Und du bist diejenige, welche?« Ich nickte. »Du hast das Geld, Mädchen ... hast du das Geld mitgebracht?«

»Ja.«

»Hundertfünfzig Pfund?«

»Ja.«

»Braves Kind. Na denn, los, Beeilung. Bringen wir's hinter uns. Keine Trödelei.« Mein zukünftiger Ehemann stank nach Whisky und war ganz offensichtlich sturzbetrunken.

Während wir ihm ins Standesamt folgten, raunte ich Marilyn zu: »Ob er wohl noch lange genug lebt, daß ich meinen Paß kriege?«

Die Standesbeamtin eröffnete die Trauzeremonie, aber es fiel mir schwer, aufzupassen. Die ganze Zeit lenkte mich Mr. O'Sullivans unsicheres Schwanken ab, und als sie fragte: »Nehmen Sie, Waris, diesen Mann ...«, knallte er laut der Länge nach auf den Boden. Zuerst dachte ich, er wäre tot, aber dann merkte ich, daß er durch den offenstehenden Mund schnaufte. Ich kniete mich neben ihn und schüttelte ihn, dabei rief ich: »Aufwachen, Mr. O'Sullivan!« Aber nichts dergleichen geschah.

Mit einem Blick der Verzweiflung heulte ich Marilyn an: »Was für ein toller Hochzeitstag!« Doch sie lehnte an der Wand und hielt sich den Bauch vor Lachen. Da fand ich, daß wir angesichts der absurden Szene ruhig etwas Spaß haben konnten, und setzte noch eins drauf. »Glück muß man haben! Mein lieber Bräutigam fällt vor dem Altar in Ohnmacht.«

Beide Hände auf die Knie gestützt, beugte sich die Standesbeamtin zu meinem Bräutigam herunter und musterte ihn über den Rand ihrer schmalen Lesebrille hinweg. »Kommt er wieder zu sich?«

»Woher zum Teufel soll ich denn das wissen?« hätte ich sie am liebsten angebrüllt, aber ich merkte noch rechtzeitig, daß ich damit alles verraten hätte. »Wach auf, mach schon, WACH ENDLICH AUF!« Inzwischen war ich dazu übergegangen, ihm klatschende Ohrfeigen zu versetzen. »Bitte, kann mir jemand etwas Wasser bringen? So tut doch *was*!« bat ich, ohne mir das Lachen verkneifen zu können. Die Standesbeamtin reichte mir ein Glas Wasser, und ich kippte es dem alten Mann ins Gesicht.

»Uahh ...«, er prustete und grunzte, bis er schließlich die Augen öffnete. Mit Ziehen und Zerren halfen wir ihm auf die Beine.

»Himmel, machen wir weiter«, murmelte ich, weil ich Angst hatte, daß er gleich wieder umkippen würde. Ich hielt den Arm meines Liebsten mit eisernem Griff, bis die Zeremonie zu Ende war. Draußen auf dem Gehsteig fragte mich Mr. O'Sullivan dann nach den hundertfünfzig Pfund und gab mir seine Adresse, falls ich irgendwelche Probleme bekommen sollte. Ein Liedchen auf den Lippen und mein letztes

Geld in der Tasche schwankte er unsicheren Schrittes davon.

Eine Woche später rief Harold Wheeler höchstpersönlich an, um mich zu informieren, daß mein Reisepaß jetzt vorliege; fröhlich lief ich zu seiner Kanzlei, um ihn abzuholen. Er überreichte mir das Dokument, einen irischen Reisepaß auf den Namen Waris O'Sullivan mit meinem schwarzen Konterfei. Ich war zwar keine Expertin für Reisedokumente, doch in meinen Augen wirkte das Ding ein bißchen sonderbar. Nein, nicht nur ein bißchen, es wirkte *sehr* merkwürdig. Irgendwie schäbig, als hätte es jemand heimlich im Keller gedruckt. »Das soll er sein? Ich meine, das ist ein echter Reisepaß? Ich kann damit reisen?«

»Oh, ja.« Wheeler nickte nachdrücklich. »Irisch, wie Sie sehen. Ein irischer Reisepaß.«

»Mmmh.« Ich drehte ihn um und musterte die Rückseite, dann blätterte ich ihn durch. »Na ja, wen kümmert's, wie er aussieht, solange er seinen Zweck erfüllt?«

Ich mußte nicht lange rätseln, ob mein Paß wohl einer Überprüfung standhalten würde. Meine Agentur hatte Termine in Paris und Mailand für mich vereinbart, und ich beantragte die nötigen Visa. Doch schon ein paar Tage später erhielt ich einen Brief. Als mein Blick auf den Absender fiel, wurde mir ganz flau im Magen. Der Brief kam von der Einwanderungsbehörde und enthielt eine Vorladung. Nachdem ich im Geist kurz die verrücktesten Möglichkeiten durchgespielt hatte, war mir klar, daß mir nichts anderes übrigblieb, als der Aufforderung nachzukommen. Ich wußte durchaus, daß die Leute dort befugt waren, mich auf der Stelle abzuschieben – oder ins Gefängis zu schicken. Good-bye London, adieu Paris, arrivederci Mailand. Tschüs, Modelkarriere. Hallo, Kamele.

Am Tag, nachdem ich den Brief erhalten hatte, fuhr ich mit der U-Bahn von Frankies Haus zur Einwanderungsbehörde, und während ich in dem riesigen Verwaltungsgebäude umherirrte, hatte ich das Gefühl, als ob ich zu meiner eigenen Beerdigung ginge. Als ich schließlich das richtige Büro gefunden hatte, blickte ich in so strenge Gesichter, wie ich sie noch nie gesehen hatte. »Setzen Sie sich«, befahl ein Mann mit steinerner Miene. In einem völlig abgeschotteten Raum wurde ich dann in die Zange genommen. »Wie heißen Sie? Wie lautete Ihr Name vor Ihrer Heirat? Woher stammen Sie? Wie sind Sie an diesen Reisepaß gekommen? Wie heißt der Vermittler? Wieviel haben Sie ihm bezahlt?« Ich wußte – die kleinste falsche Antwort, und die gute alte Waris würde in Handschellen abgeführt. Bis dahin notierten die Beamten der Behörde jedes Wort, das ich sagte. Also vertraute ich meinem Gefühl und gab so wenig wie möglich preis. Wenn ich Zeit schinden wollte, um mir eine Antwort auszudenken, verließ ich mich auf mein schauspielerisches Talent und gab vor, aufgrund der Sprachbarriere nur Bruchteile verstanden zu haben.

Die Einwanderungsbehörde zog meinen Reisepaß ein und teilte mir mit, daß ich ihn wiederbekäme, wenn ich zusammen mit meinem Ehemann zu einer neuerlichen Befragung erschienen sei – nicht gerade das, was ich zu hören wünschte. Doch letztlich schaffte ich es, das Büro zu verlassen, ohne den Namen Harold Wheelers genannt zu haben. Denn wenn ich mein Geld von diesem Dieb zurückhaben wollte, mußte ich ihn in die Finger kriegen, bevor die Behörde ihn erwischte, oder meine zweitausend Pfund wären futsch.

Gleich von der Einwanderungsbehörde aus marschierte ich schnurstracks zu Wheelers piekfeiner Kanzlei und klingelte. Der Sekretärin sagte ich über die Haussprechanlage, daß Waris Dirie dringend Mr. Wheeler zu sprechen wünsche. Doch überraschenderweise war Mr. Wheeler nicht im Haus, und sie weigerte sich, mir aufzumachen. Tag für Tag stand ich nun vor seiner Kanzlei und brüllte durch den Hörer, aber die treu ergebene Sekretärin schützte den Mistkerl. Nun verlegte ich mich aufs Detektivspielen; den ganzen Tag beobachtete ich aus einem Versteck seine Kanzlei, um mich bei seinem Erscheinen sofort auf ihn zu stürzen. Aber Harold Wheeler war und blieb verschwunden.

Mittlerweile wurde es Zeit, der Einwanderungsbehörde Mr. O'Sullivan vorzustellen. Er lebte in Croydon, südlich von London, in einem Viertel, in dem auch viele Somalis wohnten. Ich fuhr so weit wie möglich mit dem Zug, mußte aber den Rest der Strecke mit dem Taxi zurücklegen, weil Croydon nicht an das Bahnnetz angebunden war. Während ich allein die Straße entlangging, schielte ich immer wieder über die Schulter, mir war es hier ganz und gar nicht geheuer. Endlich hatte ich die Adresse gefunden, ein schäbiges Mietshaus. Ich klopfte. Keine Antwort. Ich ging um das Haus herum und versuchte, durchs Fenster zu spähen, konnte aber nichts erkennen. Wo steckte er nur, wo hielt er sich wohl tagsüber auf, überlegte ich. Klar – die Kneipe. Ich marschierte wieder los und steuerte den nächsten Pub an, wo ich Mr. O'Sullivan tatsächlich an der Theke sitzen sah. »Erinnern Sie sich an mich?« fragte ich. Der alte Mann linste über die Schulter, drehte sich aber gleich wieder weg und starrte die Schnapsflaschen hinter der Theke an. *Schnell, Waris, denk nach.* Ich mußte ihm die Nachricht überbringen und ihn bitten, mich zur Einwanderungsbehörde zu begleiten, worauf er sicher nicht scharf war. »Die Geschichte ist die, Mr. O'Sullivan: Die Einwanderungsbehörde hat mir meinen Reisepaß abgenommen. Die Leute dort wollen mit Ihnen sprechen, Ihnen einfach ein paar Fragen stellen, ehe sie ihn mir wiedergeben. Die wollen sich vergewissern, daß wir wirklich verheiratet sind, verstehen Sie? Ich kann diesen verdammten Anwalt nicht auftreiben – er ist wie vom Erdboden verschluckt, und sonst kann mir niemand helfen.« Er stierte immer noch geradeaus, trank einen Schluck Whisky und schüttelte den Kopf. »Hören Sie, ich habe Ihnen *zweitausend Pfund* gegeben, damit ich diesen Reisepaß kriege!«

Das ließ ihn aufhorchen. Er drehte sich um und starrte mich mit offenem Mund an. »Du hast mir hundertfünfzig gegeben, Schätzchen«, sagte er, baß erstaunt. »Ich habe noch nie in meinem Leben zweitausend Pfund in der Tasche gehabt, oder glaubst du, ich würde sonst in Croydon rumhängen?«

»Ich habe aber Harold Wheeler zweitausend Pfund für Sie gegeben, damit Sie mich heiraten!«

»Na, davon hat er mir nichts abgegeben. Wenn du blöd genug warst, dem Kerl zweitausend Pfund in den Rachen zu schmeißen, bist du selber schuld – das ist nicht mein Bier.« Ich hörte nicht auf zu betteln, ich flehte ihn an, mir zu helfen, aber er blieb ungerührt. Obwohl ich ihm versprach, mit ihm in einem Taxi zur Einwanderungsbehörde zu fahren, so daß er nicht einmal den Zug nehmen mußte, blieb er weiter auf seinem Barhocker kleben.

Ich überlegte fieberhaft, wie ich ihn wohl anspornen konnte, und bot an: »Hören Sie, ich bezahle Sie dafür. Ich gebe Ihnen noch mehr Geld. Wenn wir in der Einwanderungsbehörde waren, fahren wir in den Pub, und Sie können auf meine Kosten trinken, soviel Sie wollen.« Das weckte skeptisches Interesse, er drehte sich zu mir um und hob zweifelnd die Augenbrauen. *Du hast ihn gleich soweit, Waris.* »Whisky ohne Ende – so viele Gläser, wie der Länge nach auf die Theke passen. In Ordnung? Ich hole Sie morgen zu Hause ab, und wir fahren mit dem Taxi nach London. Es dauert nur ein paar Minuten, ein paar kurze Fragen – und dann geht's schnurstracks in den Pub. Okay?« Er nickte und starrte wieder die Bourbon-Flaschen hinter der Theke an.

Am nächsten Vormittag machte ich mich erneut auf den Weg nach Croydon und klopfte an die Tür des alten Mannes. Wieder keine Antwort. Und so ging ich die menschenleere Straße hinunter und in den Pub, doch dort war nur der Barkeeper, der mit einer weißen Schürze bekleidet eine Tasse Kaffee trank und die Zeitung las. »Haben Sie heute schon Mr. O'Sullivan gesehen?«

Er schüttelte den Kopf. »Noch zu früh für ihn, Kleine.« Also ging ich rasch zu dem Haus des Pennbruders zurück und hämmerte gegen die Tür. Doch auch jetzt öffnete niemand, und so setzte ich mich auf die Vordertreppe, die nach Urin stank, und hielt mir die Nase zu. Während ich dort saß und über meine nächsten Schritte nachdachte, kamen zwei nicht sehr freundlich aussehende Typen Mitte zwanzig auf mich zu und bauten sich vor mir auf.

»Wer bist denn du?« knurrte mich der eine an. »Und warum hockst du auf der Treppe von meinem Alten?«

»Oh, hallo«, erwiderte ich freundlich. »Vielleicht wissen Sie es nicht, aber ich bin mit Ihrem Vater verheiratet.«

Die beiden starrten mich an, und der größere brüllte: »Was? Wovon zum Teufel quatschst du da?«

»Hören Sie, ich stecke in der Klemme und brauche die Hilfe Ihres Vaters. Er soll mich lediglich in die Stadt in dieses Amt begleiten und dort ein paar Fragen beantworten. Man hat mir meinen Paß abgenommen, und ich muß ihn wiederhaben, deshalb ...«

»Verpiß dich, du Schlampe.«

»Moment mal! Ich habe dem alten Herrn mein ganzes Geld gegeben«, sagte ich und zeigte auf die Tür, »und ich werde nicht ohne ihn gehen.« Doch sein Sohn war anderer Meinung. Er zog einen Prügel aus der Jacke und schwang ihn drohend, als ob er mir den Schädel einschlagen wollte.

»Ach ja? Na, das wollen wir mal sehen. Uns hier

zu verarschen, das Maul aufreißen und Lügen verbreiten ...« Sein Bruder lachte breit grinsend und gab dabei den Blick auf etliche Zahnlücken frei. Das reichte mir. Diese Kerle hatten nichts zu verlieren. Sie konnten mich hier auf der Treppe totschlagen, und keine Menschenseele würde es sehen, geschweige denn kümmern. Also sprang ich schnell auf und rannte los. Sie hetzten mich ein paar Häuserblocks weit, blieben dann aber stehen, zufrieden, daß sie mich verjagt hatten.

Als ich an diesem Tag nach Hause kam, beschloß ich, trotz allem wieder nach Croydon zu fahren, und zwar so lange, bis ich den alten Mann aufgetrieben hatte. Mir blieb ja keine andere Wahl. Zu diesem Zeitpunkt lebte ich nicht nur mietfrei bei Frankie, er bezahlte auch sämtliche Lebensmittel. Außerdem borgte ich mir von meinen anderen Freunden immer wieder Geld für die verschiedensten Ausgaben, das konnte so nicht weitergehen. Ich hatte all meine Ersparnisse diesem Betrüger in den Rachen geworfen, der sich als Fachanwalt für Einwanderungsfragen ausgab, und ohne Paß konnte ich nicht arbeiten. Was hatte ich also zu verlieren? Ein paar Zähne vielleicht, wenn ich nicht aufpaßte, aber ich sagte mir, daß ich einfach cleverer sein mußte als diese Schlägertypen, das konnte doch nicht allzu schwer sein.

Am nächsten Nachmittag fuhr ich also wieder nach Croydon und streifte unauffällig durch das Viertel, wobei ich darauf achtete, nicht vor dem Haus des alten Mannes stehenzubleiben. Gerade als ich in einem kleinen Park eine Verschnaufpause einlegte, kam mit einem Mal Mr. O'Sullivan höchstpersönlich vorbei. Aus mir unbekanntem Grund war er bester Laune und freute sich, mich zu sehen. Er zeigte sich sogleich bereit, mit mir in ein Taxi zu steigen und nach London zu fahren. »Du zahlst für mich, Mädchen?« Ich nickte. »Und dann spendierst du uns ein Gläschen, ja?«

»Ich spendier Ihnen so viele Gläschen, wie Sie wollen, sobald wir alles hinter uns haben. Aber zuerst müssen Sie sich einigermaßen normal verhalten, wenn Sie mit den Leuten von der Einwanderungsbehörde sprechen. Das sind echte Mistkerle, müssen Sie wissen. *Danach* gehen wir dann in den Pub ...«

In der Einwanderungsbehörde warf der Beamte nur einen kurzen Blick auf Mr. O'Sullivan und meinte dann mit grimmiger Miene: »Das ist Ihr Ehemann?«

»Ja.«

»Okay, Mrs. O'Sullivan, Schluß mit den Spielchen. Rücken Sie heraus mit Ihrer Geschichte.« Ich seufzte, aber mir war klar, daß es keinen Sinn hatte, diese schlechte Komödie weiterzuführen. Und so schüttete ich ihm mein Herz aus und erzählte ihm alles – über meine Modelkarriere, Harold Wheeler, meine angebliche Ehe. Die Beamten waren sehr an Mr. Wheeler interessiert, und ich gab ihnen alle Informationen über ihn, die ich besaß, einschließlich seiner Adresse. »Wir melden uns wegen Ihres Reisepasses, sobald wir unsere Untersuchung abgeschlossen haben, das wird in ein paar Tagen der Fall sein.« Damit waren wir entlassen.

Draußen auf der Straße wollte Mr. O'Sullivan sofort in den Pub. »Sie wollen Geld? Okay. Hier ...«

Ich zog meine letzten zwanzig Pfund aus der Tasche. »Und jetzt verschwinden Sie. Ich kann Ihren Anblick nicht mehr ertragen.«

»Das ist alles?« Mr. O'Sullivan wedelte mit dem Geldschein vor mir herum. »Mehr kriege ich nicht?« Ich machte auf dem Absatz kehrt und ließ ihn einfach stehen. »Hure!« brüllte er mir nach und machte einige obszöne Gesten. »Du verdammte Hure!« Passanten drehten sich um und starrten mich an. Wahrscheinlich wunderten sie sich, warum ich die Hure sein sollte, schließlich hatte doch ich *ihn* bezahlt.

Ein paar Tage später rief die Einwanderungsbehörde an und forderte mich auf, erneut bei ihnen zu erscheinen. Sie würden zwar gegen Harold Wheeler ermitteln, sagten sie, aber bisher hätten sie noch nicht viel gegen ihn in der Hand. Der Aussage seiner Sekretärin nach halte er sich in Indien auf, und es sei ungewiß, wann er zurückkomme. Bis dahin würde man mir jedoch einen auf zwei Monate befristeten Reisepaß ausstellen. Das war mein erster Erfolg in diesem ganzen Schlamassel, und ich schwor mir, das beste aus diesen zwei Monaten zu machen.

Zuerst wollte ich nach Italien reisen, überlegte ich mir, weil ich ein bißchen Italienisch konnte, ich hatte schließlich in einer ehemaligen italienischen Kolonie gelebt. Zwar bestanden meine Sprachkenntnisse, ehrlich gesagt, vor allem aus Mamas Flüchen, aber die konnten mir durchaus zupaß kommen. Ich fuhr also nach Mailand, eine herrliche Stadt, und arbeitete bei den Modeschauen auf dem Laufsteg. Dabei lernte ich Julie kennen, die ebenfalls als Model arbeitete. Sie war groß, hatte blondes, schulterlanges Haar und eine traumhafte Figur; hauptsächlich führte sie Dessous vor. Als wir zusammen Mailand erkundeten, hatten wir so viel Spaß miteinander, daß wir uns nach dem Ende der Modeschauen entschlossen, weiterzureisen und in Paris unser Glück zu versuchen.

Diese zwei Monate waren eine wundervolle Zeit für mich, ich lernte neue Orte und neue Menschen kennen und aß viele mir bis dahin unbekannte Gerichte. Auch wenn ich dabei nicht das große Geld verdiente, reichte es doch, um durch Europa zu reisen. Als dann auch in Paris die Präsentationen zu Ende gingen, kehrten Julie und ich gemeinsam nach London zurück.

Kaum dort angekommen, traf ich einen New Yorker Agenten, der in England neue Gesichter suchte. Er drängte mich, in die Staaten zu kommen, und versicherte mir, daß er mir dort jede Menge Arbeit beschaffen könne. Natürlich war ich ziemlich scharf darauf, weil ich schon oft gehört hatte, daß New York als das lukrativste Pflaster galt – vor allem für schwarze Models. Während meine Agentur die Vereinbarungen traf, beantragte ich ein Visum für die Vereinigten Staaten.

Doch nach einer kurzen Durchsicht meiner Papiere nahm die amerikanische Botschaft unverzüglich Kontakt zur britischen Einwanderungsbehörde auf. Der Briefwechsel gipfelte in der Ankündigung, daß ich binnen dreißig Tagen aus England nach Somalia abgeschoben würde. Tränenüberströmt rief ich meine Freundin Julie an, die bei ihrem Bruder in Cheltenham wohnte.

»Ich stecke in der Patsche ... und zwar bis zum

Hals. Für mich ist es aus und vorbei. Ich muß zurück nach Somalia.«

»Oh, Waris, nein! Hör mal, komm doch ein paar Tage her und ruh dich bei uns aus. Du kannst den Zug nehmen, Cheltenham liegt nur ein paar Stunden von London entfernt, und es ist wunderschön hier. Es wird dir guttun, mal eine Weile auf dem Land zu leben, und vielleicht fällt uns ja etwas ein.«

Julie holte mich vom Bahnhof ab, und wir fuhren durch das samtene Grün der englischen Landschaft zu ihr nach Hause. Als wir im Wohnzimmer saßen, kam ihr Bruder Nigel herein, ein großer und sehr blasser junger Mann mit langem, feinem blonden Haar, die Vorderzähne und Fingerspitzen vom Nikotin gelb verfärbt. Er brachte uns Tee und saß dann kettenrauchend mit uns zusammen, während ich die alptraumhafte Geschichte von meinen Paßschwierigkeiten samt ihrem traurigen Ende erzählte.

Mit verschränkten Armen lehnte sich Nigel in seinem Sessel zurück und sagte: »Mach dir keine Sorgen, ich werde dir helfen.«

Verblüfft von diesem Angebot eines jungen Mannes, den ich kaum eine halbe Stunde kannte, fragte ich: »Wie willst du das anstellen? Wie könntest du mir helfen?«

»Ich werde dich heiraten.«

Doch ich schüttelte den Kopf. »Oh, nein, das habe ich schon hinter mir. Das hat mir die Suppe ja erst eingebrockt. Nein, das mache ich nicht noch einmal durch, davon habe ich die Nase voll. Ich pack' das nicht. Ich will zurück nach Afrika, zu meiner Familie, wo ich mich auskenne, und glücklich und zufrieden leben. Hier in diesem verrückten Land kapiere ich überhaupt nichts. Alles hier ist Chaos und Wahnsinn. Ich geh' zurück.«

Nigel sprang auf und rannte nach oben. Als er zurückkam, hatte er die *Sunday Times* mit meinem Bild auf der Titelseite in der Hand – dabei war die Ausgabe doch schon vor über einem Jahr erschienen, also lange bevor ich Julie überhaupt kannte. »Wo hast du denn die her?« fragte ich.

»Ich habe sie aufgehoben, weil ich gewußt habe, daß ich dich eines Tages kennenlerne.« Er zeigte auf das Porträt, auf mein Auge. »An dem Tag, als ich dieses Bild zum erstenmal sah, hattest du hier eine Träne im Auge, andere liefen dir über die Wangen. Ich habe dein Gesicht gesehen und gewußt, daß du weinst und Hilfe brauchst. Allah hat mir gesagt ... Allah hat gesagt, es sei meine Pflicht, dich zu retten.«

Auweia. Mit großen Augen starrte ich ihn an und dachte: *So ein hirnrissiger Idiot. Er ist es, der von uns beiden Hilfe braucht.* Doch natürlich gelang es Nigel und Julie im Lauf des Wochenendes, mich davon zu überzeugen, daß ich Nigels Angebot annehmen sollte. Warum denn nicht? Was für eine Zukunft hatte ich denn schon in Somalia? Was erwartete mich dort? Meine Ziegen und Kamele? Und so stellte ich Nigel schließlich die Frage, die ständig in meinem Kopf herumgeisterte: »Was verlangst du denn als Gegenleistung? Was hast du davon, wenn du mich heiratest und dich diesen ganzen Schwierigkeiten aussetzt?«

»Ich habe es dir schon gesagt, ich will nichts dafür. Allah hat mich dir gesandt.« Nun versuchte ich, ihm klarzumachen, daß es nicht ganz einfach war, mich zu heiraten. Es reichte nicht, einfach zum Standesamt zu gehen und das Jawort zu geben. Ich war schließlich bereits verheiratet.

»Na, du kannst dich doch scheiden lassen, und wir erzählen diesen Behördentypen, daß wir heiraten wollen«, überlegte Nigel. »Dann werden sie dich nicht abschieben. Ich werde dich begleiten. Schließlich bin ich britischer Staatsbürger, da können sie nicht einfach ›nein‹ sagen. Weißt du, du tust mir halt leid, deshalb will ich dir helfen. Ich werde tun, was in meinen Kräften steht.«

Julie setzte hinzu: »Wenn er dir helfen kann, Waris, warum es dann nicht probieren? Du hast doch nichts zu verlieren, also ist es einen Versuch wert.« Nachdem sie mehrere Tage auf mich eingeredet hatten, sagte ich mir, daß sie immerhin meine Freundin war und Nigel ihr Bruder. Ich wußte, wo er wohnte, und konnte ihm trauen. Julie hatte recht: Es war einen Versuch wert.

Und so heckten wir einen Plan aus: Da ich keine Lust hatte, nochmals allein Mr. O'Sullivans Nachwuchs zu begegnen, würde mich Nigel begleiten und ihn von einer Scheidung überzeugen. Vermutlich würde der Alte – wie immer – Geld haben wollen, überlegte ich, bevor er in irgend etwas einwilligte. Ich seufzte, schon der bloße Gedanke raubte mir alle Kraft. Aber meine Freundin und ihr Bruder drangen weiter in mich, und schließlich sah ich die ganze Sache in rosigerem Licht. »Los, gehen wir«, meinte Nigel. »Wir setzen uns in meinen Wagen und fahren gleich runter nach Croydon.«

In dem Viertel, in dem der alte Mann wohnte, erklärte ich Nigel den Weg zu der Wohnung. »Paß auf dich auf«, warnte ich ihn während der Fahrt. »Diese Typen, seine Söhne, das sind Wahnsinnige. Ich habe wirklich Angst, aus dem Auto zu steigen.« Doch Nigel lachte nur. »Ich meine es ernst. Sie haben mich verfolgt und versucht zu schlagen, sie sind nicht richtig im Kopf. Wir müssen vorsichtig sein.«

»Ach, Waris, stell dich nicht so an. Wir sagen dem alten Mann einfach nur, daß du dich scheiden lassen willst. Das ist doch keine große Sache.«

Als wir bei Mr. O'Sullivans Haus eintrafen, war es bereits später Nachmittag. Wir parkten direkt davor, und während Nigel an die Tür klopfte, sah ich die ganze Zeit hinter mich und ließ die Straße nicht aus dem Auge. Niemand öffnete, aber ich hatte bereits damit gerechnet, daß wir in dem Pub an der Ecke suchen mußten.

Nigel jedoch meinte: »Laß uns mal ums Haus herumgehen und durchs Fenster schauen, vielleicht ist er ja doch daheim.« Im Gegensatz zu mir war er groß genug dazu. Doch nachdem er erfolglos in mehrere Fenster gespäht hatte, sah er mich verwirrt an. »Irgend etwas stimmt da nicht.« *Oh, Junge,* schoß es mir durch den Kopf, *jetzt begreifst du's endlich. Ich habe dieses Gefühl jedesmal, wenn ich mit dem alten Widerling zu tun habe.*

»Was meinst du damit: ›Etwas stimmt da nicht‹?«

»Ich weiß auch nicht genau ... nur so ein Gefühl ... vielleicht, wenn ich hier durchs Fenster steige ...« Mit der Handfläche versuchte er, eins der Fenster zu öffnen.

Da kam eine Frau aus dem Nachbarhaus und rief: »Wenn Sie zu Mr. O'Sullivan wollen, den haben wir schon seit Wochen nicht mehr gesehen.« Sie verschränkte die Arme über der Schürze und beobachtete unsere Bemühungen. Schließlich gelang es Nigel, das Fenster einen Spalt aufzudrücken, und ein entsetzlicher Gestank drang heraus. Ich hielt mir Mund und Nase zu und wandte mich ab, während Nigel durch den Spalt hineinspähte. »Er ist tot ... ich kann ihn da am Boden liegen sehen ...«

Wir baten die Nachbarin, einen Krankenwagen zu rufen, sprangen ins Auto und brausten los. Ich sage es nicht gerne, aber ich war ungeheuer erleichtert.

Kurz nachdem wir den verwesenden Leichnam von Mr. O'Sullivan in der Küche entdeckt hatte, waren Nigel und ich auch schon verheiratet. Die britischen Behörden hatte ihre Bestrebungen, mich abzuschieben, aufgegeben, machten aber keinen Hehl daraus, daß sie meine Ehe für eine Scheinehe hielten. Was sie natürlich auch war. Daher kamen Nigel und ich überein, es wäre das beste, wenn ich bis zur Ausstellung meines Passes bei ihm in Cheltenham, in den Cotswold Hills westlich von London, wohnen würde.

Nachdem ich inzwischen sieben Jahre in Städten gelebt hatte, zuerst in Mogadischu, dann in London, hatte ich beinahe vergessen, wie sehr ich die Natur liebte. Auch wenn sich die grasgrüne, von Äckern und Seen durchsetzte Landschaft grundlegend von der Wüste Somalias unterschied, genoß ich es sehr, ins Freie zu können, anstatt in Hochhäusern und fensterlosen Ateliers eingesperrt zu sein. Endlich konnte ich wieder einigen meiner Lieblingsbeschäftigungen aus meiner Nomadenzeit nachgehen: Laufen, Umherstreifen, Sammeln wilder Pflanzen und Pinkeln im Gebüsch. Hin und wieder sah man meinen schwarzen Po hinter einem Busch hervorlugen.

Nigel und ich hatten getrennte Schlafzimmer, wir lebten zusammen wie in einer Wohngemeinschaft und nicht wie Mann und Frau. Unsere Abmachung lautete, daß er mich heiraten würde, damit ich einen Reisepaß bekam, und obwohl ich ihm finanzielle Unterstützung anbot, als ich endlich Geld verdiente, lehnte er jede Gegenleistung beharrlich ab. Es sei ihm Lohn genug, daß er Allahs Weisung folgen könne und einem Menschen in Not helfen dürfe.

Eines Morgens stand ich schon gegen sechs Uhr auf, weil ich nach London zu einem Casting mußte. Ich ging hinunter in die Küche und setzte Kaffeewasser auf, während Nigel noch in seinem Zimmer schlief. Gerade als ich mir die gelben Gummihandschuhe übergezogen und angefangen hatte, das Geschirr zu spülen, klingelte es an der Tür.

Mit tropfnassen Handschuhen öffnete ich und stand zwei Männern mit ernsten, grauen Gesichtern in grauen Anzügen gegenüber. Unterm Arm trugen sie schwarze Aktentaschen. »Mrs. Richards?«

»Ja?«

»Ist Ihr Mann da?«

»Ja, er ist oben.«

»Lassen Sie uns bitte herein. Wir kommen im Auftrag der Einwanderungsbehörde.« Als ob sonst noch irgend jemand mit so verbiesterter Miene herumlaufen würde.

»Nur herein, treten Sie ein ... möchten Sie vielleicht einen Kaffee? Setzen Sie sich, ich rufe ihn.« Die Männer nahmen in Nigels bequemen Wohnzimmersesseln Platz, vermieden es aber, sich zurückzulehnen. »Liebling«, rief ich zuckersüß. »Komm doch bitte mal runter. Wir haben Besuch.«

Verschlafen und mit zerzaustem Haar stieg Nigel die Treppe herunter. »Hallo.« Ein Blick genügte, und er wußte, wen er vor sich hatte. »Was kann ich für Sie tun?«

»Nun, wir möchten Ihnen ein paar Fragen stellen. Zuerst wollen wir uns vergewissern, daß Sie mit Ihrer Frau zusammenleben. Leben Sie denn zusammen?«

An Nigels angeekeltem Gesichtsausdruck konnte ich erkennen, daß die Sache spannend zu werden begann, und lehnte mich abwartend an die Wand. Er fauchte: »Wie sieht es denn in Ihren Augen aus?«

Die beiden Beamten blickten sich nervös im Zimmer um. »Mmmh. Ja, Sir, Wir glauben Ihnen, aber wir müssen uns noch im Haus umschauen.«

Da verdüsterte sich Nigels Miene, hinter seiner gerunzelten Stirn braute sich etwas zusammen. »O nein. Sie werden nicht bei mir im Haus herumschnüffeln. Mir ist egal, wer Sie sind. Das ist meine Frau, wir leben zusammen, das ist offensichtlich. Sie schneien hier unangemeldet herein, wir haben nicht mit Ihnen gerechnet und uns etwa vorbereitet oder so, also verschwinden Sie wieder!«

»Mr. Richards, es besteht kein Grund, wütend zu werden. Das Gesetz verlangt ...«

»Treibt mich nicht zum Wahnsinn!!!« *Haut ab,*

Jungs, so schnell ihr könnt. Statt dessen blieben sie wie angewurzelt in ihren Sesseln sitzen, auf ihren teigigen Gesichtern machte sich Erstaunen breit. »Raus aus meinem Haus! Falls Sie jemals wieder hier auftauchen sollten, hole ich mein Gewehr und schieße Sie über den Haufen. Ich würde ... würde sterben für sie«, sagte er und zeigte dabei auf mich.

Ich schüttelte nur den Kopf und dachte, *der Kerl spinnt ja. Er ist wirklich total verknallt in mich, da habe ich mir was Schönes aufgehalst. Was zum Teufel tue ich hier eigentlich? Ich hätte nach Afrika zurückgehen sollen, das wäre besser gewesen.*

Nachdem ich ein paar Monate in seinem Haus gewohnt hatte, schlug ich einmal vor: »Nigel, warum machst du dich nicht zurecht, kaufst dir ein paar anständige Schuhe und legst dir eine Freundin zu? Laß mich dir helfen.«

Und er antwortete. »Eine Freundin? Ich will keine Freundin. Um Himmels willen, ich habe schließlich eine Frau, was soll ich da mit einer Freundin?«

Als er das sagte, wurde ich fuchsteufelswild. »Steck deinen verdammten Schädel in die Kloschüssel und spül ihn runter, du Irrer! Mann, wach endlich auf und verschwinde aus meinem Leben! Ich liebe dich nicht! Wir haben eine Abmachung getroffen, du wolltest mir helfen, gut. Aber ich kann für dich nicht sein, was du ihn mir siehst. Ich kann nicht so tun, als ob ich dich liebe, nur damit du glücklich bist.« Doch Nigel hatte sich aus unserer gemeinsamen Abmachung seine eigene Version zurechtgebastelt. Als er mit knallrotem Kopf die Beamten beschimpfte, die uns zu Hause überprüfen wollten, hatte er die Wahrheit herausgeschrien. Für ihn stimmte jedes Wort. Und daß ich von ihm abhängig war, machte die Sache noch komplizierter. Außerdem schätzte ich ihn als Freund und war ihm dankbar für seine Hilfe. Trotzdem schwärmte ich kein bißchen für ihn und hätte ihn wirklich am liebsten erwürgt, als er anfing, mich als liebendes Eheweib und persönliches Eigentum zu behandeln. Ich merkte rasch, daß ich mich verdrücken sollte, und zwar je schneller, desto besser. Sonst bekäme ich noch genauso einen Schlag wie Nigel.

Aber mein Dilemma mit dem Reisepaß war noch immer nicht gelöst. Und kaum merkte Nigel, daß ich von ihm abhängig war, stellte er Forderungen und schraubte sie immer höher. Er wurde geradezu besessen von meiner Person – wo ich gewesen sei, mit wem zusammen, was ich dort getan habe? Ständig bettelte er um meine Liebe, doch je mehr er mich anflehte, um so mehr verabscheute ich ihn. Hin und wieder hatte ich einen Auftrag in London oder besuchte Freunde. Ich nutzte jede Gelegenheit, Nigel zu entfliehen, damit ich nicht auch noch verrückt wurde.

Doch das Zusammenwohnen mit einem so offensichtlich Irren machte es mir schwer, einen klaren Kopf zu behalten. Es zerrte an meinen Nerven, daß ich immer noch keinen Reisepaß besaß – meinen Fahrschein in die Freiheit. Eines Tages auf dem Weg nach London stand ich am Bahnsteig und spürte plötzlich das überwältigende Bedürfnis, mich vor die einfahrende Lok zu werfen. Während der Zug immer lauter wurde und mir die kühle Bö des Fahrtwinds durchs Haar fuhr, überlegte ich, wie es sich wohl anfühlen würde, wenn diese vielen Tonnen Stahl meine Knochen zermalmten. Der Gedanke, mit einem Schlag all meine Sorgen los zu sein, war verführerisch, aber schließlich sagte ich mir: *Warum wegen diesem armseligen Wurm mein Leben wegwerfen?*

Man muß Nigel allerdings zugute halten, daß er nach einem Jahr geduldigen Wartens in die Einwanderungsbehörde marschierte und dort eine spektakuläre Szene hinlegte, an deren Ende ich einen befristeten Reisepaß ausgestellt bekam. »Meine Frau ist ein international gefragtes Model«, brüllte er. »Sie braucht zumindest einen befristeten Paß, um ihre Termine im Ausland wahrzunehmen.« Bumm! Er knallte meine Mappe mit den Probeaufnahmen auf den Schreibtisch. »Ich als Bürger dieses Landes bin bestürzt, wie Sie meine Frau behandeln ... ja, ich schäme mich zu sagen, daß dies mein Land ist. Und ich verlange, daß Sie die Angelegenheit auf der Stelle regeln!« Kurz nach diesem Auftritt wurde mein alter somalischer Paß eingezogen, und ich bekam ein befristetes Dokument zur Aus- und Einreise, das aber regelmäßig verlängert werden mußte. Darin stand: »Gültig für jedes Land, außer Somalia.« Etwas Niederschmetternderes hatte ich noch nie gelesen. In Somalia herrschte Krieg, und die britische Regierung wollte verhindern, daß ich, nun britische Staatsbürgerin, ein Land besuchte, das sich im Kriegszustand befand, während ich unter ihren Fittichen war. Sie waren für mein Wohlergehen verantwortlich. Doch als ich las: »Gültig für jedes Land, außer Somalia«, flüsterte ich leise: »O Gott, was habe ich getan? Ich kann nicht einmal mehr in meine Heimat zurück.« Nun stand ich wirklich allein in der Fremde.

Hätte man mir vorher gesagt, daß meine Entscheidung solche Konsequenzen haben würde, ich hätte erwidert: »Vergeßt es, gebt mir meinen somalischen Paß wieder.« Doch keiner hatte mit mir darüber gesprochen. Und nun war es für einen Rückzieher zu spät. Da ich nicht mehr nach Somalia konnte, blieb mir nur die Flucht nach vorn. Ich beantragte ein Visum für Amerika und buchte einen Flug nach New York – allein.

14. Der Durchbruch

Nigel beharrte darauf, daß er unbedingt mit mir nach New York kommen müsse. Er war zwar noch nie dort gewesen, wußte aber alles über die Stadt: »Da geht es völlig verrückt zu. Und du, Waris, weißt doch gar nicht, was du zu tun hast, wo du hingehen mußt – ohne mich bist du völlig aufgeschmissen. Außerdem bist du dort nicht sicher, so allein, ich werde dich beschützen.« Tja, aber wer beschützte mich vor Nigel? Eine seiner liebenswerteren Eigenschaften war es, daß er in einer Auseinandersetzung seine abstrusen Argumente endlos wiederholte. Egal, was man einwandte, er plapperte in einem fort immer wieder das gleiche, wie ein Papagei, bis man nachgab. Man konnte mit ihm nicht vernünftig reden. Aber diesmal lenkte ich nicht ein. Für mich war diese Reise meine große Chance, meine Zukunft. Und dabei ging es mir nicht nur um meine Karriere, sondern auch um einen persönlichen Neuanfang, weit weg von England, von Nigel und unserer verkorksten Beziehung.

Also traf ich 1991 allein in den Vereinigten Staaten ein, wo ich bei meinem New Yorker Agenten wohnte, der währenddessen bei Freunden unterkam. Sein Apartment lag im Village, im Herzen der aufregendsten Ecke von Manhattan. Außer einem großen Bett stand nicht viel drin, aber gerade diese Einfachheit gefiel mir.

Meine Agentur hatte bereits eine Menge Termine für mich arrangiert, ich war von der ersten Minute an gefragt wie nie zuvor – und verdiente Geld wie nie zuvor. Schon in der ersten Woche nach meiner Ankunft arbeitete ich jeden Tag, und ich beklagte mich nicht darüber, nachdem ich vier Jahre lang kaum einen Auftrag bekommen hatte.

Alles lief einfach großartig, bis ich eines Nachmittags bei einer Fotosession in der Pause die Agentur anrief, um die Termine für den nächsten Tag abzuklären. »Übrigens hat Ihr Mann angerufen«, sagte mein Agent. »Er ist bereits unterwegs und kommt heute abend zu Ihnen in die Wohnung.«

»Mein Mann ... haben Sie ihm etwa erzählt, wo ich wohne?«

»Mmmh, ja. Er hat gesagt, Sie wären vor Ihrer Abreise so hektisch gewesen, daß Sie ganz vergessen hätten, ihm Ihre Adresse zu geben. Ach, er war richtig süß. ›Ich will mich nur vergewissern, daß es ihr gut geht‹, hat er gesagt. ›Sie ist doch zum erstenmal in New York.‹« Ich knallte den Hörer auf die Gabel und holte erst einmal tief Luft. Es war doch nicht zu fassen! Diesmal war Nigel eindeutig zu weit gegangen. Der arme Kerl in der Agentur konnte nichts dafür, er wußte ja nicht, daß Nigel kein *richtiger* Ehemann war. Wie hätte ich ihm das auch erklären sollen? *Wissen Sie, wir sind zwar verheiratet und all das, aber es handelt sich um einen völlig Verrückten – ich habe ihn nur geheiratet, damit ich einen Reisepaß krie-*

ge, schließlich war ich illegal im Land, und man wollte mich schon nach Somalia abschieben. Kapiert? Und nun wegen meiner Termine morgen ... Wirklich beunruhigend daran war nur, daß ich tatsächlich rechtmäßig mit einem Verrückten verheiratet war.

Als ich an diesem Abend nach der Arbeit in die Wohnung ging, hatte ich einen Entschluß gefaßt. Wie angekündigt tauchte Nigel auf und klopfte an die Tür. Ich ließ ihn ein, doch noch bevor er seine Jacke ausziehen konnte, sagte ich ernst und sachlich: »Laß uns gehen. Ich führe dich zum Essen aus.« Sobald wir sicher unter Leuten waren, legte ich ihm die Sachlage dar: »Hör mal zu, Nigel. Ich kann dich nicht ausstehen. *Ich kann dich nicht ausstehen.* Du machst mich krank. Wenn du in der Nähe bist, kann ich nicht arbeiten, ja nicht einmal nachdenken. Ich bin gehemmt, angespannt und will einfach nur, daß du abhaust.« Mir war bewußt, daß meine Worte furchtbar für ihn waren, und es machte mir keinen Spaß, ihn zu quälen. Aber ich war verzweifelt. Wenn ich nur grausam und gemein genug zu ihm war, vielleicht begriff er dann endlich.

Nigel sah so traurig und jämmerlich aus, daß ich mich schuldig fühlte. »Okay, du hast deinen Standpunkt klargemacht. Ich hätte nicht kommen sollen. Morgen nehme ich den ersten Flug zurück.«

»Gut! Verschwinde! Wenn ich morgen von der Arbeit heimkomme, will ich dich nicht mehr in der Wohnung sehen. Schließlich bin ich ja nicht zum Vergnügen hier, ich arbeite. Da bleibt mir keine Zeit für solchen Unfug.« Aber als ich am nächsten Abend nach Hause kam, war er immer noch da. Teilnahmslos, einsam, elend saß er in der dunklen Wohnung und starrte aus dem Fenster – und machte keine Anstalten zu gehen. Als ich ihn anzuschreien begann, willigte er ein, am nächsten Tag zurückzufliegen. Doch am nächsten Tag war es das gleiche. Schließlich flog er tatsächlich nach London zurück, und ich dachte, *dem Himmel sei Dank, endlich habe ich ein bißchen Ruhe*. Weil ich kontinuierlich Aufträge bekam, blieb ich länger als geplant in New York. Nigel jedoch ließ mich nicht in Frieden. Ohne mein Wissen hatte er sich meine Kreditkartennummern besorgt und buchte auf meine Kosten noch zweimal einen Flug nach New York. Insgesamt kam er also dreimal – jedesmal eine unangenehme Überraschung.

Abgesehen von den absurden Szenen mit Nigel war alles andere in meinem Leben einfach himmlisch. Ich hatte viel Spaß in New York, lernte wichtige Leute kennen, und mit meiner Karriere ging es steil nach oben. Neben Werbeaufnahmen für Benetton und Levi's trat ich auch in einer Reihe von Werbespots für einen Juwelier, Pomellato, auf – in weißen afrikanischen Gewändern. Außerdem warb ich für Revlon und präsentierte später deren neues Parfüm Ajee. Der Slogan lautete: »Aus dem Herzen Afrikas kommt ein Duft, der das Herz einer jeden Frau erobert.« Alle diese Firmen bauten auf mein exotisches Aussehen, durch das ich mich von den anderen Models unterschied – und das in London ein Hindernis für meine Karriere gewesen war. Anläßlich der Oscar-Verleihung drehte Revlon einen speziellen Werbespot, in dem ich neben Cindy Crawford, Claudia

Schiffer und Lauren Hutton auftrat. Darin stellte und beantwortete jede von uns dieselbe Frage, was für sie als Frau revolutionär sei. Meine Antwort faßte meine bizarre Lebenserfahrung zusammen: »Ein Nomadenmädchen aus Somalia wird Revlon-Model.«

Später erschien ich als erstes schwarzes Model überhaupt in Anzeigen für Oil of Olaz. Ich trat in Musikvideos für Robert Palmer und Meat Loaf auf. Bald wurde ich von solchen Aufträgen förmlich überschüttet, und binnen kurzem war ich in den großen Modezeitschriften – *Elle*, *Allure* und *Glamour* – zu bewundern, außerdem in der italienischen und der französischen *Vogue*. Dabei arbeitete ich mit den besten Fotografen der Branche zusammen, auch mit dem legendären Richard Avedon. Trotz der Tatsache, daß er berühmter ist als die Models, die er fotografiert, ist Richard ein fröhlicher und bodenständiger Mann, und ich mag ihn sehr gern. Obwohl er über eine jahrzehntelange Berufserfahrung verfügt, fragte er mich stets nach meiner Meinung zu den Bildern. »Was hältst du davon, Waris?« Daß er mich nicht einfach überging, bedeutete mir sehr viel. Richard zählt ebenso wie mein erster berühmter Fotograf Terence Donovan zu den Männern, die ich hoch schätze.

Im Lauf der Jahre entwickelte ich eine Vorliebe für die Zusammenarbeit mit einigen bestimmten Fotografen.

Es klingt vielleicht wie ein Kinderspiel, den ganzen Tag nur zu fotografieren, doch je mehr Erfahrung ich sammelte, um so größere Qualitätsunterschiede nahm ich bei den Fotografen wahr – gerade aus meiner

Perspektive des Objekts heraus. Einem guten Modefotografen gelingt es, die individuellen Züge seines Models zu unterstreichen, anstatt ihr ein vorgefertigtes Image überzustülpen. Das schätze ich vielleicht jetzt, da ich älter geworden bin, um so mehr, weil ich nun mehr Wertschätzung für mich aufbringe und für das, was mich von meinen Kolleginnen unterscheidet. Wenn man als Schwarze in einer Branche arbeitet, in der fast alle einen Meter achtzig messen, seidiges Haar bis zu den Knien und eine porzellanweiße Haut haben, nimmt man eine Ausnahmestellung ein. Und ich habe mit Fotografen gearbeitet, die mittels Ausleuchtung, Make-up und mit Hilfe von Hairstylisten aus mir zu machen versuchten, was ich eben nicht bin. Das hat mir keinen Spaß gemacht, und ich war mit den Ergebnissen auch nie zufrieden. Wenn man Cindy Crawford haben will, soll man Cindy buchen, anstatt einer Schwarzen eine Langhaarperücke aufzusetzen und sie mit hellem Make-up zuzuschmieren, um dann einen merkwürdig dunklen Cindy-Crawford-Verschnitt posieren zu lassen. Viel Freude hat mir die Arbeit mit Fotografen immer dann gemacht, wenn diese die natürliche Schönheit der Frau herauszuarbeiten versuchten. Da hatten sie bei mir zweifellos ihre liebe Not, und ich bin ihnen dankbar für ihre Mühe.

Je größer meine Popularität wurde, desto mehr Aufträge bekam ich, und mein Terminkalender platzte beinahe, so viele Castings, Modenschauen und Fotosessions standen darin. Bei meiner Abneigung gegen das Tragen einer Uhr war es schwierig für mich, nicht den Überblick zu verlieren. Zwischen den Wolkenkratzern von Manhattan konnte man die Zeit ja nicht mittels Sonnenstand und Schattenwurf bestimmen wie früher in der Wüste. Folglich bekam ich eine Menge Schwierigkeiten, weil ich zu spät zu meinen Terminen erschien. Nachdem ich mich außerdem immer wieder am falschen Ort einstellte, merkte ich schließlich, daß ich an Dyslexie litt: Ich verdrehte ständig die Hausnummern der Adressen, die mir meine Agentur aufgeschrieben hatte. So stand ich dann anstatt vor Nummer 725 Broadway vor dem Haus 527 Broadway und wunderte mich, wo denn all die anderen steckten. Das war mir in London auch schon passiert, aber da ich in New York viel mehr Termine hatte, wurde mir erst dort klar, daß ich ein echtes Problem hatte.

Mit wachsender Erfahrung und größerem Selbstbewußtsein kristallisierte sich für mich allmählich heraus, daß ich am liebsten auf dem Laufsteg arbeitete. Zweimal im Jahr präsentieren die Modeschöpfer ihre neuen Kollektionen bei eigenen Modenschauen, zuerst zwei Wochen in Mailand, dann in Paris, es folgen London und New York. Meine Kindheit als Nomadin hatte mich auf dieses Leben bestens vorbereitet: Ich reiste mit leichtem Gepäck, fuhr der Arbeit hinterher, nahm, was mir das Leben zu bieten hatte, und machte das beste daraus.

Sobald die Saison in Mailand eröffnet wird, macht sich jede Frau und jedes Mädchen aus der Modelbranche dorthin auf, und auch jedes weibliche Wesen, das von einer Karriere als Model träumt. Plötzlich wimmelt es in der Stadt von auffallend großen

Frauen, es geht zu wie in einem Ameisenhaufen. An jeder Straßenecke, an jeder Bushaltestelle, in jedem Café – überall Models. *Ah, da ist ja eine. Oha, dort drüben die nächste. Und hier schon wieder eine.* Irrtum ausgeschlossen. Manche sind freundlich: »Hallo!« Andere wieder mustern sich von oben bis unten: »Mmmmh.« Einige kennen sich. Andere wiederum sind völlig fremd hier, zum erstenmal allein und ängstigen sich zu Tode. Verschiedene kommen ganz gut miteinander aus. Etliche überhaupt nicht. Die ganze Palette ist vertreten. Und wenn jemand behauptet, hier gäbe es keine Eifersucht, nun, das ist kompletter Blödsinn. Natürlich gibt es auch hier jede Menge Neid und Mißgunst.

Die Agentur macht Termine für dich aus, und dann rennst du wie all die anderen Models quer durch Mailand, gehst zu Castings und versuchst, dir einen Auftritt in einer der Schauen zu sichern. An dem Punkt wird auch noch der letzten klar, daß Modeln nur wenig mit Glamour zu tun hat. Eigentlich gar nichts. Du hast sieben, zehn, elf Termine an einem einzigen Tag. Das ist wirklich harte Arbeit, denn du rennst den ganzen Tag herum und hast keine Zeit, etwas zu essen, weil du gerade einen Termin hast und für zwei weitere schon sehr spät dran bist. Endlich hast du es zum nächsten Casting geschafft, und da warten schon dreißig Mädchen, von denen jede einzelne vor dir drankommt. Wenn du endlich an der Reihe bist, zeigst du deine Sedcard mit deinen Fotografien und persönlichen Angaben. Interessierst du den Kunden, wirst du aufgefordert, ein paar Schritte zu gehen. Und findet er wirklich Gefallen an dir, bittet man dich, etwas anzuprobieren. Das war's dann. »Danke. Die nächste.«

Du hast keine Ahnung, ob sie dich nehmen oder nicht, aber auch gar keine Zeit, dir darüber den Kopf zu zerbrechen, denn du bist schon unterwegs zum nächsten Termin. Wenn sie dich haben wollen, rufen sie deine Agentur an und buchen dich. Inzwischen hast du hoffentlich gelernt, nicht ständig darüber nachzugrübeln, ob sie dich wohl nehmen werden, oder dich zu grämen, weil du einen Auftritt nicht bekommen hast, an dem dein Herz hing. Sei bloß nicht verletzt, weil einer deiner Lieblingsdesigner dich abgelehnt hat. Wenn du erst einmal anfängst zu überlegen, *habe ich es wohl geschafft? Kriege ich den Job? Warum wollten sie mich nicht?* machst du dich völlig verrückt. Vor allem darfst du nicht zulassen, daß es dich persönlich trifft, wenn du bestimmte Aufträge nicht bekommst, denn sonst gehst du kaputt. Irgendwann hast du dann kapiert, daß die ganze Casting-Prozedur vor allem aus Enttäuschungen besteht. Anfangs habe ich mich auch noch gefragt, *verdammt, warum habe ich den Auftrag nicht gekriegt? Ich habe ihn doch unbedingt haben wollen!* Doch später habe ich dann gelernt, in dieser Branche gemäß dem Motto zu leben: *C'est la vie.* Scheiße, *es hat eben nicht geklappt.* Du hast ihnen nicht gefallen, so einfach ist das. Und das ist nicht deine Schuld. Wenn sie nach jemandem Ausschau halten, der über zwei Meter groß ist, keine vierzig Kilo wiegt und langes blondes Haar hat, dann interessieren sie sich eben nicht für Waris, Punkt. Nichts wie weiter, Mädchen.

Wenn man von einem Kunden gebucht wird, hat

man dort weitere Termine zur Anprobe der Sachen, die man auf dem Laufsteg tragen soll. All dieses hektische Hin und Her passiert im Vorfeld, die Modenschauen sind noch gar nicht angelaufen. Du bist abgehetzt und erschöpft und unausgeschlafen und hast keine Zeit, ordentlich zu essen. Du wirkst ausgemergelt und müde. Und während du tagtäglich darum kämpfst, so gut wie nur möglich auszusehen, weil deine Karriere davon abhängt, wirst du immer magerer. Du fragst dich, *warum tue ich mir das an? Was habe ich hier überhaupt verloren?*

Dann werden die großen Schauen eröffnet, zeitgleich geht aber das Casting weiter, denn die ganze Sache dauert ja nur zwei Wochen. Am Tag der Vorführung muß man ungefähr fünf Stunden vor Beginn da sein. Die Mädchen drängen sich, du wirst geschminkt, dann sitzt du herum, irgendwann werden deine Haare frisiert, und du sitzt wieder herum und wartest, daß die Schau endlich losgeht. Schließlich ziehst du das erste Outfit an, jetzt stehst du herum, weil du dich nicht mehr hinsetzen darfst, es könnte ja etwas zerknittern! Die Modenschau wird eröffnet, und plötzlich herrscht völliges Chaos, der absolute Wahnsinn. »Whoa! Wo steckst du? Was machst du da? Wo ist Waris? Naomi, komm. Hier nach vorne, Beeilung. Du bist Nummer neun, du bist die nächste.« Man streift sich vor all diesen wildfremden Menschen die Kleider über. »Ja, ja, ich komme ja, Moment.« Jeder schubst jeden. »Was soll das? Aus dem Weg, ich bin dran!«

Und dann der Lohn für all die Mühe: der Auftritt. Du bist die nächste, stehst neben der Bühne. Schon betrittst du den Laufsteg, die Scheinwerfer blenden dich, ohrenbetäubende Musik, alle starren dich gebannt an, und du schreitest selbstbewußt den Laufsteg entlang, und dir schießt durch den Kopf: »Ich bin es! Schaut mich alle an!« Du bist von den Besten der Branche frisiert und geschminkt worden, und deine Klamotten sind so teuer, daß du sie dir niemals leisten könntest. Aber für wenige Sekunden gehören sie dir, und du weißt, daß du aussiehst wie eine Multimillionärin. Das Adrenalin schießt dir durch die Adern, und wenn du abtrittst, kannst du es kaum erwarten, dich umzuziehen und wieder rauszugehen. Nach all der langwierigen Vorbereitung dauert die komplette Schau nur zwanzig oder dreißig Minuten, aber du bist an diesem Tag vielleicht von drei, vier, fünf Modeschöpfern gebucht, also reißt du dir nach deinem letzten Auftritt die Sachen vom Leib und rast zum nächsten.

Nach den zwei Wochen Irrsinn in Mailand zieht die ganze Heerschar von Designern, Visagisten, Hairstylisten und Models weiter nach Paris. Dort wiederholt sich das Geschehen, ebenso wie dann in London und in New York. Am Ende der Tournee bist du restlos fertig, nach den Modenschauen in New York nimmst dir am besten einige Zeit frei. Denn wenn du versuchst weiterzuarbeiten, anstatt dich auf eine kleine Insel ohne Telefon zurückziehen und zu entspannen, läufst du Gefahr, vor Erschöpfung völlig durchzudrehen.

Obwohl das Modeln Spaß macht und ich zugegebenermaßen den glitzernden Glamour schätze, hat es auch seine Schattenseiten: Gerade eine junge, unsichere Frau kann in dem Metier leicht zugrunde gehen. Ich bin schon zu Terminen erschienen, wo der Visagist und der Fotograf entsetzt aufkreischten: »Du lieber Himmel! Was ist denn mit deinen Füßen los? Wo hast du nur all diese häßlichen dunklen Flecke her?« Was soll ich ihnen antworten? Sie meinen damit die Narben von den Hunderten von Dornen und spitzen Steinen in der somalischen Wüste, auf die ich getreten bin. Ein Andenken an meine Kindheit, schließlich bin ich dreizehn Jahre lang barfuß herumgelaufen. Aber wie soll ich das einem Pariser Modeschöpfer erklären?

Mir wurde auch ganz schlecht, als man mich bei einem Casting aufforderte, einen Minirock anzuziehen. Ich ging ein paar Schritte, verlagerte das Gewicht auf ein Bein und drehte mich herum, dabei hoffte ich die ganze Zeit, daß niemand etwas merken würde. Denn ich habe O-Beine – eine bleibende Erinnerung an eine Kindheit in einer Nomadenfamilie mit unzureichender Ernährung. Und ich bin wegen dieses körperlichen Gebrechens, wegen dieser O-Beine, für die ich nun wirklich nichts kann, mehr als einmal nicht gebucht oder wieder gefeuert worden.

Weil ich mich meiner Beine so sehr schämte, suchte ich sogar einmal einen Arzt auf und ließ untersuchen, ob er sie richten könne. »Brechen Sie mir die Beine«, forderte ich ihn auf, »damit ich mich deswegen nie wieder schämen muß.« Doch Gott sei Dank sagte er, daß ich schon zu alt dafür sei, meine Knochen wären bereits zu hart, als daß man noch etwas machen könne. Als ich dann älter wurde, sagte ich mir, *gut, das sind also meine Beine, sie verweisen auf meine Herkunft und gehören zu mir.* Und nachdem ich meinen Körper besser kennengelernt hatte, begann ich, meine Beine sogar zu mögen. Hätte ich sie brechen lassen, nur um ein paar fünfminütige Laufstegauftritte einzuheimsen, wäre ich heute bitterböse auf mich. Ich hätte mir die Knochen brechen lassen – und wofür? Damit die Klamotten von irgendwelchen Typen besser an mir aussehen! Heute bin ich stolz auf diese Beine, denn sie haben eine Geschichte, sie sind Teil meiner Vergangenheit. Diese O-Beine haben mich Tausende von Meilen durch die Wüste getragen, und mein langsamer, wiegender Gang ist der einer Afrikanerin – ein Vermächtnis meiner Heimat.

Ein weiteres Problem beim Modeln ist, daß es in der Modebranche, wie in jeder anderen Branche auch, etliche unangenehme Menschen gibt. Vielleicht liegt es daran, daß von manchen Entscheidungen oft sehr viel abhängt, daß die Leute leicht gestreßt sind. Ich erinnere mich an die Zusammenarbeit mit der Art-directrice einer der großen Modezeitschriften, die zumindest in meinen Augen einen besonders scharfen, gehässigen Ton pflegte und damit überall Grabesstimmung verbreitete. Wir waren auf einer wunderhübschen kleinen Insel in der Karibik und machten dort Fotos. Der Ort war paradiesisch schön, und jeder von uns hätte diese Zeit in vollen Zügen genießen sollen, schließlich wurden wir für den Aufenthalt in einer Umgebung bezahlt, für die andere Menschen in ihrem Urlaub viel Geld hinblättern. Doch diese Frau konnte das einfach nicht und saß mir von der ersten Minute an im

Nacken. »Waris, du mußt dich wirklich zusammenreißen. Steh auf, und beweg dich, du bist so etwas von faul. Ich kann mit Leuten wie dir einfach nicht arbeiten.« Als sie meine Agentur in New York anrief und sich beschwerte, daß ich wie ein Idiot den ganzen Tag herumhängen würde, ohne auch nur den Finger zu rühren, verstanden sie dort die Welt nicht mehr. Mir ging es nicht anders.

Diese Art-directrice war eine herzzerreißend traurige Erscheinung und ganz offenkundig zutiefst frustriert – sie hatte keinen Mann, keine Freunde, keinen Geliebten. Ihr Beruf war ihr ganzer Lebensinhalt, all ihre Liebe und Leidenschaft flossen in ihre Arbeit. Für sie war ich ein dankbares Opfer, an dem sie ihre Enttäuschung auslassen konnte – ich bin sicher, daß ich nicht die erste und auch nicht die letzte in dieser Rolle war. Trotzdem verging mir nach ein paar Tagen mein Mitleid. Ich betrachtete sie und überlegte, *Waris, es gibt zwei Möglichkeiten: Entweder du klebst ihr eine, oder du lächelst sie an und hältst den Mund.* Ich entschied mich, den Mund zu halten.

Eine der traurigsten Erfahrungen ist es, junge Mädchen, die gerade erst am Anfang ihrer Karriere stehen, in den Klauen von Frauen wie dieser Art-directrice zu sehen. Noch halbe Kinder, lassen sie Oklahoma oder Georgia oder North Dakota hinter sich und fliegen allein nach New York, Frankreich oder Italien, um dort den Durchbruch zu wagen. Häufig kennen sie weder das Land, in das sie kommen, noch die Landessprache. Sie sind naiv und werden ausgenutzt. Weil sie mit der Zurückweisung nicht klarkommen, gehen sie innerlich kaputt. Ihnen fehlt die Erfahrung, die Gelassenheit und die innere Stärke, zu erkennen, daß es nicht an ihnen liegt, wenn es nicht klappt. Viele kehren schließlich schluchzend, zerbrochen und verbittert wieder nach Hause zurück.

Außerdem tummeln sich in dem Metier Lügner und Betrüger. Viele junge Mädchen wollen unbedingt Model werden und fallen auf die Masche herein, daß ihnen in sogenannten Agenturen eine Sedcard zusammengestellt und dafür ein Vermögen abgeknöpft wird. Da ich selbst einmal Opfer eines Gauners geworden bin, als ich damals auf Harold Wheeler hereinfiel, treibt mich das zur Weißglut. Beim Modeln soll man Geld verdienen und nicht draufzahlen. Wenn eine junge Frau als Model arbeiten will, braucht sie nur genug Geld, um die Busfahrten zu den Agenturen zu bezahlen. Sie kann in den Gelben Seiten Agentur-Adressen heraussuchen, dort anrufen und einen Termin vereinbaren. Sobald die Agentur jedoch von Bearbeitungsgebühren oder ähnlichem zu sprechen beginnt – nichts wie weg! Eine seriöse Agentur, die der Überzeugung ist, daß jemand das richtige Gesicht hat und den zeitgemäßen Look verkörpert, hilft dem zukünftigen Model dabei, eine Sedcard zusammenzustellen. Dann vereinbart sie Termine und Castings, und schon ist man im Geschäft.

Ebenso wie es in der Modelbranche unangenehme Menschen gibt, arbeitet man auch nicht immer unter den angenehmsten Bedingungen. Ich habe einmal einen Auftrag angenommen, bei dem ein Stier eine

Rolle spielte, soviel wußte ich im voraus. Doch erst als ich von New York nach Los Angeles und mit dem Hubschrauber weiter in die Wüste geflogen war, merkte ich, was das hieß.

Wir waren mitten in der kalifornischen Wüste – nur ich, die Crew und ein riesiger schwarzer Stier mit langen, spitzen Hörnern. Ich ließ mich in dem kleinen Wohnwagen schminken und frisieren, dann kam der Fotograf und führte mich hinaus zu dem Tier, das von seinem Besitzer festgehalten wurde. »Sag hallo zu Satan«, forderte er mich auf.

»Oh, hallo, Satan.« Er gefiel mir auf den ersten Blick. »Was für ein schönes Tier. Prachtvoll. Aber ist er nicht gefährlich?«

»Nein, nein, kein bißchen. Das ist der Besitzer.« Der Fotograf zeigte auf den Mann, der Satans Kette hielt. »Er kann mit ihm umgehen.« Der Fotograf erklärte mir, was er vorhatte. Es ging um ein Foto für das Etikett einer Schnapsflasche. Ich sollte mich auf den Stier setzen, und zwar nackt! Das erschütterte mich, denn davon hatte ich keine Ahnung gehabt. Aber weil ich vor all den Leuten keine Szene machen wollte, hielt ich es für das beste, einfach den Anweisungen zu folgen.

Mir tat der Stier leid, denn es war elend heiß, und seine Nase tropfte. Man hatte ihm alle Viere festgebunden, so daß er sich nicht von der Stelle rühren konnte; jämmerlich stand das riesige Tier in der Wüste. Der Fotograf formte mit seinen Händen eine Steighilfe, damit ich mich auf den Stierrücken schwingen konnte. »Leg dich hin«, befahl er und wedelte mit den Armen. »Streck dich aus – den Oberkörper tiefer und die Beine ganz lang.« Während ich seinen Anordnungen Folge leistete und versuchte, schön, entspannt, verspielt und sexy auszusehen, ging mir durch den Kopf, *wenn dich dieses Vieh abwirft, bist du mausetot.* Da fühlte ich plötzlich an meinem nackten Bauch, wie Satans Fell sich sträubte, und schon flog ich durch die Lüfte, die Mohave-Wüste sauste an mir vorbei, und ich fiel mit einem dumpfen Aufprall auf den gebackenen Sand.

»Alles in Ordnung?«

»Ja, ja.« Da ich nicht wollte, daß irgend jemand Waris Dirie eine Memme schalt, die sich vor einem alten Stier fürchtete, spielte ich jetzt die Knallharte und ließ mir den Schreck nicht anmerken. »Also, auf ein neues. Helft mir hoch.« Die Crew zog mich auf die Beine, klopfte mir den Sand ab, und wir versuchten es wieder. Offensichtlich machte dem Stier die Hitze ziemlich zu schaffen, denn er warf mich noch zwei weitere Male ab. Bei meinem dritten Sturz verstauchte ich mir den Knöchel, der sofort anschwoll und zu pochen begann. »Hast du das Bild im Kasten?« fragte ich, während ich am Boden lag.

»Es wäre prima, wenn wir noch einen Film verschießen könnten ...«

Zum Glück ist das Foto mit dem Stier nie erschienen. Aus irgendeinem Grund hatte sich die Schnapsfirma dagegen entschieden, worüber ich sehr erleichtert war. Denn der Gedanke, daß eine Gruppe alter Kerle zusammensitzt und sich besäuft, während sie meinen nackten Hintern anglotzen, ist nicht gerade erfreulich. Nach diesem Erlebnis beschloß ich, nicht mehr nackt zu posieren, denn das machte mir einfach keinen Spaß. Man fühlt sich so verletzlich, wenn man gehemmt und hilflos vor den Leuten steht und auf eine Pause hofft, in der man sich in sein Handtuch wickeln kann – es ist das Geld nicht wert.

Doch dieses Erlebnis zählt sicher zu den schlimmsten, und im großen und ganzen macht mir das Modeln sehr viel Spaß. Es ist der schönste Beruf, den ich mir vorstellen kann. Ich kann es heute ebensowenig fassen wie damals, als mich Terence Donovan nach Bath brachte und vor eine Kamera stellte, daß irgend jemand mich einfach nur für mein Aussehen bezahlt. Niemals hätte ich gedacht, daß ich meinen Lebensunterhalt tatsächlich mit etwas bestreiten kann, das in meinen Augen keine richtige Arbeit ist. Mir erschien diese ganze Branche als eine alberne Spielerei, aber ich bin froh und glücklich, daß ich mich darauf eingelassen habe. Und ich werde immer dankbar dafür sein, daß ich die Gelegenheit bekam, mich in diesem Metier zu beweisen, denn nicht jedes Mädchen schafft den großen Durchbruch. Leider strengen sich sehr viele junge Frauen vergeblich an.

Ich weiß noch, wie ich als junges Mädchen bei Onkel Mohammed als Hausmädchen arbeitete und davon träumte, ein Model zu werden. Und wie ich schließlich all meinen Mut zusammennahm und eines Abends Iman fragte, wie man das denn anstellen müsse. Zehn Jahre später wurde ich gerade in einem New Yorker Atelier für Revlon fotografiert, als die Visagistin hereinkam und mir erzählte, daß Iman nebenan für ihre eigene Kosmetikserie posiere. Ich rannte aus dem Studio und zu ihr hinüber. »Oh, du präsentierst inzwischen deine eigenen Produkte. Warum hast du nicht mich gebucht, eine somalische Frau, um für dein Make-up zu werben?«

Leise murmelte sie: »Na ja, ich kann mir dich nicht leisten.«

In Somali antwortete ich: »Für dich hätte ich es umsonst gemacht.« Merkwürdigerweise hatte sie nicht gemerkt, daß ich das Mädchen war, das ihr damals den Tee gebracht hatte.

Das Ungewöhnliche an meinem Erfolg ist, daß ich niemals von mir aus Anstrengungen unternommen habe, Model zu werden, es flog mir einfach zu. Vielleicht habe ich die Sache deshalb nie allzu ernstgenommen. Auch lag mir nichts daran, ein »Supermodel« oder »Star« zu werden – und ich kann immer noch nicht verstehen, warum Models derartige Berühmtheit erlangen. Die gesamte Modebranche gerät Tag für Tag immer mehr außer sich und feiert in Zeitschriften und Fernsehshows ihre Supermodels, während ich mich frage, *was soll denn das eigentlich?*

Nur weil wir als Models arbeiten, behandeln uns manche Menschen wie Göttinnen – und andere wie Vollidioten. Auch diesem Verhalten bin ich oft begegnet, als müsse ich, nur weil ich meinen Lebensunterhalt mit meinem Äußeren bestreite, dämlich sein. Mit selbstgefälliger Miene sagen sie: »Ach, Sie sind Model? Schade – ein Dummchen also. Stehen den ganzen Tag nur blöde herum und lächeln in die Kamera.«

Nun, ich bin allen möglichen Models begegnet,

und ja, ich habe auch welche kennengelernt, die nicht besonders klug waren. Aber die Mehrheit ist intelligent, gebildet und weit gereist und versteht von den meisten Themen genausoviel oder -wenig wie jeder andere Mensch auch. Sie haben sich selbst und ihre Arbeit im Griff und sind echte Profis. Doch manche Leute – wie beispielsweise diese verunsicherte, biestige Art-directrice – können nicht damit umgehen, daß es Frauen gibt, die schön *und* klug sind. Sie haben das Bedürfnis, uns zu zeigen, wo wir hingehören, indem sie uns von oben herab wie eine Herde dummer Püppchen behandeln.

Meiner Meinung nach wirft die Werbung und damit auch das Modeln unglaublich komplexe moralische Fragen auf. Für mich sind die wichtigsten Dinge auf der Welt die Natur, menschliche Güte, Familie und Freundschaft. Doch ich lebe davon, daß ich den Leuten sage: »Kauft das, denn es sieht einfach hinreißend aus.« Mit breitem Lächeln verkaufe ich ein Produkt. Natürlich könnte ich zynisch fragen: *Warum tue ich das? Ich helfe mit, die Welt zu zerstören.* Aber ich glaube, das trifft im weitesten Sinne auf beinahe jeden in fast jedem Beruf zu. Und meine Arbeit hat eben auch ihre guten Seiten: Ich lerne schöne Menschen, zauberhafte Orte und fremde Kulturen kennen. Das hat mich letztlich motiviert, etwas für den Erhalt der Erde und gegen ihre Zerstörung tun zu wollen. Und im Gegensatz zu den in Armut lebenden Somalifrauen in meiner Heimat bin ich in der glücklichen Lage, auch etwas tun zu können.

Mehr als der Starrummel hat mir bei meiner Arbeit immer gefallen, daß ich mich als eine Weltbürgerin fühlen konnte und in der Lage war, zu den atemberaubendsten Plätzen auf diesem Planeten zu reisen. Wenn wir dann auf einer wunderschönen Insel arbeiteten, was häufig der Fall war, nutzte ich jede Gelegenheit, dort in meiner freien Zeit den Strand entlangzurennen. Es war so schön, wieder in der Natur, in der Sonne zu sein. Anschließend lief ich oft in ein Wäldchen und lauschte still dem Vogelgezwitscher. Aahh! Mit geschlossenen Augen atmetete ich den süßen Blütenduft ein, fühlte die Sonne auf meinem Gesicht, hörte dem Gesang der Vögel zu und stellte mir vor, wieder in Afrika zu sein. Eine friedvolle Heiterkeit, an die ich mich aus Somalia erinnerte, überkam mich, und ich fühlte mich nach Hause zurückversetzt.

15. Wieder in Somalia

1995 flüchtete ich nach einer langen Serie von Fotosessions und Modenschauen zum Ausspannen nach Trinidad. Es war gerade Karneval, und die Leute trugen Kostüme, tanzten, hatten Spaß und genossen das Leben in vollen Zügen. Ich wohnte im Haus von Bekannten. Einige Tage nach meiner Ankunft kam ein Mann an die Tür, und Tante Monica – wie wir das weibliche Familienoberhaupt nannten – öffnete ihm. Es war später Nachmittag und draußen sehr heiß, aber wir saßen in einem kühlen, schattigen Zimmer. An der Tür stand ein Mann, von dem vor dem hellen Hintergrund nur die Umrisse zu erkennen waren. Ich hörte ihn nach jemanden namens »Waris« fragen, dann rief mich Tante Monica. »Waris, da ist ein Anruf für dich!«

»Ein Anruf? Gibt es hier ein Telefon?«

»Du mußt diesen Mann begleiten. Er führt dich hin.«

Ich folgte Tante Monicas Nachbarn, der als einziger in der Gegend ein Telefon besaß, zu ihm nach Hause. Wir gingen durch sein Wohnzimmer in den Flur, und er wies auf einen Apparat, dessen Hörer abgenommen war. »Hallo?« Es war meine Agentur in London.

»Oh, hallo, Waris. Tut mir leid, dich zu stören. Aber die BBC hat sich mit uns in Verbindung gesetzt. Du sollst dich so schnell wie möglich bei ihnen melden; es ist dringend. Sie möchten einen Dokumentarfilm über dich drehen:«

»Einen Dokumentarfilm? Über was?«

»Über dich, das Topmodel. Woher du stammst und wie du mit deinem neuen Leben zurechtkommst, du weißt schon.«

»Daraus kann man doch keine Geschichte machen. Warum um Himmels willen suchen sie sich nichts anderes?«

»Ach, sprich selbst mit ihnen. Wann können sie mit deinem Anruf rechnen?«

»Hör zu, ich werde mit niemandem sprechen.«

»Aber sie wollen mit dir reden, und zwar sofort!«

»Das ist mir egal, Mensch. Sag ihnen, ich melde mich, wenn ich nach London komme. Von hier aus fahre ich erst nach New York und dann nach London. Sobald ich da bin, rufe ich sie an.«

Doch am nächsten Tag, als ich mich gerade auf einem Stadtbummel befand, kam der Mann erneut zu Tante Monica, weil er einen Anruf für mich hatte. Ich nahm das nicht weiter zur Kenntnis. Am darauffolgenden Tag kam der nächste. Diesmal begleitete ich den Mann zu seinem Telefon, denn offensichtlich nahm niemand Rücksicht darauf, daß er ständig zu uns hinüberlaufen mußte. Natürlich war es erneut meine Agentur. »Ja, was gibt's?«

»Waris, es geht wieder um die BBC. Sie wollen ganz dringend mit dir sprechen. Morgen um diese Zeit rufen sie bei dir an.«

»Hör mal, ich habe Urlaub, und ich spreche mit niemandem. Ich brauche Abstand zu allem, also laß mich zufrieden. Und hör auf, diesen armen Mann zu belästigen!«

»Sie wollen dich doch nur was fragen.«

Ich seufzte. »In Gottes Namen, gut. Sag ihnen, sie sollen mich morgen unter dieser Nummer anrufen.« Am nächsten Tag sprach ich mit dem BBC-Regisseur Gerry Pomeroy. Er wollte mich über mein Leben ausfragen.

»Darüber rede ich jetzt nicht«, erwiderte ich kurz angebunden. »Ich bin hier im Urlaub. Können wir das alles nicht später besprechen?«

»Tut mir leid, aber wir müssen eine Entscheidung treffen, und dazu brauche ich ein paar Informationen.« Und so stand ich im Hausflur eines Fremden in Trinidad und erzählte einem anderen Fremden in London meine Lebensgeschichte. »Gut, prima, Waris. Wir melden uns bei Ihnen.«

Zwei Tage später erschien der Mann erneut bei Tante Monica. »Anruf für Waris.« Ich zuckte die Schultern und folgte ihm kopfschüttelnd zu seinem Haus. Es war wieder Gerry von der BBC. »Also, Waris, wir möchten gern eine Dokumentation über Ihr Leben drehen. Einen halbstündigen Film in der Reihe ›Der Tag, der mein Leben veränderte‹.«

Zwischen den beiden Anrufen von meiner Agentur und diesem zweiten von der BBC hatte ich über das Filmprojekt nachgedacht. »Hören Sie, Gerry, ich kann Ihnen ein Geschäft vorschlagen. Ich bin mit der Sache einverstanden, wenn Sie mit mir zurück nach Somalia fahren und mir helfen, meine Mutter zu suchen.« Gerry, der sich derartige Aufnahmen als guten Abschluß der Dokumentation vorstellen konnte, war dazu bereit. Er bat mich, ihn nach meiner Rückkehr nach London gleich anzurufen, damit wir das Projekt gemeinsam durchsprechen könnten.

Die BBC gab mir zum ersten Mal seit meiner Abreise aus Somalia die Gelegenheit, meine alte Heimat wiederzusehen, denn wegen der endlosen Schwierigkeiten mit meinen Papieren, der Stammesfehden und weil ich meine Familie nicht hatte ausfindig machen können, hatte ich diesen Schritt bisher gescheut. Zwar hätte ich durchaus die Möglichkeit gehabt, nach Mogadischu zu fliegen, aber es war ja nicht so, daß ich meine Mutter nur anzurufen brauchte, damit sie mich dann am Flughafen abholte. Seit der Abmachung mit der BBC konnte ich an nichts anderes mehr denken. Auf den unzähligen Treffen, die dann folgten, erzählte ich Gerry und seinem Assistenten Colm meine Lebensgeschichte in allen Einzelheiten, und wir planten das Projekt.

In London begannen wir dann auch gleich zu filmen. Ich sah all die Stätten meiner Erinnerung wieder, angefangen mit Onkel Mohammeds Haus, der Residenz des somalischen Botschafters, die das Team von der BBC sogar betreten durfte. Dann filmten sie die All Souls Church School, wo Malcolm Fairchild mich entdeckt hatte. In einem Interview fragten sie ihn vor laufender Kamera, warum er so hartnäckig versucht hatte, dieses unbekannte Hausmädchen zu fotografieren. Außerdem filmte die Mannschaft bei einer meiner Fotosessions mit Terence Donovan. Schließlich sprachen sie mit meiner guten Freundin

Sarah Doukas, der Leiterin der Londoner Modelagentur Storm.

Richtig hektisch wurde es, als die BBC meinen Auftritt als Gastmoderatorin der Fernsehsendung »Soul Train« aufzeichnen wollte. Da ich etwas Derartiges noch nie zuvor gemacht hatte, lagen meine Nerven bloß. Hinzu kam, daß ich in Los Angeles eine schreckliche Erkältung bekommen hatte und kaum noch einen Ton herausbrachte. Und die ganze Zeit über – wenn ich mich schneuzte, mein Script las, mich auf die Show vorbereitete oder im Auto saß –, immer folgte mir mein Schatten, die Filmcrew der BBC. Der Wahnsinn steigerte sich noch, als wir ins Studio kamen und die BBC-Leute das Team von »Soul Train« dabei filmten, wie sie mich filmten. Wenn es etwas gab, das ich nicht im Bild festgehalten haben wollte, dann diese Stunden. Eine schlechtere Moderatorin als mich hat es bei »Soul Train« sicher nie gegeben, aber Don Cornelius und die Produktionsmannschaft waren sehr geduldig mit mir. Wir fingen um zehn Uhr morgens an und arbeiteten durch bis neun Uhr abends. Wahrscheinlich haben sie für die Aufzeichnung der Show noch nie so lange gebraucht wie mit mir. Wie schon bei meinem Filmdebüt in dem James-Bond-Streifen machte mir zu schaffen, daß ich nicht richtig lesen konnte. Zwar hatte ich einiges hinzugelernt, aber laut vorzulesen fiel mir noch immer schwer. Und vor zwei Filmcrews, einem Dutzend Tänzern und etlichen international bekannten Sängern in blendendem Scheinwerferlicht von Textkarten abzulesen, war als Herausforderung zwei Nummern zu groß für mich. Jedesmal, wenn die Musik einsetzte, die Tänzer losleg- ten und sämtliche Kameras liefen, verhaspelte ich mich wieder im Text. »Aufnahme 26 ... Aus!« – »Aufnahme 76 ... Aus!« – »Aufnahme 96 ... Aus!« Dann erstarrten die Tänzer in der Bewegung, ließen die Arme sinken und funkelten mich wütend an. Wahrscheinlich dachten sie: »Was ist das denn für ei- ne dumme Kuh? Wo haben sie die bloß aufgetrieben? Wir wollen nach Hause!«

Unter anderem mußte ich Donna Summer ansa- gen, und da sie von jeher zu meinen größten Lieb- lingssängerinnen gehörte, empfand ich das als große Ehre. »Meine Damen und Herren, ich bitte um Ap- plaus. Heißen wir die ›Lady des Soul‹ willkommen: Donna Summer!«

»AUS!«

»Was ist denn jetzt schon wieder falsch?«

»Sie haben ihre Plattenfirma nicht genannt. Lesen Sie die Textkarten, Waris!«

»Oh, verdammt noch mal! Halten Sie die blöden Dinger höher, ja höher. Ich kann sie nicht sehen. Nicht so tief. Und gerade halten. Die Scheinwerfer blenden mich. Ich kann überhaupt nichts sehen.«

Don Cornelius zog mich in eine Ecke. »Holen Sie erst mal tief Luft, und dann sagen Sie mir, was mit Ihnen los ist.« Ich erklärte ihm, ich würde mit dem Text nicht zurechtkommen; es entsprach nicht mei- ner Person und der Art, wie ich redete.

»Wie wollen Sie ihn denn haben? Nur zu. Ändern Sie ihn – ändern Sie alles!« Erstaunlicherweise hatten Don und seine Leute eine unendlich große Geduld. Sie richteten sich voll und ganz nach meinen Vorstellungen und halfen mir, nachdem ich alles durcheinandergebracht hatte, es wieder zu einem Ganzen zusammenzufügen. Das beste an der Sendung war für mich die Zusammenarbeit mit ihnen und mit Donna Summer, die mir eine signierte CD ihrer größten Hits schenkte.

Anschließend fuhr ich mit den Leuten von der BBC nach New York. Sie begleiteten mich zu Aufnahmen in Manhattan, wo man mich fotografierte, wie ich, bekleidet mit schwarzem Unterrock, Regenmantel und einem Schirm in der Hand, durch die verregneten Straßen ging. An einem anderen Abend saß der Kameramann still der Ecke und filmte mich mit einer Gruppe von Freunden in einer Wohnung in Harlem beim Essenkochen. Wir amüsierten uns so gut, daß wir ihn irgendwann vergessen hatten.

Als nächstes sollte ich mich mit der ganzen Crew in London treffen, von wo aus wir gemeinsam nach Afrika fliegen wollten. Zum erstenmal, seit ich fortgelaufen war, würde ich dort meine Familie wiedersehen. Während wir in London, Los Angeles und New York filmten, hatten Mitarbeiter der BBC begonnen, in Afrika nach meiner Mutter zu suchen. Zu diesem Zweck hatten wir Karten studiert und Gebiete eingekreist, in denen meine Familie gewöhnlich unterwegs war. Außerdem mußte ich ihnen alle Stammes- und Nachnamen meiner Familie aufzählen, was gerade für Menschen aus der westlichen Welt äußerst verwirrend sein kann. Die Leute von der BBC hatten bereits drei Monate lang gesucht, bisher jedoch noch keinen Erfolg gehabt.

Ursprünglich sollte ich in New York bleiben und arbeiten, bis die Crew Mama aufgestöbert hatte, dann nach London kommen und gemeinsam mit dem Team nach Afrika fliegen, wo wir das Ende des Films drehen wollten. Kurz nachdem die Suche begonnen hatte, rief Gerry mich an. »Wir haben deine Mutter gefunden«, sagte er.

»Das ist ja wunderbar.«

»Nun, wir glauben es zumindest.«

»Was soll das heißen, ihr glaubt es?«

»Tja, wir haben eine Frau ausfindig gemacht, die angeblich eine Tochter namens Waris hat. Und ihre Waris lebe in London. Aber sobald man Einzelheiten wissen will, antwortet sie ausweichend. Unsere Leute in Somalia sind sich also nicht sicher – vielleicht handelt es sich ja um eine andere Waris.« Nach weiteren Gesprächen wurde klar, daß diese Frau nicht meine Mutter sein konnte. Aber das war erst der Anfang. Plötzlich wimmelte die Wüste von Frauen, die vorgaben, meine Mutter zu sein. Sie alle hatten Töchter, die in London wohnten und Waris hießen, ein seltsames Phänomen, wenn man bedenkt, daß ich noch nie einen anderen Menschen dieses Namens getroffen hatte. Ich erklärte den Filmleuten, was dort ablief. »Versteht doch, diese Menschen sind so arm, daß sie in ihrer Verzweiflung alles tun würden. Sie hoffen, daß ihr mit der Crew in ihr kleines Dorf kommt und sie ein bißchen Geld verdienen, um sich was zu essen zu kaufen. Diese Frauen versprechen sich etwas davon, wenn sie sagen, sie wären meine Mutter. Wie sie das beweisen wollen, weiß ich nicht, aber sie haben es zumindest versucht.«

Leider besaß ich kein Foto von meiner Mutter, doch Gerry hatte eine andere Idee. »Wir müssen uns auf irgendwas stützen, was nur deine Mutter weiß.«

»Meine Mutter rief mich manchmal mit dem Kosenamen Avdohol. Das heißt ›kleiner Mund‹.«

»Meinst du, sie erinnert sich noch daran?«

»Ganz bestimmt.«

Von da an war Avdohol unser geheimes Codewort. Wenn die BBC sich mit den Frauen traf, konnten sie die ersten Fragen oft noch beantworten, doch sobald sie auf den Kosenamen zu sprechen kamen, fielen die Frauen regelmäßig durch. Auf Wiedersehen. Eines Tages aber kam ein Anruf: »Wir glauben, wir haben sie. Diese Frau kann sich zwar an den Kosenamen nicht mehr erinnern, aber sie sagt, sie hat eine Tochter namens Waris, die beim Botschafter in London gearbeitet hat.«

Gleich am nächsten Tag flog ich von New York nach London, wo sich die Filmcrew schon auf die Abreise vorbereitete. Wir wollten zuerst in die äthiopische Stadt Addis Abeba und von dort mit einer kleinen Chartermaschine bis zur somalischen Grenze fliegen. Die Reise würde sehr gefährlich werden. Wegen des Krieges konnten wir nicht nach Somalia einreisen, deshalb sollte meine Familie über die Grenze zu uns kommen. Landen wollte wir mitten in der Wüste, in einem Gebiet voller Felsen und Gestrüpp und ohne jede Landebahn.

Während die Leute von der BBC die letzten Vorbereitungen trafen, nahm ich mir ein Zimmer in einem Hotel. Dort besuchte mich Nigel. Da mein Status noch immer nicht ganz geklärt war, versuchte ich, ein freundschaftliches Verhältnis zu ihm zu behalten. Ich bezahlte zu dieser Zeit die Raten für sein Haus, denn er hatte keine Arbeit und suchte auch keine. Über Bekannte besorgte ich ihm sogar eine Stelle bei Greenpeace, aber er war so durchgeknallt, daß sie ihn nach drei Wochen vor die Tür setzten und ihm deutlich machten, sich besser nicht wieder blicken zu lassen. Seit Nigel von dem Fernsehfilm erfahren hatte, setzte er mir zu, uns nach Afrika begleiten zu dürfen. »Ich möchte mitkommen. Ich muß dafür sorgen, daß du keine Probleme hast.«

»Nein«, sagte ich, »du kommst nicht mit. Wie soll ich meiner Mutter erklären, wer du bist?«

»Ist doch klar. Ich bin dein Mann!«

»Nein, das bist du nicht. Vergiß es, ist das klar? Schmink dir das ab.« Eins war sicher; er war niemand, den ich meiner Mutter vorstellen wollte. Und schon gar nicht als meinen Ehemann.

Schon als ich mich mit den Leuten von der BBC zu den ersten Besprechungen traf, bestand Nigel darauf, mich zu begleiten. Aber nach kurzer Zeit hatte Gerry genug von ihm. Normalerweise gingen wir abends essen. Gerry rief tagsüber mehrmals an. »Aber Nigel ist heute abend nicht dabei, oder? Bitte, Waris, sorg dafür, daß er wegbleibt.«

Als ich wieder in London war, kam Nigel zu mir ins Hotel und nervte wegen der Afrikafahrt, aber ich erteilte ihm eine Abfuhr. Daraufhin stahl er mir den Paß. Natürlich wußte er, daß wir in wenigen Tagen das Land verlassen wollten. Auch meine besten Überredungskünste konnten ihn nicht dazu bewegen, daß er ihn mir zurückgab. Verzweifelt verabredete ich mich schließlich mit Gerry für den Abend. »Gerry, du wirst mir nicht glauben, was passiert ist«, sagte ich. »Nigel hat mir den Paß weggenommen und rückt ihn nicht mehr raus.«

Gerry schloß die Augen und ließ den Kopf auf die Hände sinken. »Du meine Güte, Waris! Jetzt habe ich aber die Nase voll. Ich habe es satt, mich mit diesem Mist abzugeben, wirklich satt!« Gerry und die anderen von der BBC versuchten es bei Nigel mit guten Worten. »Jetzt seien Sie nicht kindisch. Wir haben dieses Projekt beinahe abgeschlossen; das können Sie uns doch nicht antun. Den letzten Teil müssen wir in Afrika drehen, und dazu brauchen wir Waris. Also, um Himmels willen, bitte!« Doch Nigel ließ sich nicht erweichen. Er nahm meinen Paß mit, als er nach Cheltenham zurückfuhr.

Allein machte ich mich auf die zweistündige Fahrt nach Cheltenham. Ich bettelte und flehte, doch Nigel erklärte, er würde mir den Paß erst dann geben, wenn er nach Afrika mitfahren dürfe. So steckte ich in der Zwickmühle. Meine Mutter nach fünfzehn Jahren wiederzusehen, war mein sehnlichster Wunsch. Doch mit Nigel im Schlepptau wäre mir aller Spaß verdorben – dafür hätte er schon gesorgt. Aber wenn ich ihn nicht mitnahm, hatte ich keine Möglichkeit, meine Mutter zu treffen, denn ohne Paß konnte ich die Reise nicht antreten. »Nigel, es geht einfach nicht, daß du hinter uns herläufst und uns allen auf den Geist gehst. Versteht du das denn nicht? Dies ist die einzige Chance, nach all der Zeit endlich meine Mutter wiederzusehen.«

Nigel konnte es nicht verwinden, daß wir nach

Afrika fuhren und er in England zurückbleiben sollte. »Wirklich, du bist verdammt ungerecht«, schrie er. Schließlich konnte ich ihn umstimmen, indem ich ihm versprach, irgendwann mit ihm nach Afrika zu fliegen, wenn die Aufnahmen abgeschlossen waren – und dann wir beide ganz allein. Das war ein billiger Trick, auf den ich nicht gerade stolz bin, denn ich wußte, daß ich mein Versprechen nicht einhalten würde. Aber gegen Nigel konnte man mit Vernunft einfach nicht ankommen.

Die zweimotorige Buschmaschine landete bei Galadi, einem kleinen äthiopischen Dorf an der Grenze zu Somalia, in das sich einige meiner Landsleute vor den Kämpfen in ihrer Heimat geflüchtet hatten. Holpernd setzte das Flugzeug auf dem roten, mit Steinen übersäten Wüstenstreifen auf. Anscheinend war der dabei aufgewirbelte Staub kilometerweit zu sehen, denn das ganze Dorf kam herbeigerannt. So etwas Aufregendes hatten die Menschen hier noch nie erlebt. Nachdem die BBC-Mannschaft und ich ausgestiegen waren, sprach ich die Leute in Somali an. Die Unterhaltung gestaltete sich nicht gerade einfach, denn einige waren Äthiopier und andere Somalis, die jedoch alle einen mir fremden Dialekt sprachen. Nach einigen Minuten gab ich es auf.

Ich roch die heiße staubige Luft, und mit einem Schlag stürmten die Kindheitserinnerungen auf mich ein. Plötzlich war alles wieder lebendig, und ich lief einfach los. »Waris! Wo willst du denn hin?« riefen die Filmleute.

»Geht nur ... geht schon mal voraus ... ich komme

nach.« Mit den Händen berührte ich den Boden, zerrieb die Erde zwischen meinen Fingern und streichelte die Bäume. Sie waren staubig und trocken, doch ich wußte, bald würde der Regen kommen und alles zum Blühen bringen. Tief sog ich die Luft in die Lungen. Sie war erfüllt von den Gerüchen meiner Kindheit, all der Jahre, in denen ich im Freien gelebt hatte und diese Wüstenpflanzen und dieser rote Sand meine Welt gewesen waren. O Gott, das war meine Heimat. Tränen liefen mir über die Wangen, so sehr freute ich mich, wieder zu Hause zu sein. Ich setzte mich unter einen Baum und genoß das wunderbare Gefühl, dort zu sein, wo ich hingehörte. Gleichzeitig überkam mich Trauer, daß ich so lange darauf hatte verzichten müssen. Während ich mich umsah, fragte ich mich, wie ich es so lange in der Fremde ausgehalten hatte. Es war, als hätte ich eine Tür aufgestoßen, vor der ich bis zu diesem Tag zurückgescheut war, als hätte ich einen Teil von mir wiedergefunden, den ich vergessen hatte. Als ich zum Dorf ging, scharten sich die Bewohner um mich und schüttelten mir die Hand. »Willkommen, Schwester.«

Aber dann mußten wir feststellen, daß es sich nicht so gestaltete, wie erwartet. Die Frau war nicht meine Mutter, und ratlos überlegten wir, wie wir meine Familie ausfindig machen sollten. Die Filmleute waren verzweifelt; ihr Etat reichte nicht aus, um ein zweites Mal nach Afrika zu kommen. »O nein, ohne diese Sequenz hat der Film kein Ende«, stöhnte Gerry immer wieder. »Und ohne Ende hat der Film keine Geschichte. Alles umsonst. Was sollen wir nur tun?«

Wir durchstöberten das Dorf, fragten jeden, der uns begegnete, ob er von meiner Familie gehört hatte. Die Leute hätten uns nur allzugern geholfen, und rasch wurde überall bekannt, was wir vorhatten. Spät nachmittags kam ein alter Mann auf mich zu. »Kennst du mich noch?« fragte er.

»Nein.«

»Ich bin Ismael, vom gleichen Stamm wie dein Vater und ein guter Freund von ihm.« Plötzlich fiel mir wieder ein, wer er war, und ich schämte mich, daß ich ihn nicht gleich erkannt hatte, doch ich war ihm seit meiner Kindheit nicht mehr begegnet. »Ich glaube, ich weiß, wo deine Familie ist, und ich denke, ich kann deine Mutter finden. Aber ich brauche Geld für Benzin.« Mein erster Gedanke war: *Nein! Wieso sollte ich diesem Kerl trauen? Diese Leute wollen uns doch nur ausnutzen. Wenn ich ihm Geld gebe, wird er sich einfach aus dem Staub machen, und wir sehen ihn wahrscheinlich nie wieder.* »Ich habe zwar diesen Laster, aber nicht mehr viel ...«, fuhr er derweil fort.

Ismael deutete auf einen Kleinlaster in einem so erbärmlichen Zustand, wie man ihn in den USA nur auf einem Schrottplatz sehen würde. Die Windschutzscheibe auf der Beifahrerseite war zersplittert, auf der Fahrerseite fehlte sie ganz, so daß dem Fahrer Sand und Fliegen ins Gesicht hagelten. Von den steinigen Pisten waren die Felgen verbogen und zerbeult, und die Karosserie sah aus, als habe man sie mit einem Vorschlaghammer bearbeitet. Ich schüttelte den Kopf. »Warte, ich muß erst mit den anderen sprechen.«

Ich suchte Gerry. »Der Mann dort drüben behauptet, er weiß, wo meine Familie ist. Aber er sagt, er braucht Benzingeld, um sie zu suchen«, erklärte ich ihm.

»Können wir ihm trauen?«

»Die Frage ist berechtigt, aber wir müssen es riskieren. Uns bleibt nichts anderes übrig.« Die Filmleute waren einverstanden und gaben ihm ein wenig Geld. Auf der Stelle stieg der Mann in seinen Kleinlaster und preschte in einer dicken Staubwolke davon. Gerry, der ihm traurig nachstarrte, konnte man ansehen, was er dachte: »Schon wieder Geld umsonst rausgeworfen.«

Ich klopfte ihm auf die Schulter. »Keine Sorge, wir werden meine Mutter schon finden, das verspreche ich dir. In drei Tagen ist sie da.« Aber meine Prophezeihung beruhigte die Filmmannschaft überhaupt nicht. Nach acht Tagen würde das Flugzeug kommen, um uns wieder abzuholen, mehr Zeit blieb uns nicht. Wir konnten zu den Piloten ja kaum sagen: »Wir sind noch nicht ganz fertig; versucht es nächste Woche noch einmal.« Die Plätze für den Rückflug von Addis Abeba waren bereits gebucht; die Sache wäre damit abgeschlossen, Mama hin oder her.

Ich genoß die Zeit, denn ich besuchte die Dorfbewohner in ihren Hütten und wurde zum Essen eingeladen. Die Engländer hingegen kamen nicht so gut zurecht. Sie suchten sich ein leerstehendes Haus, in dem sie in ihren Schlafsäcken auf dem Boden übernachteten. Zwar hatten sie Bücher und einige Taschenlampen dabei, aber sie konnten nicht schlafen, denn die Fensterscheiben waren zerbrochen, und die Mücken trieben sie zum Wahnsinn. Die ganze Crew ernährte sich von Bohnen aus der Dose. Sie jammerten zwar, daß sie dieses Zeug nicht mehr sehen konnten, aber sie hatten nichts anderes.

Eines Nachmittags beschloß ein Somali, ihnen eine Mahlzeit zu spendieren; er brachte ihnen ein hübsches kleines Zicklein, das sie alle streichelten. Später kam er zurück und überreichte ihnen stolz das gehäutete Tier. »Hier, zum Abendessen!« Die Filmleute sahen ihn entsetzt an, sagten aber nichts. Ich lieh mir einen Topf, entfachte ein Feuer und kochte das Zicklein mit Reis. Nachdem der Somali gegangen war, fragten sie: »Du meinst doch nicht etwa, daß wir das essen?«

»Doch, natürlich. Warum denn nicht?«

»Völlig ausgeschlossen, Waris!«

»Warum habt ihr denn nichts gesagt?« Sie erklärten, das wäre ihnen unhöflich vorgekommen, denn schließlich hätte ihnen der Mann eine Freude machen wollen. Aber nachdem sie die kleine Ziege gestreichelt hätten, könnten sie nichts davon essen. Und tatsächlich rührten sie keinen Bissen an.

Die Dreitagesfrist, die ich bis zu Mamas Erscheinen berechnet hatte, verstrich, ohne daß sie auftauchte. Gerry wurde immer nervöser. Ich versuchte, den Männern klarzumachen, daß meine Mutter kommen würde, aber sie hielten mich allmählich für eine Spinnerin. »Hört zu, ich verspreche euch, meine Mutter ist morgen abend um sechs hier«, erklärte ich. Ich weiß nicht, wie ich darauf kam, aber ich glaubte einfach daran, und so sprach ich es auch aus.

Gerry und die anderen zogen mich auf: »Nein, wirklich? Woher weißt du denn das? Ach so, Waris weiß natürlich alles. Sie kann es vorhersehen. Sie sagt ja auch Regen voraus!« Sie lachten, weil ich behauptet hatte, ich könne riechen, daß sich Regen ankündigte.

»Aber es hat doch geregnet, oder?« erwiderte ich.

»Also, Waris, ich bitte dich! Das war doch reiner Zufall.«

»Mit Zufall hat das nichts zu tun. Ich bin hier wieder in meiner vertrauten Umgebung, hier kenne ich mich aus. Bei uns überlebt man nur, wenn man seinen Instinkten traut, meine Freunde.« Sie warfen sich verstohlene Blicke zu. »Gut. Dann glaubt ihr mir eben nicht. Ihr werdet schon sehen, um sechs.«

Am kommenden Tag saß ich bei einer älteren Frau. Etwa zehn Minuten vor sechs kam Gerry herbeigerannt. »Du wirst es nicht glauben!«

»Was?«

»Deine Mutter, ich glaube, deine Mutter ist hier!« Lächelnd stand ich auf. »Aber wir sind nicht sicher. Dieser Mann ist wieder da und hat eine Frau mitgebracht. Er sagt, sie sei deine Mama. Komm, sieh sie dir an.«

Die Nachricht verbreitete sich im Dorf wie ein Lauffeuer. Unser kleines Schauspiel war zweifellos das größte Ereignis, das sie seit Menschengedenken erlebten. Ein jeder wollte wissen, ist das nun Waris' Mutter oder wieder nur eine Schwindlerin? Inzwischen war es schon fast dunkel geworden, und es hatten sich um mich so viele Menschen geschart, daß ich kaum noch vorankam. Gerry führte mich einen baumgesäumten Weg entlang. Vor uns stand der Kleinlaster mit der kaputten Windschutzscheibe. Eine Frau kletterte heraus. Zwar konnte ich ihr Gesicht nicht erkennen, doch an der Art, wie sie ihren Schal trug, wußte ich gleich, daß es meine Mutter war. Ich lief zu ihr hin und packte sie am Arm. »Oh, Mama!«

»Da fahre ich Meilen über Meilen in diesem schrecklichen Laster. Ach, bei Allah, was war das für eine Reise! Zwei Tage und Nächte ohne Pause, und wozu das Ganze? Ist das alles?«

Lachend wandte ich mich zu Gerry um. »Das ist sie!«

Ich bat Gerry, uns für die nächsten Tage alleinzulassen, und netterweise war er einverstanden. Anfangs verlief mein Gespräch mit Mama etwas unbeholfen, denn mein Somali war, wie ich merkte, ziemlich eingerostet. Schlimmer jedoch, wir waren uns fremd geworden. Zunächst sprachen wir über alltägliche Dinge. Doch weil ich mich über das Wiedersehen so freute, konnten wir die Kluft bald überbrücken. Ich genoß es, einfach nur neben Mama zu sitzen. Meine Mutter und Ismael waren zwei Tage und Nächte durchgefahren, und ich merkte, wie sehr es sie erschöpft hatte. Sie war in den fünfzehn Jahren stark gealtert – eine Folge des unerbittlich harten Lebens in der Wüste.

Papa hatte sie nicht begleitet. Als der Wagen bei meiner Familie eintraf, befand er sich gerade auf Wassersuche. Meine Mutter sagte, auch Papa werde langsam alt. Zwar jage er immer noch den Wolken nach, um Wasser zu suchen, doch er brauche unbedingt eine Brille, weil er immer schlechter sehe. Als

Mama aufbrach, war er seit acht Tagen fort, und sie hoffte, daß er sich nicht verlaufen hatte. Ich rief mir mein Bild von Papa in Erinnerung und merkte, daß er sich wohl sehr verändert hatte. Als ich fortlief, hatte es ihm keinerlei Schwierigkeiten bereitet, uns zu finden, wenn wir ohne ihn weiterzogen, selbst in der schwärzesten Nacht ohne Mondlicht.

Mama hatte meinen jüngeren Bruder Ali mitgebracht, und außerdem einen meiner Cousins, der zufällig gerade zu Besuch war, als Ismael auftauchte. Ali konnte man jetzt allerdings nicht mehr als meinen kleinen Bruder bezeichnen. Mit seinen eins neunzig überragte er mich ein ganzes Stück, was ihm ungeheuren Spaß bereitete. Immer wieder wollte ich ihn in den Arm nehmen. »Laß mich los«, rief er. »Ich bin kein kleines Kind mehr. Ich will bald heiraten!«

»Heiraten? Wie alt bist du?«

»Weiß ich nicht. Aber alt genug, um zu heiraten.«

»Das ist mir gleich. Für mich bist du immer noch mein kleiner Bruder. Komm her!« Ich zog ihn heran und wuschelte ihm durchs Haar. Mein Cousin lachte uns aus. »Dir habe ich früher immer den Hintern versohlt«, sagte ich zu ihm. Ich hatte ihn öfter hüten müssen, als er noch klein war und seine Familie uns besuchte.

»Ach ja? Das solltest du jetzt noch mal versuchen.« Er schubste mich und tänzelte um mich herum.

»Laß das!« schimpfte ich. »Wag es bloß nicht! Sonst kriegst du eine Abreibung.« Auch mein Cousin wollte bald heiraten. »Wenn du deinen Hochzeitstag noch erleben willst, leg dich nicht mit mir an.«

Mama übernachtete in der Hütte einer der Familien aus Galadi, die uns aufgenommen hatten. Ali und ich schliefen draußen, so wie früher. Als wir dort so lagen, verspürte ich einen unendlichen Frieden und vollkommenes Glück. Wir betrachteten die Sterne und unterhielten uns bis tief in die Nacht. »Weißt du noch, wie wir Papas kleine Frau an den Baum gebunden haben?« Und dann bogen wir uns vor Lachen.

Zunächst war Ali recht verschlossen, aber irgendwann gestand er mir: »Du fehlst mir wirklich sehr. Du bist schon so lange weg. Es ist so seltsam, daß du jetzt eine Frau bist, und ich bin ein Mann.« Ich genoß das wunderbare Gefühl, wieder bei meiner Familie zu sein und in meiner Muttersprache wie früher mit ihnen zu reden, zu scherzen und zu streiten.

Die Dorfbewohner verhielten sich unglaublich großzügig. Jeden Mittag und Abend wurden wir in ein anderes Haus eingeladen. Die Leute verwöhnten uns; sie wollten mit uns angeben und sich von den fremden Orten erzählen lassen, an denen wir schon gewesen waren. »Kommt nur, kommt, ihr müßt meine Tochter kennenlernen, und hier, meine Großmutter!« Sie schleiften uns mit und machten uns mit ihren Angehörigen bekannt. Von meiner Arbeit als Topmodel wurde dabei nicht gesprochen, denn darunter konnten sie sich nichts vorstellen. Ich war eine der Ihren, eine Nomadin, die zu ihnen zurückgekehrt war.

Meine Mutter, die gute Seele, verstand nicht, wie ich meinen Lebensunterhalt verdiente, sooft ich es ihr auch erklärte. »Was ist das? Was macht ein Model? Du arbeitest als was? Was bedeutet das genau?«

Irgendwann hatte ihr ein Reisender die Ausgabe der *Sunday Times* mit meinem Bild auf der Titelseite gezeigt. Die Somalis sind ungeheuer stolz, und es freute sie, daß eine der Ihren auf einer englischen Zeitung abgebildet war. Als Mama mein Foto sah, rief sie aufgeregt: »Das ist ja Waris! Meine Tochter!« Sie nahm die Zeitung und lief damit von einem Dorfbewohner zum anderen.

Nach dem ersten Abend legte sich ihre Scheu, und bald war sie bereits wieder so weit, daß sie mich herumkommandierte. »*So* kocht man das doch nicht, Waris! Tss, tss, aber, aber! Ich zeige es dir. Kocht man denn nicht bei euch, da, wo du jetzt wohnst?«

Mein Bruder fragte mich zu allem möglichen nach meiner Meinung. »Ach, halt den Mund, Ali! Du bist doch bloß ein dummer, unwissender Viehhirte«, neckte ich ihn. »Du hast nie etwas anderes gesehen als dieses Land und weißt nicht, wovon du redest.«

»So? Und du bist berühmt und benimmst dich wie eine dieser dämlichen Europäerinnen. Du meinst wohl, jetzt, wo du im Westen lebst, weißt du alles?«

Stundenlang ging es so hin und her. Ich wollte ihre Gefühle nicht verletzten, aber wenn nicht ich sie über bestimmte Dinge aufklärte, wer dann? »Ich glaube nicht, daß ich alles weiß, aber seit ich weggegangen bin, habe ich viel gesehen und gelernt. Das Leben besteht nicht nur aus Rindern und Kamelen. Ich könnte euch eine Menge erzählen.«

»Und was wäre das?«

»Beispielsweise, daß ihr eure Umwelt zerstört, indem ihr die Bäume beschneidet. Ihr gebt den jungen Pflanzen keine Möglichkeit zu wachsen, wenn ihr alle Zweige abschneidet, nur weil ihr Pferche für die dummen Tiere braucht.« Dabei zeigte ich auf eine Ziege, die in der Nähe herumstand. »Das ist falsch.«

»Was soll das heißen?«

»Nun, unser Land ist eine Wüste, weil wir sämtliche Bäume kaputtgemacht haben.«

»Das Land ist eine Wüste, weil es nicht regnet, Waris! Im Norden, da regnet es, und da gibt es auch Bäume.«

»Deshalb regnet es dort ja gerade. Es regnet, weil es dort Bäume gibt. Tag für Tag schneidet ihr noch die allerkleinsten Zweige ab, so daß hier nie ein Wald wachsen kann.« Sie wußten nicht so recht, was sie von dieser seltsamen Theorie halten sollten, und so wechselten sie lieber zu einem Thema, bei dem mir, wie sie glaubten, Widerspruch schwerfallen würde.

Meine Mutter machte den Anfang. »Warum bist du nicht verheiratet?« Selbst nach all den Jahren riß dieser Satz eine alte Wunde in mir auf. Schließlich war es der Punkt gewesen, der mich Heimat und Familie gekostet hatte. Ich weiß, daß es mein Vater gut mit mir gemeint hatte, doch die Wahl, vor die er mich gestellt hatte, war schrecklich gewesen: Entweder ich tat, was er wollte, und zerstörte mein Leben, indem ich diesen alten Mann heiratete, oder ich lief fort und gab alles auf, was ich kannte und liebte. Ich zahlte für meine Freiheit einen unermeßlich hohen Preis und hoffe nur, daß ich mein Kind nie zwingen werde, eine so schmerzliche Entscheidung zu treffen.

»Warum sollte ich heiraten, Mama? Muß ich denn überhaupt heiraten? Wünschst du mir nicht, daß ich Erfolg habe und stark und unabhängig bin? Was ich sagen will: Ich bin deshalb nicht verheiratet, weil ich noch nicht den Richtigen gefunden habe. Wenn ich ihn finde, dann werde ich auch heiraten.«

»Ich wünsche mir aber Enkelkinder.«

An diesem Punkt kamen die anderen ihr zu Hilfe. »Du bist zu alt. Wer würde dich noch haben wollen? Viel zu alt«, erklärte mir mein Cousin. Er schüttelte den Kopf; die Vorstellung, eine achtundzwanzigjährige Frau zu heiraten, schien ihm entsetzlich.

Ich hob entnervt die Hände. »Und wer möchte schon gezwungen werden, zu heiraten? Warum heiratet ihr beide?« Ich zeigte auf Ali und meinen Cousin. »Bestimmt, weil es von euch verlangt wird.«

»Nein, nein«, protestierten sie beide einhellig.

»Gut, aber nur weil ihr Jungen seid. Als Mädchen jedoch hast du kein Mitspracherecht. Als Mädchen mußt du heiraten, wenn man es dir sagt, und den Mann, den man dir vorsetzt. Was soll dieser Mist? Wer hat sich das überhaupt einfallen lassen?«

»Ach, halt doch den Mund, Waris«, stöhnte mein Bruder.

»Dann halt du auch die Klappe.«

Zwei Tage vor unserer Abreise erklärte uns Gerry, wir müßten jetzt mit dem Drehen anfangen. Er machte mehrere Aufnahmen von mir und meiner Mutter. Aber Mama, die noch nie eine Kamera gesehen hatte, gefiel das ganz und gar nicht. »Nimm das Ding von meinem Gesicht weg«, schimpfte sie und schlug nach dem Kameramann. »Waris, sag ihm, er soll das wegnehmen!« Ich erklärte ihr, es sei alles in Ordnung. »Sieht er mich an, oder sieht er dich an?«

»Uns beide.«

»Gut, dann sag ihm, daß ich ihn nicht ansehen werde. Er hört doch nicht etwa, was wir reden, oder?« Ich versuchte, ihr zu erklären, was wir hier taten, obwohl ich wußte, daß es sinnlos war.

»Doch, Mama, er hört jedes deiner Worte«, antwortete ich lachend. Der Kameramann erkundigte sich, worüber wir uns amüsierten. »Weil das alles so absurd ist«, erwiderte ich.

Am nächsten Tag filmte mich das Team, wie ich allein durch die Wüste ging. Dort stieß ich auf einen kleinen Jungen, der sein Kamel tränkte, und fragte ihn, ob ich es füttern dürfe. Ich hielt dem Tier den Eimer vors Maul, so daß die Crew es aufnehmen konnte. Die ganze Zeit kämpfte ich dabei mit den Tränen.

Am Tag vor unserer Abreise bemalte mir eine der Frauen aus dem Dorf die Fingernägel mit Henna, und ich hielt die Hand vor die Kamera. Zwar sah es aus, als hätte ich mir weichen Kuhfladen auf die Fingernägel geschmiert, doch ich fühlte mich wie eine Königin. Dies war ein alter Brauch meines Volkes, ein Schönheitsritual, das eigentlich nur Bräuten vorbehalten ist. Am Abend feierten wir ein Fest, und die Dorfbewohner sangen, klatschten in die Hände und tanzten. Es war wie damals in meinen Kindertagen, wenn wir zusammenkamen und den Regen feierten – ein unbändiges Gefühl von Freiheit und Freude.

Am nächsten Morgen stand ich zeitig auf, um noch mit meiner Mutter zu frühstücken, ehe uns das Flugzeug abholte. Ich fragte sie, ob sie mitkommen und bei mir in England oder den Vereinigten Staaten leben wollte.

»Aber was soll ich dort machen?« erwiderte sie.

»Das ist es ja gerade – gar nichts. Du hast in deinem Leben genug gearbeitet. Du sollst dich ausruhen und die Füße hochlegen. Ich will dich umsorgen.«

»Nein, das geht nicht. Zum einen wegen deinem Vater. Er wird langsam alt und braucht mich. Ich muß bei ihm bleiben. Und dann noch wegen der Kinder.«

»Was soll das heißen, Kinder? Wir sind doch alle erwachsen.«

»Ja, die Kinder deines Vaters. Erinnerst du dich an – wie hieß sie noch – das kleine Mädchen, das dein Vater geheiratet hat?«

»Ja«, erwiderte ich zögernd.

»Sie hat fünf Kinder bekommen, konnte es bei uns aber nicht mehr aushalten. Wahrscheinlich fand sie unser Leben zu schwer, oder sie kam mit deinem Vater nicht zurecht. Jedenfalls ist sie weggelaufen, von einem Tag auf den anderen verschwunden.«

»Mama! Das ist doch nicht dein Ernst! Du bist zu alt für diese Aufgabe. Du darfst nicht mehr so schwer arbeiten – Kinder hüten, in deinem Alter!«

»Aber dein Vater ist auch alt, und er braucht mich. Außerdem kann ich nicht einfach nur herumsitzen. Wenn ich mich hinsetzte, holt mich das Alter ein. Nach all den Jahren nur dazuhocken, würde mich verrückt machen. Ich muß in Bewegung bleiben. Nein. Wenn du etwas für mich tun willst, dann sorge dafür, daß ich hier in Afrika, in Somalia, einen Platz habe, an dem ich mich ausruhen kann, wenn ich müde bin. Dies ist meine Heimat, etwas anderes kenne ich nicht.«

Ich nahm sie fest in den Arm. »Ich habe dich lieb, Mama. Und ich komme zurück zu dir. Du kannst dich darauf verlassen, ich komme wieder ...«

Sie lächelte und winkte mir zum Abschied zu.

An Bord des Flugzeuges brach ich zusammen. Ich hatte keine Ahnung, wann und ob überhaupt ich meine Mutter wiedersehen würde. Als ich tränenüberströmt aus dem Fenster blickte und wir erst das Dorf und dann die Wüste hinter uns ließen, schossen die Filmleute von mir eine Nahaufnahme.

16. New York, New York

Im Frühjahr 1996 beendeten wir die Arbeit an der BBC-Dokumentation. Sie bekam den Titel: »Eine Nomadin in New York«. Und eine Nomadin war ich wirklich, denn nach all den Jahren hatte ich noch immer keinen festen Wohnsitz. Ich zog durch die Welt, meiner Arbeit nach: New York, London, Paris, Mailand. Dabei wohnte ich bei Freunden oder in Hotels. Meine wenigen Besitztümer – ein paar Fotos, Bücher und CD's – hatte ich bei Nigel in Cheltenham verstaut. Da ich einen Großteil meiner Aufträge in New York bekam, hielt ich mich in dieser Stadt auch länger auf als anderswo. Und irgendwann mietete ich mir dort dann meine erste Wohnung, ein Apartment in SoHo. Später hatte ich eine Wohnung im Village und schließlich ein Haus am West Broadway. Aber nirgendwo fühlte ich mich so richtig wohl. Besonders das Haus am Broadway trieb mich fast in den Wahnsinn. Wenn draußen ein Auto vorbeifuhr, hatte ich das Gefühl, es würde durch mein Wohnzimmer brausen. An der Straßenecke befand sich eine Feuerwache, und die ganze Nacht heulten die Sirenen. Weil ich mich dort nicht entspannen konnte, kündigte ich nach zehn Monaten und nahm mein Nomadenleben wieder auf.

In jenem Herbst arbeitete ich auf den Modenschauen in Paris, entschloß mich jedoch dann, die in London auszulassen und direkt nach New York zurückzufliegen. Ich hatte Lust, mir eine feste Bleibe zu suchen, um ein wenig zur Ruhe zu kommen. Während ich mich auf Wohnungssuche befand, lebte ich im Village bei George, einem meiner besten Freunde. Eines Tages feierte Lucy, eine seiner Freundinnen, ihren Geburtstag. Sie wollte abends ausgehen und sich amüsieren, aber George, der am nächsten Morgen wegen seiner Arbeit früh aufstehen mußte, meinte, er sei zu müde. Ich erklärte mich bereit, mich mit Lucy ins Nachtleben zu stürzen.

Wir verließen das Haus, ohne zu wissen, wohin. An der Eighth Avenue blieb ich stehen und zeigte ihr meine frühere Wohnung. »Da habe ich mal gewohnt, direkt über dem Jazzlokal. Sie spielen dort gute Musik, aber ich war noch nie drinnen.« Wir lauschten den Klängen, die auf die Straße drangen. »He, komm! Wir gehen rein. Willst du?«

»Nee. Ich möchte lieber ins Nell's.«

»Ach, bitte! Wir gehen rein und schauen uns mal um. Mir gefällt die Musik, die sie spielen. Ich hätte Lust zu tanzen.«

Widerstrebend willigte Lucy ein. Ich stieg die Stufen zu dem kleinen Club hinunter und sah schon vom Eingang aus die Band. Doch ich ging vor bis zur Bühne. Zuerst fiel mir der Schlagzeuger auf, denn in dem ansonsten schummrigen Raum wurde er als einziger von Scheinwerfern beleuchtet. Er trommelte gerade ein Solo. Ich stand da und starrte ihn an. Der Mann trug eine irre Afro-Frisur, wie sie in den Siebzigern modern gewesen war. Als Lucy sich neben mich stellte, sagte ich zu ihr: »Keine Diskussion. Wir bleiben. Setz dich, bestell dir was zu trinken. Hier bleiben wir noch ein bißchen.« Die Band jammte so richtig los, und ich tanzte wie wild. Lucy gesellte sich zu mir, und bald tanzten auch all die anderen Leute, die bis dahin dagehockt und nur zugehört hatten.

Erhitzt und durstig holte ich etwas zu trinken und stellte mich neben eine Frau aus dem Publikum. »Einfach toll, die Musik«, sagte ich. »Wer spielt denn da?«

»Keine Ahnung«, antwortete sie. »Das ist keine feste Gruppe. Mein Mann spielt das Saxophon.«

»Aha. Und wer ist das am Schlagzeug?«

Sie lächelte leise. »Tut mir leid, das weiß ich nicht.« Nach einigen Minuten kündigte die Band eine Pause an. Als der Schlagzeuger an uns vorbeikam, packte ihn die Frau am Ärmel. »Entschuldigung«, sagte sie, »aber meine Freundin möchte dich kennenlernen.«

»Ach ja? Und wer ist das?«

»Sie.« Im gleichen Augenblick schob sie mich nach vorn. Mir war das so peinlich, daß ich nicht wußte, was ich sagen sollte.

Nachdem ich einen Moment wie versteinert dagestanden hatte, stammelte ich schließlich: »Hi!« *Ruhe bewahren, Waris.* »Eure Musik gefällt mir.«

»Danke.«

»Wie heißt du?«

»Dana«, erwiderte er, während er sich scheu umsah.

»Oh.« Dann drehte er sich um und ging einfach

weg. Mist! Aber so leicht sollte er mir nicht davonkommen. Ich folgte ihm in die Ecke, wo er mit seinen Freunden von der Band saß, schnappte mir einen Stuhl und setzte mich neben ihn. Als er sich umdrehte und mich sah, fuhr er zusammen. »Habe ich nicht gerade mit dir geredet?« schimpfte ich. »Das war äußerst unhöflich. Du hast mich einfach stehenlassen.« Dana sah mich verstört an, dann verzog sich sein Gesicht, und er lachte, bis er sich den Bauch halten mußte.

»Wie heißt du«, fragte er, als er sich wieder aufgerichtet hatte.

»Das ist doch egal«, erwiderte ich so herablassend wie nur möglich und reckte die Nase in die Luft. Aber dann unterhielten wir uns über alles mögliche, bis er zurück auf die Bühne mußte.

»Bleibst du noch? Mit wem bist du hier?« fragte er.

»Mit einer Freundin. Sie steht dort drüben, bei den Leuten da.«

In der nächsten Pause erklärte er mir, sie würden nur noch ein paar Stücke spielen. Ob ich Lust hätte, mit ihm irgendwo hinzugehen, wenn sie fertig wären? Als er wiederkam, setzten wir uns zusammen und unterhielten uns über Gott und die Welt. Schließlich meinte ich: »Hier drinnen ist es zu verqualmt. Ich kriege kaum noch Luft. Kommst du mit nach draußen?«

»Gut. Gehen wir raus und setzen wir uns auf die Stufen.« Aber auf dem Treppenabsatz blieb er stehen. »Ich möchte dich was fragen. Darf ich dich in den Arm nehmen?«

Ich sah ihn an, als wäre das die selbstverständlichste Bitte von der Welt. Es kam mir vor, als würde ich ihn schon ewig kennen. Also umarmte ich ihn innig, und ich wußte, das war es – genauso wie damals, als es um meine Reise nach London und um meine Arbeit als Model gegangen war. Ich wußte, dieser schüchterne Schlagzeuger mit dem wirren Afrokopf war mein Mann. Es war inzwischen schon zu spät, um noch woanders hinzugehen, aber ich bat ihn, mich am nächsten Tag anzurufen, und gab ihm Georges Telefonnummer. »Am Vormittag habe ich noch ein paar Termine. Ruf mich bitte Punkt drei Uhr an. In Ordnung?« Ich wollte sehen, ob er sich an die Zeit halten würde, die ich ihm gesagt hatte.

Später erzählte er mir, daß er an jenem Abend auf dem Heimweg nach Harlem zur U-Bahn gegangen war und dort am Eingang eine riesige Reklametafel mit meinem Gesicht gesehen hatte, das auf ihn herabblickte. Das Plakat war ihm noch nie zuvor aufgefallen, und er war überrascht, daß ich Model war.

Am nächsten Tag klingelte das Telefon um zwanzig nach drei. Ich riß den Hörer von der Gabel. »Du hast dich verspätet!«

»Tut mir leid. Möchtest du heute abend mit mir essen gehen?« Wir trafen uns in einem kleinen Café im Village, und wieder redeten wir und redeten. Jetzt, da ich ihn besser kenne, weiß ich, wie untypisch das für ihn war, denn Leuten gegenüber, die er nicht kennt, bleibt er für gewöhnlich recht schweigsam. Irgendwann fing ich an zu lachen. Dana sah verdutzt auf. »Worüber lachst du?«

»Wenn ich das verrate, hältst du mich wahrscheinlich für verrückt.«

»Das tue ich jetzt schon. Nur zu.«

»Ich werde ein Kind von dir bekommen.« Daß er der Vater meines zukünftigen Babys werden sollte, schien ihn nicht besonders zu freuen. Er bedachte mich mit einem Blick, der fragte: *Ist diese Frau wirklich verrückt, oder will sie mich nur auf den Arm nehmen?* »Ich weiß, du hältst das für seltsam, doch ich wollte es dir gern sagen. Aber lassen wir das Thema. Sprechen wir von was anderem.«

Er schwieg und starrte mich an. Ich merkte, daß er einen riesigen Schrecken bekommen hatte. Kein Wunder, ich kannte ja noch nicht einmal seinen Nachnamen. Später sagte er mir, daß er damals gedacht hatte: »Ich will sie nicht wiedersehen. Ich muß diese Frau loswerden. Sie ist wie diese verrückte Aufreißerin in *Eine verhängnisvolle Affäre.*«

Dana brachte mich an diesem Abend zwar nach Hause, aber er war sehr schweigsam. Am nächsten Tag mochte ich mich selbst nicht leiden. Ich konnte nicht glauben, daß ich so etwas Dämliches zu ihm gesagt hatte. Aber am Abend vorher schien es mir das Normalste von der Welt zu sein, etwa wie: »Oh, heute wird es noch regnen.« Und es wunderte mich nicht, daß ich eine Woche lang nichts mehr von ihm hörte. Schließlich tat ich den ersten Schritt und rief ihn an. »Wo bist du?« fragte er.

»In der Wohnung meines Freundes. Wollen wir uns treffen?«

»O mein Gott! Ja, in Ordnung. Laß uns zusammen Mittag essen.«

»Ich liebe dich.«

»Ich liebe dich auch.« Entsetzt legte ich den Hörer

auf. Da hatte ich mir gerade vorgenommen, keine Dummheiten mehr zu machen, und dann erzählte ich dem Mann, ich würde ihn lieben. Keine Sprüche mehr über Babys oder so etwas Ähnliches – und dann platze ich mit einer Liebeserklärung heraus! *O Waris, was ist nur mit dir los?* Wenn ein Mann Interesse an mir zeigte, ergriff ich gewöhnlich die Flucht, und zwar so rasch, daß man nur noch eine Staubwolke von mir sah. Und jetzt stellte ich einem Mann nach, den ich kaum kannte. Als ich mich abends mit Dana traf, trug ich einen grünen Pullover und hatte mein Haar zu einer wilden Afro-Frisur gekämmt. Dana erzählte mir, daß er sich den ganzen Abend drehen und wenden konnte, wohin er wollte, er hätte nichts anderes gesehen als *grüner Pullover mit Afro*. Ich erklärte ihm, daß ich nicht lockerließe, wenn ich etwas wollte, und aus unerfindlichen Gründen wollte ich zum ersten Mal in meinem Leben einen Mann. Nur eines blieb mir unklar: Warum es mir vorkam, als würde ich ihn schon seit Ewigkeiten kennen.

Dana und ich trafen uns zum Mittagessen, und wieder redeten wir Stunde um Stunde über alles und jedes. Zwei Wochen später zog ich zu ihm in seine Wohnung nach Harlem. Und nach sechs Monaten beschlossen wir zu heiraten.

Als wir etwa ein Jahr zusammenlebten, sagte Dana plötzlich unvermittelt: »Ich glaube, du bist schwanger.«

»Um Himmels willen, was sagst du da!« schrie ich.

»Komm, wir gehen in die Apotheke.« Ich protestierte, doch er ließ nicht locker. Wir kauften einen Schwangerschaftstest. Er war positiv.

»Du glaubst diesen Mist doch nicht etwa?« fragte ich und zeigte auf die Packung.

Er nahm die Schachtel und zog ein neues Röhrchen heraus. »Dann mach es noch mal!« Der zweite Test war ebenfalls positiv. Mir war schon vorher übel gewesen, aber ich litt immer unter Übelkeit, wenn meine Periode einsetzte. Doch dieses Mal war es anders, es ging mir schlechter als sonst, und ich hatte stärkere Schmerzen. Trotzdem glaubte ich nicht, daß ich schwanger war. Ich war überzeugt, daß irgend etwas Grundlegendes mit mir nicht stimmte. Vielleicht mußte ich ja sterben. Ich ging zum Arzt und erklärte ihm, was los war. Er machte eine Blutuntersuchung, und ich wartete drei quälende Tage auf seinen Anruf, in dem er mir das Ergebnis mitteilen wollte. *Was zu Teufel geht da vor? Leide ich an einer schrecklichen Krankheit, und er traut sich nicht, es mir zu sagen?*

Als ich eines Nachmittags nach Hause kam, sagte Dana: »Ach übrigens, der Arzt hat angerufen.«

Ich fuhr mir mit der Hand an die Kehle. »O Gott! Was hat er gesagt?«

»Er will mit dir persönlich sprechen.«

»Hast du ihn nicht gefragt, was los ist?«

»Ganz ruhig. Er will morgen gegen elf oder zwölf wieder anrufen.«

Diese Nacht wurde zur längsten meines Lebens. Ich lag da und grübelte darüber nach, was die Zukunft mir wohl bringen würde. Kaum klingelte am nächsten Morgen das Telefon, riß ich den Hörer von der Gabel. »Ich habe Neuigkeiten für Sie«, sagte der Arzt. »Sie sind nicht mehr allein.« *Da haben wir's. Also doch. Nicht allein. Mein ganzer Körper voller Tumoren.*

»O nein! Was soll das heißen?«

»Sie sind schwanger. Im zweiten Monat.« Als ich diese Worte hörte, schwebte ich im siebten Himmel. Dana freute sich ebenfalls, denn er hatte sich schon immer Kinder gewünscht. Wir beide wußten sofort, daß es ein Junge werden würde. Doch meine erste Sorge galt der Gesundheit des Kindes. Unverzüglich suchte ich eine Ärztin für Geburtshilfe auf. Als sie die Ultraschalluntersuchung durchführte, bat ich sie, mir das Geschlecht des Kindes zu verschweigen.

»Sagen Sie mir bitte nur eins: Ist das Baby gesund?«

»Es gedeiht prächtig«, antwortete sie. »Alles bestens.« Das war es, was ich hören wollte.

Natürlich stand einer glücklichen Hochzeit von Dana und mir noch eines im Wege: Nigel. Als ich im vierten Monat war, beschlossen wir, gemeinsam nach Cheltenham zu fahren und die Sache mit Nigel ein für allemal zu klären. Doch bei meiner Ankunft in London litt ich unter der morgendlichen Übelkeit und hatte eine schlimme Erkältung. Wir kamen bei Freunden unter, und als ich mich wieder ein wenig erholt hatte, fand ich den Mut, Nigel anzurufen. Er erwiderte jedoch, auch er habe eine Erkältung, und so mußte ich meinen Besuch noch aufschieben.

Dana und ich warteten über eine Woche, bis Nigel

sich in der Lage fühlte, mich zu sehen. Ich rief ihn an und erklärte ihm, wann der Zug ankam, damit er uns vom Bahnhof abholte. »Du sollst auch wissen, daß Dana mich begleitet«, erklärte ich ihm. »Und ich möchte keine Schwierigkeiten. Verstanden?«

»Ich will ihn nicht sehen, das sage ich dir gleich. Die Sache betrifft nur dich und mich.«

»Nigel ...«

»Ist mir egal. Ist mir egal! Er hat nichts damit zu tun.«

»Er hat sehr viel damit zu tun. Ich bin mit ihm verlobt. Er ist der Mann, den ich heiraten will. Verstanden? Und deshalb ist er bei allem, was ich hier unternehme, dabei.«

»Ich will ihn nicht sehen, und damit basta.« Nigel hatte sich nach diesem Gespräch offensichtlich eingebildet, ich würde allein mit dem Zug in Cheltenham eintreffen. Als ich ausstieg, wartete er an einen Pfosten gelehnt auf dem Parkplatz und hielt wie üblich eine Zigarette in der Hand. Er sah noch schlechter aus als beim letzten Mal, als ich ihn gesehen hatte, sein Haar war länger, und er hatte dunkle Ringe unter den Augen.

Ich wandte mich zu Dana um. »Also, da steht er. Bleib ruhig.«

Wir gingen zu Nigel hinüber. Noch ehe ich ein Wort sagen konnte, schimpfte Nigel los: »Ich habe dir doch gesagt, daß ich ihn nicht sehen will. Das habe ich dir klipp und klar gesagt, und es war wohl deutlich genug. Ich will dich allein sprechen.«

Dana stellte unsere Taschen auf den Bürgersteig. »Hören Sie, sprechen Sie nicht so mit ihr! Und mir gegenüber schlagen Sie auch einen anderen Ton an. Warum wollen Sie mit ihr allein sprechen? Was haben Sie vor? Sie wollen sie unter vier Augen sprechen? Dagegen habe ich aber etwas einzuwenden. Und wenn Sie das nochmal verlangen, dann trete ich Ihnen in Ihren verdammten Arsch.«

Nigel wurde noch blasser, als er ohnehin schon war. »Tja ... ich habe keinen Platz mehr im Auto frei.«

»Das interessiert mich einen Scheißdreck. Wir können ein Taxi nehmen. Bringen wir die Sache endlich hinter uns.«

Doch Nigel hastete mittlerweile zu seinem Auto. »Nein, nein. So läuft das nicht bei mir«, rief er uns über die Schulter zu. Er sprang in den Wagen, startete den Motor und rauschte an uns vorbei. Dana und ich standen neben unseren Taschen und starrten ihm nach.

Wir beschlossen, uns eine Unterkunft zu suchen. Glücklicherweise gab es gleich am Bahnhof ein Bed-and-Breakfast, eine deprimierende kleine Absteige, aber angesichts der Umstände war das die geringste unserer Sorgen. Wir gingen in ein indisches Lokal essen, aber weil wir keinen Appetit hatten, hockten wir nur da und blickten dumpf vor uns hin, bis wir beschlossen, zurück auf unser Zimmer zu gehen.

Am nächsten Morgen rief ich Nigel wieder an. »Ich möchte nur meine Sachen abholen. Wenn du über das andere nicht reden willst, dann vergiß es. Aber gib mir mein Zeug.« Keine Chance. Dana und ich mußten in ein Hotel umziehen, weil das Bed-and-Breakfast, in dem wir übernachtet hatten, für den nächsten Tag ausgebucht war. Außerdem sah es so aus, als müßten wir uns für länger einrichten. Wenn man mit Nigel etwas aushandeln wollte, wußte Gott allein, wie lange man brauchen würde. Nachdem wir ein neues Zimmer gefunden hatten und umgezogen waren, rief ich Nigel erneut an. »Warum verhältst du dich eigentlich wie ein Arschloch? Warum tust du das? Seit wie vielen Jahren geht das nun schon so? Seit sieben? Seit acht? Bitte, komm zur Besinnung.«

»In Ordnung. Du willst mich sehen? Gut. Aber nur du allein. Ich hole dich vom Hotel ab. Doch wenn er mitkommt, dann vergiß es. Dann fahre ich wieder ab. Also, du allein!« Ich seufzte, aber da ich keinen anderen Ausweg aus dem Dilemma sah, gab ich nach.

Nachdem ich eingehängt hatte, erklärte ich Dana die Situation. »Dana, bitte! Laß mich allein hingehen und sehen, ob er mit sich reden läßt. Ich muß es versuchen.«

»Wenn du meinst, daß du damit Erfolg hast, einverstanden. Aber wenn er dich auch nur mit dem kleinen Finger anrührt, dann kann er sich auf was gefaßt machen. Ich sage dir, die Sache gefällt mir nicht. Doch wenn du es so willst, werde ich dich nicht aufhalten.« Ich bat Dana, in der Nähe des Hotels zu bleiben. Ich würde ihn anrufen, wenn ich ihn brauchte.

Nigel holte mich ab, und wir fuhren zu dem Cottage, das er gemietet hatte. Drinnen kochte er mir Tee. »Sieh mal, Nigel«, sagte ich. »Ich will diesen Mann heiraten. Ich bekomme ein Kind von ihm. Also schmink dir endlich ab, daß ich deine kleine brave Ehefrau bin und wir zusammenleben. Du machst dir was vor. Es ist vorbei, verstehst du? Komm, bringen wir es hinter uns. Ich möchte die Scheidung, noch diese Woche. Und ich fahre nicht eher nach New York zurück, als bis wir diesen ganzen Mist geklärt haben.«

»Bevor ich mich scheiden lasse, mußt du mir das Geld geben, das du mir schuldest.«

»Was? Ich schulde *dir* Geld? Wieviel? Wer arbeitet denn hier die ganze Zeit und finanziert dich seit Jahren?«

»Das ist für unsere Lebensmittel draufgegangen.«

»Ach so, ich verstehe. Auch wenn ich gar nicht da war. Aber da dir das Geld so wichtig ist, um wieviel handelt es sich denn?«

»Mindestens vierzigtausend Pfund.«

»Pah! Wo soll ich das denn hernehmen? Soviel habe ich nicht!«

»Das ist mir egal. Völlig egal. Schnuppe. Ich meine, so ist das nun mal. Du schuldest mir Geld, und vorher kriegst du von mir nichts, und schon gar keine Scheidung. Ich gebe dich nicht frei, ehe du nicht das Geld rausrückst, das du mir schuldest. Wegen dir mußte ich mein Haus verkaufen.«

»Du mußtest dein Haus verkaufen, weil du die Raten nicht zahlen konntest und ich die Nase voll davon hatte, immer für dich einzuspringen. Du hättest dir einfach nur eine Arbeit suchen müssen. Aber nicht mal das hast du fertiggebracht.«

»Was denn? Welche Arbeit? Wo hätte ich arbeiten sollen? Etwa bei McDonald's?«

»Wenn du damit die Raten hättest zahlen können, warum nicht?«

»So was liegt mir nicht.«

»Verdammt noch mal, was liegt dir dann?«

»Ich bin Umweltschützer!«

»Ach ja? Ich habe dir die Stelle bei Greenpeace besorgt, und man hat dich rausgeworfen. Du hast dort Hausverbot. Es ist also allein deine Schuld, und ich werde mir dieses Gejammere nicht länger anhören. Von mir kriegst du keinen verdammten Penny. Weißt du was? Behalte den blöden Paß und steck ihn dir in den Hintern. Anscheinend gibt es zwischen uns nichts mehr zu bereden. Wir waren nie richtig verheiratet, und da die Ehe nie vollzogen wurde, ist sie vor dem Gesetz ungültig.«

»Das stimmt nicht. Inzwischen hat sich das Gesetz geändert. Du bist mit mir verheiratet, Waris, und ich werde dich nicht freigeben. Dein Baby wird sein Leben lang ein Bastard sein.«

Ich saß da und starrte ihn an. Alles Mitleid, das ich je für ihn empfunden hatte, verwandelte sich in Haß. Mir wurde bewußt, wie absurd die Situation war. Ich hatte Nigel geheiratet, weil er mir unbedingt hatte helfen wollen. Es war »Allahs Wille« gewesen, wie er damals behauptete. Da seine Schwester eine gute Freundin war, ging ich davon aus, daß sie eingreifen würde, wenn Probleme auftauchten. Doch als ich Julie das letzte Mal sah, befand sie sich in der geschlossenen Abteilung einer Anstalt, wo ich sie mehrfach besuchte. Sie hatte Wahnanfälle, sah sich mit irrem Blick um, erzählte mir die wildesten Geschichten, daß sie verfolgt werde, daß man ihr nach dem Leben trachte. Es brach mir beinahe das Herz, sie so zu sehen, aber anscheinend lag geistige Verwirrtheit bei ihr in der Familie. »Ich kriege meine Scheidung, Nigel, mit oder ohne deine Einwilligung. Es gibt nichts mehr zu besprechen.«

Finster blickte er mich einen Moment lang an. Dann sagte er leise: »Na gut. Wenn ich dich verliere, habe ich nichts mehr auf der Welt. Ich bringe dich um, und dann töte ich mich.«

Ich erstarrte. Hastig überlegte ich mir meinen nächsten Schritt, dann versuchte ich es mit einem Bluff. »Dana kommt gleich, um mich abzuholen. Wenn ich du wäre, würde ich nichts Unüberlegtes tun.« Mir war klar, daß ich so schnell wie möglich hier wegkommen mußte, denn dieses Mal drehte er wirklich ab. Ich bückte mich, um meine Tasche vom Boden aufzuheben. Da gab er mir von hinten einen Stoß. Ich knallte gegen die Stereoanlage, dann fiel ich rücklings auf das Parkett. Zunächst blieb ich einfach nur liegen, ich hatte Angst, mich zu bewegen. *O Gott, das Baby!* Ich konnte an nichts anders denken. Womöglich war dem Baby etwas zugestoßen. Langsam rappelte ich mich auf.

»O Scheiße. Ist alles in Ordnung mit dir?« fragte Nigel.

»Ja. Es geht schon«, erwiderte ich leise. Mir wurde klar, wie dumm es gewesen war, allein hierherzukommen. Jetzt wollte ich nur noch unversehrt hier raus. »Ist schon gut. Mir ist nichts passiert.« Er half mir auf die Beine. Mit gespielter Gelassenheit zog ich mir meine Jacke über.

»Ich fahre dich zurück. Sieh zu, daß du ins Auto

kommst.« Er war schon wieder wütend. Unterwegs dachte ich: *Er haßt mein Baby, und wenn es tot wäre, würde er sich freuen. Vielleicht steuert er das Auto über den Rand einer Klippe.* Ich legte den Sicherheitsgurt an. Er hingegen brüllte, kreischte, fluchte und warf mir jede Beleidigung an den Kopf, die ihm nur einfiel. Ich rührte mich nicht und sah schweigend geradeaus, denn ich fürchtete, er würde mich schlagen, wenn ich auch nur ein Wort sagte. Inzwischen war ich wie betäubt; mein Leben war mir gleichgültig, für mich zählte nur noch das Leben meines Kindes. Ich bin eine Kämpfernatur, und wäre ich nicht schwanger gewesen, hätte ich ihm die Eier abgerissen.

Als wir bei dem Hotel vorfuhren, schimpfte er: »Und ist das alles? Du sitzt einfach nur da und schweigst, nach allem, was ich für dich getan habe?« Kaum war der Wagen zum Stehen gekommen, griff er über mich hinweg, öffnete die Beifahrertür und stieß mich nach draußen. Eines meiner Beine war noch im Auto, es hatte sich unter dem Sitz verklemmt, und ich strampelte mich frei. Dann rannte ich ins Hotel und flüchtete mich in unser Zimmer.

Als Dana mir öffnete, liefen mir die Tränen übers Gesicht. »Was war los? Hat er dir was getan?«

Eins war mir klar: Wenn ich Dana die Wahrheit sagte, würde er Nigel umbringen. Man würde ihn ins Gefängnis stecken, und ich müßte unser Kind alleine großziehen. »Nein, nichts. Er hat sich nur wie ein Arschloch verhalten, wie üblich. Er wollte meine Sachen nicht rausrücken.« Ich putzte mir die Nase.

»Ist das alles? Ach Waris, vergiß diesen Mist. Es lohnt sich nicht, deswegen zu weinen.« Dana und ich nahmen die erste Maschine zurück nach New York, die wir kriegen konnten.

Als ich im achten Monat war, erfuhr ein afrikanischer Fotograf von meiner Schwangerschaft. Er erkundigte sich, ob er mich fotografieren dürfe, und zwar in Spanien, wo er lebte und arbeitete. Zu der Zeit fühlte ich mich so prächtig, daß ich vor dem Flug keine Angst hatte. Zwar sollte ich nach dem sechsten Monat nicht mehr fliegen, so der ärztliche Ratschlag, doch ich zog einen weiten Pullover an und huschte an Bord der Maschine. Der Fotograf machte ein paar ausgezeichnete Aufnahmen, die in der *Marie Claire* erschienen.

Dann mußte ich noch einmal fliegen, bevor mein Baby geboren wurde. Zwanzig Tage vor dem errechneten Termin reiste ich nach Nebraska zu Danas Familie, damit sie mir nach der Geburt helfen konnten. Ich wohnte bei Danas Eltern in Omaha. Dana hatte allerdings noch Auftritte in New Yorker Clubs zugesagt und wollte erst in der darauffolgenden Woche kommen. Doch schon kurz nach meiner Ankunft hatte ich am Morgen nach dem Aufstehen ein komisches Gefühl im Magen. Ich fragte mich, was ich wohl Falsches gegessen hatte, daß ich solche Verdauungsbeschwerden bekam. Dieser Zustand hielt den Tag über an, und am nächsten Morgen hatte ich richtig schlimme Bauchschmerzen. Allmählich dämmerte mir, daß es vielleicht gar nicht der Magen war. Vielleicht wollte das Baby heraus.

Ich rief Danas Mutter in der Arbeit an. »Ich habe so komische Schmerzen«, sagte ich. »Sie kommen und gehen, und zwar schon seit gestern, den ganzen Tag und die ganze Nacht. Und jetzt werden sie schlimmer. Ich weiß nicht, was ich Falsches gegessen haben könnte, und es kommt mir seltsam vor.«

»Waris, um Himmels willen! Das sind Wehen!«

Ach so. Ich war wahnsinnig glücklich, denn allmählich hatte ich lange genug auf unser Kind gewartet. Und so rief ich Dana in New York an. »Ich glaube, das Baby kommt«, erklärte ich ihm.

»Nein, nein! Du darfst es nicht kriegen, bevor ich da bin. Halt es auf! Ich beeile mich, ich nehme das nächste Flugzeug.«

»Dann komm doch, und halt du es auf! Wie verdammt noch mal soll ich das denn anstellen, das Baby aufhalten?« Was waren Männer doch dumm. Allerdings wünschte auch ich mir, daß Dana bei der Geburt unseres ersten Kindes dabei war, und wäre sehr enttäuscht gewesen, hätte er sie nicht miterleben können. Seine Mutter hatte nach meinem Anruf mit dem Krankenhaus telefoniert, und jetzt meldete sich die Schwester, um nachzufragen, wie es mir ging. Sie sagte, wenn ich das Baby haben wolle, solle ich auf- und abgehen. Daraus schloß ich, ich müsse das Gegenteil tun, wenn ich es noch nicht haben wollte, also völlig bewegungslos liegenbleiben.

Dana traf erst am folgenden Abend ein. Zu diesem Zeitpunkt hatte ich bereits seit drei Tagen Wehen. Als sein Vater zum Flughafen fuhr, um ihn abzuholen, japste ich schwer. »Ohhh, ahhh! Mist, verdammter! O mein Gott!«

»Du mußt zählen, Waris, zählen«, rief Danas Mutter. Wir merkten, daß es höchste Zeit war, zum

Krankenhaus zu fahren, doch wir konnten nicht aufbrechen, weil Danas Vater das Auto hatte. Als er am Haus vorfuhr, ließen wir ihn gar nicht erst hinein, sondern riefen ihm zu: »Zurück ins Auto, wir müssen sofort in die Klinik.«

Dort trafen wir um zehn Uhr abends ein. Um zehn Uhr am nächsten Morgen lag ich immer noch in den Wehen. »Ich will mich kopfunter an einen Baum hängen«, rief ich ein ums andere Mal. Dies war, wie ich wußte, ein animalischer Instinkt, denn ähnlich bekommen auch die Affen ihre Jungen. Sie sind ständig in Bewegung, sie setzen und hocken sich hin, sie rennen und lassen sich von einem Ast herabhängen, bis das Junge zur Welt kommt. Sie liegen nicht einfach nur da. Seit jenem Tag nennt mich Dana Äffchen und ruft immer wieder mit Fistelstimme: »Ahh, ich will mich kopfunter an einen Baum hängen.«

Als wir endlich im Kreißsaal waren, unterstützte mich der werdende Vater nach Kräften. »Tief durchatmen, Kleine, einfach nur atmen.«

»Verdammt! Scher dich zum Teufel! Ich bringe dich um, du Idiot.« O mein Gott, am liebsten hätte ich ihn erschossen. Ich wollte sterben, aber ehe ich starb, wollte ich sichergehen, daß ich ihn um die Ecke gebracht hatte.

Gegen Mittag war der Augenblick endlich da. Ich erinnerte mich mit Dankbarkeit an den Arzt, der mich in London operiert hatte, denn wie die Geburt hätte vonstatten gehen sollen, während ich noch zugenäht war, konnte ich mir nicht vorstellen. Nach neun Monaten des Wartens und drei Tagen voller

Schmerzen kam mein Kind dann wundersamerweise endlich zur Welt. Ohhh! Nach all der Zeit war ich so froh, ihn endlich zu sehen, diesen winzigen, kleinen Kerl. Er war wunderhübsch, hatte seidiges schwarzes Haar, einen winzigen Mund und unglaublich lange Zehen und Finger. Er war mehr als 50 cm groß, wog jedoch nur 3184 Gramm. Mein Sohn sagte: »Ah«, dann blickte er sich neugierig im Raum um. *So sieht es hier also aus! Ist es das?* Ist dies das Licht? Es muß schön für ihn gewesen sein, nach den neun Monaten Dunkelheit.

Ich hatte die Angestellten des Krankenhauses gebeten, mir meinen Sohn direkt nach der Geburt auf den Bauch zu legen, noch mit der Käseschmiere und allem. Das taten sie, und als ich ihn auf mir spürte, merkte ich sofort, daß der Spruch, den alle Mütter erzählen, wahr ist: Wenn du dein Kind im Arm hältst, ist die Qual vergessen. In diesem Moment denkst du nicht mehr an die Schmerzen. Du empfindest nur noch Freude.

Ich nannte den Jungen Aleeke; das ist Somali und heißt »starker Löwe«. Doch im Augenblick ähnelt er mit seinem kleinen Schmollmund, seinen Pausbäckchen und seinem Lockenkranz eher einem Engel. Seine breite Stirn wölbt sich genauso hoch wie meine. Wenn ich mit ihm spreche, schürzt er die Lippen und sieht aus wie ein kleiner Vogel, der gleich loszwitschern möchte. Vom ersten Moment an war er äußerst aufmerksam, er sieht sich alles ruhig an und entdeckt seine neue Welt.

Als kleines Mädchen freute ich mich immer ganz besonders auf den Augenblick, wenn ich die Tiere versorgt hatte, nach Hause kam und mich in Mamas Schoß legen durfte. Sie streichelte mir dann über den Kopf und gab mir damit ein ungeheures Gefühl des Friedens und der Geborgenheit. Nun mache ich das mit Aleeke, und er liebt es genauso wie ich damals. Ich massiere ihm den Kopf, und er schläft auf meinem Schoß ein.

Mit seiner Geburt hat sich mein Leben von Grund auf verändert. Das Glück, das er mir schenkt, bedeutet mir alles. All die Dinge, über die ich mich früher beklagt oder mir Sorgen gemacht habe, sind unwichtig geworden. Darauf kommt es nicht an. Einzig das Leben – das Geschenk des Lebens – zählt, das hat mir die Geburt meines Sohnes vor Augen geführt.

17. Die Botschafterin

Durch die Mutterschaft erwirbt sich eine Frau in meiner Kultur besondere Achtung. Sie hat einen Menschen zur Welt gebracht und damit den Kreislauf des Lebens erhalten. Mit Aleekes Geburt wurde auch ich eine Mama und erst damit eine erwachsene Frau. Nachdem nun dieser Prozeß, der mit meiner Beschneidung im Alter von fünf Jahren verfrüht begonnen hat, durch die Geburt meines Kindes, als ich etwa dreißig war, abgeschlossen ist, empfinde ich für meine Mutter größere Achtung denn je. Ich habe begriffen, wie unglaublich stark die Frauen in Somalia sein mußten, allein um die Bürde zu tragen, dort eine Frau zu sein. In England und später in Amerika bemühte ich mich, meine Pflichten so gut wie möglich zu erledigen, auch wenn ich an manchen Tagen glaubte, es nicht zu schaffen: Wenn ich Böden bei McDonald's scheuerte, obwohl meine Periode so schmerzhaft war, daß ich dachte, ich würde in Ohnmacht fallen. Als ich die grobe Naht an meiner Scheide aufschneiden ließ, damit ich wenigstens richtig urinieren konnte. Als ich im neunten Monat schwanger mit der U-Bahn nach Harlem fuhr und mich die Treppen hinaufschleppte, nachdem ich die Einkäufe erledigt hatte. Als ich drei Tage lang in den

Wehen lag und dachte, ich würde vor den Augen der Ärzte im Kreißsaal sterben.

In Wahrheit habe ich großes Glück. Denn was ist mit den Mädchen draußen im Busch, die kilometerweit laufen müssen, während sie sich vor Menstruationsschmerzen kaum aufrecht halten können? Wie steht es mit den Ehefrauen, die nach der Geburt wieder mit Nadel und Faden zugenäht werden, damit nur eine enge Öffnung für den Ehemann bleibt? Oder mit der Frau im neunten Monat, die in der Wüste nach Nahrung sucht, damit ihre anderen elf Kinder nicht verhungern müssen? Und was muß die junge Frau durchmachen, die kurz vor der Geburt ihres ersten Kindes steht, aber immer noch zugenäht ist? Wie ist das, wenn man in die Wüste hinausgeht, so wie meine Mutter, und versucht, sein Baby ohne fremde Hilfe zur Welt zu bringen? Leider weiß ich die Antwort auf diese Frage: Viele verbluten dort draußen, und wenn sie Glück haben, finden ihre Ehemänner sie vor den Geiern und Hyänen.

Mit zunehmendem Alter und Wissen erkannte ich, daß ich nicht allein war. Millionen von Mädchen und Frauen auf der ganzen Welt quälen die gleichen gesundheitlichen Probleme wie mich seit meiner Beschneidung. Nur wegen einer Tradition, die aus Unwissenheit fortgeführt wird, muß ein Großteil der Frauen in Afrika ein Leben unter Schmerzen führen. Wer hilft diesen Frauen in der Wüste, die wie meine Mutter weder Geld noch Macht besitzen? Jemand muß für das kleine, stumme Mädchen die Stimme erheben. Und weil auch ich einmal eine Nomadin war, fühle ich mich berufen, ihnen zu helfen.

Ich habe nie eine Erklärung dafür gefunden, warum mein Leben so viele scheinbar zufällige Wendungen nahm. Aber eigentlich glaube ich nicht an den Zufall; meiner Überzeugung nach steckt mehr dahinter. Allah hat mich in der Wüste vor einem Löwen gerettet, nachdem ich von daheim fortgelaufen war, und seit diesem Erlebnis wußte ich, daß er etwas mit mir vorhatte, daß es einen Grund gab, warum ich weiterleben durfte. Aber welchen?

Eine Journalistin, die für das Modemagazin *Marie Claire* arbeitete, vereinbarte einen Interviewtermin mit mir. Vor unserer Begegnung überlegte ich mir sehr genau, was ich in dem Artikel sagen wollte. Als ich Laura Ziv dann zum Mittagessen traf, war sie mir auf Anhieb sympathisch. »Wissen Sie, ich habe keine Ahnung, was Sie von mir hören wollen, aber diese typischen Berichte über das Leben eines Models sind doch schon tausendmal gebracht worden. Wenn Sie mir die Veröffentlichung garantieren, bekommen Sie von mir eine richtige Geschichte«, schlug ich ihr vor.

»Wirklich? Nun, ich werde mein Bestes tun«, erwiderte sie und schaltete den Kassettenrecorder ein. Dann begann ich ihr zu schildern, wie ich als Kind beschnitten wurde. Ich war noch längst nicht fertig mit meinem Bericht, da begann die Frau zu weinen und schaltete den Recorder ab.

»Oh, was haben Sie denn?«

»Ach, es ist schrecklich ... einfach fürchterlich. Ich hätte nie gedacht, daß so etwas heute noch passiert.«

»Eben, das ist es ja. Die Menschen in den Industrienationen wissen nichts davon. Glauben Sie, Sie können es in Ihrer Zeitschrift veröffentlichen, in Ihrem berühmten Hochglanzmagazin, das ausschließlich weibliche Leser hat?«

»Ich verspreche Ihnen, daß ich alles versuchen werde, aber die Entscheidung liegt bei meiner Chefin.«

Am Tag darauf konnte ich nicht fassen, was ich getan hatte, und schämte mich schrecklich. Alle wußten jetzt über mich Bescheid, waren in mein persönlichstes Geheimnis eingeweiht. Dabei hatte ich bisher nicht einmal meinen engsten Freunden erzählt, was mir als kleines Mädchen zugefügt worden war. Da ich einer Kultur entstamme, in der nichts nach außen getragen wird, hatte ich schlicht nie genug Mut gehabt, über so etwas zu sprechen. Und nun schilderte ich es Millionen von Fremden. Aber irgendwann sagte ich mir: *Schluß jetzt. Wenn es nötig ist, daß du dich dafür deiner Würde beraubst, dann nichts wie weg damit.* Und so geschah es. Ich legte meine Würde ab, als würde ich die Kleider ausziehen, und lebte ohne sie weiter. Doch eines bereitete mir Sorgen: Wie würden andere Somalis darauf reagieren? Ich hörte schon ihre Schimpftiraden: »Wie kannst du es wagen, unsere uralten Traditionen zu kritisieren?« Sie würden reden wie meine Familie, als ich sie in Äthiopien wiedersah: »Du meinst wohl, jetzt wo du im Westen lebst, wüßtest du alles besser.«

Nachdem ich lange darüber nachgedacht hatte, kam ich zu dem Schluß, daß ich aus zwei Gründen über meine Beschneidung sprechen mußte: Zum einen beeinträchtigt sie mich sehr stark. Neben den gesundheitlichen Problemen, mit denen ich noch immer zu kämpfen habe, werde ich niemals eine lustvolle Sexualität erleben. Ich fühle mich unvollständig, behindert, und ich weiß, daß ich nichts dagegen tun kann; das gibt mir ein Gefühl der Ohnmacht. Als ich Dana kennenlernte und mich in ihn verliebte, wollte ich ein erfülltes Sexualleben mit ihm haben. Aber wenn mich heute jemand fragt: »Gefällt dir Sex?«, muß ich antworten: »Nicht so wie anderen Menschen. Es gefällt mir, daß ich Dana körperlich nahe bin, weil ich ihn liebe.«

Mein ganzes Leben lang habe ich nach einem Grund für meine Beschneidung gesucht. Vielleicht könnte ich akzeptieren, was mir angetan wurde, wenn mir ein einleuchtender Grund dafür einfallen würde. Doch ich weiß keinen. Je länger ich erfolglos darüber nachdachte, desto wütender wurde ich. Ich mußte über mein Geheimnis sprechen, weil ich es mein ganzes Leben lang versteckt mit mir herumgetragen hatte. Da ich keine Familie um mich hatte, keine Mutter und keine Schwestern, konnte ich meinen Kummer mit niemandem teilen. Ich bezeichne mich nicht gern als Opfer, denn das klingt so hilflos. Doch als die Zigeunerin ihr blutiges Werk an mir verrichtete, war ich genau das – hilflos. Später allerdings, als erwachsene Frau, war ich kein Opfer mehr, denn ich konnte handeln. Als ich das Interview für *Marie Claire* gab, wollte ich, daß diejenigen, die diese qualvollen Praktiken befürworten, von wenigstens einer Frau erfahren, wie das ist – denn die Frauen in meinem Land sind zum Schweigen verurteilt.

Nachdem ich mein Geheimnis preisgegeben hatte, passierte es mir gelegentlich, daß die Leute mich auf der Straße komisch ansahen. Ich beschloß, sie zu ignorieren. Denn es gab einen zweiten Grund, warum ich den Artikel machen wollte: Die Menschen sollten erfahren, daß diese Praktiken auch heute noch verbreitet sind. Ich mußte an die Öffentlichkeit gehen, nicht nur für mich, sondern für all die kleinen Mädchen auf der Welt, die in diesem Augenblick diese Tortur erleiden. Es sind nicht Hunderte, nicht Tausende, sondern Millionen von Mädchen, die damit leben müssen und daran sterben. Für mich ist es bereits zu spät, der Schaden ist nicht wiedergutzumachen; aber vielleicht kann ich dazu beitragen, daß eine andere davor bewahrt wird.

Auf mein Interview mit dem Titel »The Tragedy of Female Circumcision« gab es bewegende Reaktionen. Laura hatte phantastische Arbeit geleistet, und mit der Veröffentlichung des Artikels bewies Marie Claire großen Mut. Das Magazin und Equality Now, eine Organisation, die für die Rechte der Frauen kämpft, wurden mit positiven Zuschriften überhäuft. Wie Laura an dem Tag, als ich ihr meine Geschichte erzählte, zeigten sich auch die Leserinnen entsetzt:

Vor genau einem Monat las ich in der März-Nummer der Marie Claire *entgeistert über die »Beschneidung« von Frauen, und seither geht mir das Thema nicht mehr aus dem Sinn. Mir fällt es schwer zu glauben, daß* irgend jemand, *ob Mann oder Frau, jemals etwas so Grausames und Unmenschliches vergessen oder abtun kann wie die Mißhandlung des Geschlechts, das Gott dem Mann als Freundin und Kameradin, als »Gefähr-*

tin« zur Seite gestellt hat. In der Bibel steht, Männer sollen ihre Frauen lieben. Aber selbst in einer Kultur, die von der Existenz Gottes nichts weiß, müssen die Menschen doch sehen, daß sie falsch handeln, wenn sie ihren Frauen solche Schmerzen, solch tiefe Traumata zufügen und sie sogar in Lebensgefahr bringen! Wie können sie nur zulassen, daß ihre Frauen, Töchter und Schwestern dies weiterhin erleiden müssen? Ist ihnen denn nicht klar, daß sie ihre Frauen damit in vielerlei Hinsicht zerstören?

Gott helfe uns, aber wir müssen etwas tun! Es ist mein erster Gedanke am Morgen und mein letzter am Abend, und tagsüber breche ich immer wieder in Tränen deswegen aus. Man muß diese Menschen mit Hilfe von World Vision oder einer ähnlichen Organisation aufklären und ihnen zeigen, wieviel schöner die Ehe und die Sexualität für Männer und Frauen sein kann, so wie es ja auch im Schöpfungsplan vorgesehen ist, und daß Frauen aus gutem Grund mit bestimmten Körperteilen geboren werden, ebenso wie die Männer!

Eine andere Zuschrift lautete:

Soeben habe ich den Artikel über Waris Dirie zu Ende gelesen, und es tut mir in der Seele weh, daß kleine Mädchen nach wie vor derart qualvoll verstümmelt werden. Ich kann es kaum glauben, daß solche sadistischen Praktiken heute noch üblich sind. Die Frauen, die dies durchgemacht haben, müssen ihr ganzes Leben mit unglaublichen Problemen kämpfen. Tradition hin oder her, dieser weltweite Frevel gegenüber Frauen muß aufhören. Wenn man die Genitalien eines Mannes auf-

schlitzen und dann wieder zunähen würde, hätte es mit dieser Praxis schnell ein Ende, das garantiere ich. Wie kann man überhaupt mit einer Frau zusammensein, wenn sie dabei ständig schreckliche Schmerzen leidet? Der Artikel hat mir die Tränen in die Augen getrieben, und ich schreibe jetzt gleich an Equality Now, *um zu fragen, wie ich helfen kann.*

In einem an mich adressierten Brief stand:

Wir haben schon viele tragische Geschichten gehört, und auch künftig werden wir viel Schreckliches erfahren, aber, liebe Waris, man kann keine schlimmere Geschichte als diese über eine Kultur erzählen, in der die Menschen ihren Kindern so etwas antun. Als ich diesen Artikel las, habe ich geweint und war zutiefst niedergeschlagen. Ich möchte so gern etwas tun, damit es anders wird, aber ich weiß nicht, was ein einzelner ausrichten könnte.

Ich war sehr erleichtert über die vielen positiven Reaktionen; in lediglich zwei Briefen wurde ich kritisiert, und es ist keine Überraschung, daß diese aus Somalia kamen.

Nun begann ich, weitere Interviews zu geben und Vorträge zu halten, wo immer es nur möglich war, an Schulen und für gemeinnützige Organisationen.

Da kam es zu einer weiteren schicksalhaften Fügung. An Bord einer Maschine von Europa nach New York befand sich eine Visagistin, die mein Interview in der *Marie Claire* las. Noch während des Fluges zeigte sie es ihrer Chefin mit den Worten:

»Das müssen Sie unbedingt lesen.« Ihre Chefin war niemand anderer als Barbara Walters. Wie Barbara mir später erzählte, konnte sie den Artikel nicht zu Ende lesen, weil er sie so aufwühlte. Doch sie hatte das Gefühl, daß man auf dieses Problem aufmerksam machen sollte, und beschloß, eine ihrer Sendungen meiner Geschichte zu widmen, damit die Zuschauer von diesen Praktiken erfuhren. Ethel Bass Weintraub produzierte den Beitrag mit dem Titel »A Healing Journey«, der später sogar mit einem Preis ausgezeichnet wurde.

Als Barbara mich interviewte, hätte ich am liebsten geweint, so nackt fühlte ich mich. Bei einem Zeitungsinterview hat man größere Distanz zum Publikum; ich mußte lediglich Laura meine Geschichte erzählen, wir waren nur zwei Frauen in einem Restaurant. Aber als ich fürs Fernsehen gefilmt wurde, wußte ich, daß die Kameras Nahaufnahmen von meinem Gesicht machten, während ich Geheimnisse preisgab, die ich mein Leben lang für mich behalten hatte. Es war, als würden sie mein Innerstes freilegen.

»A Healing Journey« wurde im Sommer 1997 ausgestrahlt. Bald darauf erhielt ich einen Anruf meiner Agentur. Die UNO habe den Beitrag gesehen und wolle mit mir Kontakt aufnehmen.

Die Ereignisse hatten sich wieder einmal auf erstaunliche Weise entwickelt. Der United Nations Population Fund bat mich um meine Unterstützung im Kampf gegen die weibliche Beschneidung. In Zusammenarbeit mit der Weltgesundheitsorganisation hatte man dort statistisches Material zusammengetragen, das das Ausmaß des Problems in erschrekkender Weise verdeutlichte. Nachdem ich diese Zahlen gesehen hatte, wurde mir erst richtig klar, daß dies nicht allein mein Problem war. Die weibliche Beschneidung, oder die Genitalverstümmelung an Frauen, wie man es heute richtiger bezeichnet, kommt hauptsächlich in achtundzwanzig Ländern Afrikas vor. Nach Schätzungen der Vereinten Nationen ist diese Praktik bisher bereits bei hundertdreißig Millionen Mädchen und Frauen angewendet worden. Zwei Millionen Mädchen laufen jedes Jahr Gefahr, die nächsten Opfer zu sein – das sind sechstausend täglich. Die Beschneidung wird normalerweise unter primitiven Bedingungen von einer Hebamme oder einer Frau aus dem Ort durchgeführt; es wird kein Betäubungsmittel verabreicht. Die Frauen benutzen zum Schneiden alle möglichen Geräte, von Rasierklingen, Messern, Scheren, Glasscherben bis zu scharfen Steinen – in manchen Regionen sogar die Zähne. Die Schwere der Verstümmelung ist je nach geographischer Lage und kultureller Tradition unterschiedlich. Der geringste Schaden entsteht, wenn nur die Spitze der Klitoris entfernt wird, was zur Folge hat, daß das Mädchen niemals Lust beim Sex empfinden wird. Das andere Extrem ist die »pharaonische Beschneidung«, die an achtzig Prozent der Frauen in Somalia durchgeführt wird und die auch ich erlitt. Infolge dieses Eingriffs kommt es häufig zu Komplikationen, unter anderem zu Schockzuständen, Infektionen, Schädigungen an Harnröhre und After, Vernarbungen, Tetanus, Blasenentzündungen, Blutvergiftungen, Aids und Hepatitis B. An Langzeitschäden sind zu nennen: chronische und wiederkehrende Harnröhren-, Blasen- und Beckenentzündungen, die zu Sterilität, Zysten und Abszessen an der Vulva führen können, schmerzhafte Neurome, Probleme beim Urinieren, Dysmenorrhö, Stauung von Menstruationsblut in der Bauchhöhle, Frigidität, Depressionen und Tod.

Die Vorstellung, daß dieses Jahr wieder zwei Millionen kleine Mädchen dasselbe erleiden müssen, was ich einst durchgemacht habe, bricht mir das Herz. Aus diesen Mädchen, das weiß ich inzwischen aus eigener Erfahrung, werden zornige Frauen wie ich, denen ein Schaden zugefügt wurde, der nicht wiedergutzumachen ist.

Und die Zahl der verstümmelten Mädchen vergrößert sich eher, als daß sie abnimmt. Die vielen tausend Afrikaner, die nach Europa und in die Vereinigten Staaten emigriert sind, haben diesen grausamen Brauch dorthin mitgenommen. Nach Schätzungen des Federal Center for Disease Control and Prevention haben sich im Staat New York bereits 27.000 Frauen der Prozedur unterzogen oder werden dies noch tun. Aus diesem Grund verabschiedet man in vielen Bundesstaaten Gesetze, die die Genitalverstümmelung an Frauen verbieten. Die Behörden erachten es als notwendig, die gefährdeten Kinder mit Hilfe von eigenen Gesetzen zu schützen, denn deren Familien behaupten häufig, die Verstümmelung ihrer Töchter gehöre zur freien »Religionsausübung«. Nicht selten spart eine afrikanische Gemeinde in Amerika so lange, bis sie es sich leisten kann, eine Frau aus Afrika zu holen, die Beschneidungen durchführt, eine Frau wie die Zigeunerin bei mir. Diese beschneidet dann eine ganze Schar von kleinen Mädchen auf einmal. Ist das nicht möglich, nimmt die Familie die Sache oft selbst in die Hand. Ein Vater in New York City drehte die Stereoanlage so laut auf, daß die Nachbarn die Schreie nicht hören konnten. Dann schnitt er seinen Töchtern die Genitalien mit einem Steakmesser ab.

Voller Stolz nahm ich das Angebot der UNO an, Sonderbotschafterin zu werden und sie in ihrem Kampf zu unterstützen. Und ich betrachte es als besondere Ehre, mit Frauen wie Dr. Nafis Sadik zusammenarbeiten zu dürfen, der Exekutivdirektorin des UN Population Fund. Sie war eine der ersten Frauen, die den Kampf gegen die Genitalverstümmelung an Frauen aufnahm, indem sie das Problem auf der Internationalen Konferenz über Bevölkerung und Entwicklung 1994 in Kairo auf die Tagesordnung setzte. Ich werde demnächst nach Afrika reisen, um dort meine Geschichte zu erzählen und die Vereinten Nationen vor Ort zu unterstützen.

Über viertausend Jahre lang hat man in afrikanischen Kulturen Frauen verstümmelt. Viele sind der Ansicht, der Koran würde das vorschreiben, da dieser Brauch hauptsächlich in moslemischen Ländern verbreitet ist. Doch weder im Koran noch in der Bibel steht, daß die Beschneidung der Frau ein gottgefälliges Werk sei. Vielmehr wird diese Praktik schlicht von Männern unterstützt und gefordert, von unwissenden, egoistischen Männern, die sich damit ihr alleiniges Anrecht auf die sexuellen Dienste ihrer

Frauen sichern wollen. Deshalb verlangen sie, daß ihre Frauen beschnitten sind. Die Mütter fügen sich und lassen die eigenen Töchter beschneiden, aus Angst, diese könnten sonst keinen Ehemann finden. Denn eine Frau, die nicht beschnitten wurde, gilt als schmutzig und mannstoll und kann daher nicht verheiratet werden. In einer Nomadenkultur wie der, in der ich groß wurde, ist jedoch kein Platz für eine unverheiratete Frau. Deshalb betrachten es die Mütter als ihre Pflicht, ihren Töchtern möglichst gute Startchancen zu verschaffen, ähnlich wie Mütter in den Industrienationen es für nötig erachten, daß ihre Töchter eine gute Schule besuchen. Für die Verstümmelung von Millionen von Mädchen jedes Jahr gibt es keinen Grund – außer Unwissenheit und Aberglaube. Aber die Schmerzen, das Leid und die Todesfälle aufgrund von Beschneidungen sind mehr als genug Gründe, schnellstens damit aufzuhören.

Daß ich als Botschafterin für die Vereinten Nationen tätig sein darf, bedeutet für mich die Erfüllung eines Traumes, der so vermessen war, daß ich ihn mir kaum vorzustellen wagte. Obwohl ich schon als Kind das Gefühl hatte, mich von meiner Familie und den anderen Nomaden zu unterscheiden, hätte ich mir nie ausgemalt, daß ich einmal Sonderbotschafterin für eine Organisation werden würde, die es sich zur Aufgabe gemacht hat, die Probleme der Welt zu lösen. Die UNO erfüllt auf internationaler Ebene die Pflichten, die eine Mutter innerhalb ihrer Familie übernimmt: Sie spendet Trost und schenkt Sicherheit. Ich glaube, dieses Verhalten ist das einzige, was in meiner Vergangenheit auf meine zukünftige Rolle verwies: Als ich erst kurz in Amerika war, nannten mich meine Freunde oft Mama. Sie neckten mich damit, weil ich sie immer bemuttern und mich um alle kümmern wollte.

Viele dieser Freunde fürchten nun, daß mich religiöse Fanatiker umbringen könnten, wenn ich nach Afrika gehe. Immerhin kämpfe ich gegen ein Verbrechen, das viele Fundamentalisten als heiliges Ritual betrachten. Ich weiß, daß meine Arbeit gefährlich ist, und ich gebe zu, daß ich Angst habe – besonders deshalb, weil ich einen kleinen Jungen habe, um den ich mich kümmern muß. Doch mein Glaube sagt mir, daß ich stark sein muß, daß Allah mich aus gutem Grund auf diesen Weg geschickt hat. Er hat mir eine Aufgabe gestellt. Dies ist meine Mission. Und ich glaube daran, daß Allah schon lange, bevor ich geboren wurde, meinen Todestag bestimmt hat, daran ist also nichts mehr zu ändern. In der Zwischenzeit sollte ich die mir gebotene Chance nutzen, so wie ich es mein Leben lang getan habe.

18. Gedanken an Zuhause

Weil ich mich gegen die Genitalverstümmelung von Frauen engagiere, meinen manche Leute, ich würde meine Herkunft verleugnen. Das Gegenteil ist der Fall. Denn ich danke Gott jeden Tag, daß ich aus Afrika stamme. Wirklich jeden Tag. Ich bin sehr stolz, eine Somali zu sein, und stolz auf mein Land. Wahrscheinlich halten Menschen aus anderen Kulturkreisen das für eine sehr afrikanische Art des Denkens – grundlos stolz zu sein. Das wird, glaube ich, als »arrogant« bezeichnet.

Abgesehen von meiner Beschneidung würde ich mit niemandem auf der Welt meine Kindheit tauschen wollen. In New York, wo ich jetzt lebe, ist zwar überall vom Wert der Familie die Rede, doch ich habe hier kaum etwas davon entdeckt. Ich kenne keine einzige Familie, die so zusammenlebt, wie wir es taten, die gemeinsam singt, sich freut und lacht. Die Menschen hier leben vereinzelt, sie empfinden sich nicht als Angehörige einer Gemeinschaft.

Ein weiterer Vorzug, in Afrika groß zu werden, bestand darin, daß wir Teil der Natur, des unmittelbaren Lebens waren. Ich habe dieses Leben kennengelernt und war nicht abgeschirmt davon. Es war das wirkliche Leben, nicht irgendein künstlicher Ersatz aus dem Fernsehen, wo ich *anderen* Menschen dabei zusehe, wie sie ihr Leben leben. Vom ersten Atemzug an besaß ich den Instinkt, der zum Überleben notwendig ist. Und ich lernte die Freude ebenso schnell kennen wie den Schmerz. Ich merkte, daß Glücklichsein nicht an Besitz gebunden ist, weil ich nie etwas besaß, aber dennoch sehr glücklich war. Die schönste Zeit in meinem Leben war, als wir alle, meine Familie und ich, zusammen waren. Ich weiß noch, wie wir an manchen Abenden nach dem Essen um das Feuer saßen und über jede Kleinigkeit lachen konnten. Und wenn der Regen kam und das Leben neu geboren wurde, feierten wir das als Fest.

Als ich in Somalia aufwuchs, schätzten wir die einfachen Dinge des Lebens sehr hoch. Wir feierten den Regen, weil er bedeutete, daß wir Wasser hatten. Wen in New York kümmert schon das Wasser? Man läßt es einfach aus dem Hahn laufen, während man sich in der Küche mit etwas anderem beschäftigt. Es ist immer vorhanden, wenn man es braucht. Man muß nur an einem Griff drehen, und schon fließt es heraus. Erst wenn man etwas nicht hat, lernt man, es zu schätzen, und da wir überhaupt nichts hatten, schätzten wir alles hoch.

Meine Familie mußte jeden Tag darum kämpfen, genügend Nahrung aufzutreiben. Einen Sack Reis zu erstehen, bedeutete für uns ein riesiges Glück. Wer aus einem Land der Dritten Welt hierher, in die Vereinigten Staaten, kommt, kann nur staunen über die Menge und Vielfalt an Nahrungsmitteln. Wie traurig, daß hier so viele Menschen vor allem damit beschäftigt sind, möglichst *nicht* zu essen. Auf der einen Seite des Globus kämpfen wir darum, die Menschen mit Nahrung zu versorgen. Auf der anderen Seite zahlen Leute Geld dafür, daß sie abnehmen. Wenn ich Fernsehwerbung für Schlankmacher sehe, möchte ich am liebsten schreien: »Ihr wollt also abnehmen – dann geht doch nach Afrika! Wie wär's denn damit? Wie wäre es, abzunehmen, indem ihr anderen Menschen helft? Habt ihr darüber schon einmal nachgedacht? Ihr werdet euch dabei gut und als ganz neue Menschen fühlen. Ihr leistet damit gleich zweierlei. Und ich verspreche euch: Wenn ihr dann wieder zurückkehrt, habt ihr eine Menge gelernt. Euer Kopf wird sehr viel klarer sein als zuvor.«

Heute lerne ich wieder, den Wert der einfachen Dinge zu schätzen. Immer wieder begegne ich Menschen, die ein wunderschönes Haus oder sogar mehrere besitzen, dazu Autos, Jachten und Juwelen, aber nur an eines denken: noch mehr zu besitzen. Als würde ihnen das nächste Ding, das sie kaufen, endlich Glück und Zufriedenheit schenken. Ich brauche keinen Diamantring, um glücklich zu sein. Die Leute sagen: Das kannst du jetzt leicht behaupten, nachdem du es dir leisten kannst, alles zu kaufen, was du dir wünschst. Aber ich möchte gar nichts. Das wertvollste Gut im Leben – außer dem Leben selbst – ist die Gesundheit. Doch die Menschen ruinieren ihre kostbare Gesundheit, indem sie sich um Nichtigkeiten Sorgen machen: »Oh, hier kommt eine Rechnung, und noch eine, aus allen Ecken kommen Rechnungen ... wie soll ich das nur bezahlen?« Die Vereinigten Staaten sind das reichste Land der Erde, aber seine Bürger empfinden sich als arm.

Und noch knapper als Geld ist Zeit. Keiner hat Zeit. Überhaupt keine. »Geh mir aus dem Weg, Mann, ich hab's eilig!« Die Straßen sind voller Leute, die hin und her hetzen und hinter Gott weiß was herjagen.

Ich bin wirklich dankbar, daß ich beide Lebensformen kennenlernen durfte, den einfachen und den eiligen Weg. Aber ich wüßte nicht, ob ich ohne meine afrikanische Herkunft das einfache Leben genießen gelernt hätte. Meine Kindheit in Somalia hat meine Persönlichkeit geprägt und mich davor bewahrt, Banalitäten wie Erfolg und Ruhm – denen so viele Leute nachzujagen scheinen – allzu ernstzunehmen. Häufig werde ich gefragt: »Wie fühlt man sich, wenn man berühmt ist?« Dann muß ich immer lachen. Was bedeutet das, »berühmt« zu sein? Ich weiß es nicht. Ich weiß nur, daß meine Art zu denken afrikanisch ist, und daran wird sich nie etwas ändern.

Einer der größten Vorzüge des Lebens im Westen ist der hier herrschende Friede, doch ich bin nicht sicher, ob viele Leute tatsächlich begreifen, was für ein Segen er ist. Natürlich, es gibt Verbrechen, aber das ist nicht das gleiche wie ein Krieg, der um einen herum tobt. Ich bin dankbar, daß ich hier Schutz gefunden habe und mein Baby in Sicherheit großziehen kann, weil in Somalia seit 1991, als Siad Barre von Rebellen aus dem Amt gejagt wurde, ununterbrochen gekämpft wird. Seither streiten rivalisierende Stämme um die Macht, und niemand kann sagen, wie viele Menschen dabei schon ums Leben kamen. Mogadischu, die wunderbare Stadt mit ihren weißen

Gebäuden, die italienische Kolonialherren gebaut haben, ist zerstört. Fast jedes Bauwerk dort trägt die Spuren des seit sieben Jahren tobenden Krieges, die Häuser wurden bombardiert oder sind voller Einschußlöcher. In der Stadt zeigt sich nicht einmal mehr die Spur einer ordnenden Kraft – es gibt weder eine Regierung noch Polizei oder Schulen.

Mich bedrückt, daß meine Familie diesen Kämpfen nicht entfliehen konnte. Mein Onkel Wolde'ab, der Bruder meiner Mutter, der immer so fröhlich war und meiner Mutter so ähnelte, starb in Mogadischu. Er stand gerade am Fenster, als sein Haus unter Beschuß genommen wurde. Das ganze Gebäude wurde zerschossen, und eine Kugel flog durchs Fenster und tötete ihn.

Selbst die Nomaden sind jetzt von den Kämpfen betroffen. Als ich meinen jüngeren Bruder Ali in Äthiopien wiedersah, erfuhr ich, daß auch er angeschossen worden war und nur knapp mit dem Leben davonkam. Er war gerade allein mit seinen Kamelen unterwegs, als Wilderer ihm auflauerten und ihm in den Arm schossen. Ali stürzte zu Boden und stellte sich tot, und die Wilderer machten sich mit seiner ganzen Herde davon.

Als ich meine Mutter in Äthiopien wiedertraf, erzählte sie mir, daß sie einmal in ein Kreuzfeuer geriet und seither eine Kugel in ihrer Brust steckt. Meine Schwester hat sie ins Krankenhaus nach Saudi gebracht, aber dort meinten die Ärzte, sie sei zu alt für eine Operation. Ein Eingriff wäre zu gefährlich, sie würde ihn vielleicht nicht überleben. Doch als wir uns wiedersahen, sah sie stark aus wie ein Kamel. Sie war ganz meine Mama, zäh wie eh und je, und scherzte über ihre Schußverletzung. Als ich sie nämlich fragte, ob die Kugel immer noch in ihrem Körper sei, erwiderte sie: »Ja doch, ja, sie steckt noch in mir. Aber das kümmert mich nicht. Vielleicht habe ich sie inzwischen ja schon eingeschmolzen.«

Diese Stammeskriege sind ebenso wie die Beschneidungsprozedur ein Ausdruck für die Selbstsucht, den Eigendünkel und die Aggressivität der Männer. Ich sage das ungern, aber es ist wahr. Beides rührt daher, daß Männer zwanghaft an ihrem Territorium, ihren Besitztümern, festhalten; Frauen fallen kulturell und rechtlich gesehen ja ebenfalls in die Kategorie des Besitzes. Vielleicht sollten wir den Männern die Eier abschneiden, damit aus meinem Land ein Paradies wird. Die Männer würden ruhiger werden und sensibler mit ihrer Umwelt umgehen. Ohne diesen ständigen Ausstoß von Testosteron gäbe es keinen Krieg, kein Töten, kein Rauben, keine Vergewaltigungen. Und wenn wir ihnen ihre Weichteile abhackten und es ihnen dann freistellten, ob sie herumlaufen und verbluten oder überleben wollen, würden sie vielleicht endlich verstehen, was sie ihren Frauen antun.

Mein Ziel ist es, den Frauen in Afrika zu helfen. Ich möchte, daß sie stärker werden, nicht schwächer. Die Verstümmelung ihrer Genitalien schwächt sie körperlich und seelisch. Da Frauen aber das Rückgrat Afrikas sind und die meiste Arbeit verrichten, male ich mir gern aus, wieviel sie erreichen könnten, wenn man sie als Kinder unversehrt ließe und nicht für den Rest ihres Lebens verstümmelte.

Trotz meines Zorns darüber, was man mir angetan hat, gebe ich nicht meinen Eltern die Schuld daran. Ich liebe meine Mutter und meinen Vater. Meine Mutter hatte über meine Beschneidung nicht zu bestimmen, denn als Frau verfügt sie über keinerlei Mitspracherecht. Sie machte mit mir einfach das gleiche, was man mit ihr gemacht hatte und was vorher schon ihrer Mutter und wiederum deren Mutter widerfahren war. Und mein Vater hatte keinerlei Vorstellung von dem Leiden, das er mir damit zufügte; er wußte nur, daß in unserer somalischen Gesellschaft seine Tochter beschnitten sein mußte, wenn sie heiraten wollte, andernfalls hätte kein Mann sie haben wollen. Meine Eltern waren beide Opfer ihrer Erziehung, eingebunden in eine Kultur, die diese Praktiken seit Tausenden von Jahren unverändert fortführt. Doch ebenso wie wir heute wissen, daß man mit Impfungen Krankheiten vermeiden und dem Tod entrinnen kann, wissen wir, daß Frauen keine brünftigen Tiere sind und ihre Bindung an die Familie mit Vertrauen und Zuneigung erworben werden muß und nicht durch barbarische Riten. Es ist an der Zeit, mit der Tradition des Leidens zu brechen.

Ich weiß, daß Gott mir bei meiner Geburt einen vollkommenen Körper geschenkt hat. Dann aber deklarierte mich der Mann als seinen Besitz, raubte mir meine Kraft und ließ mich als Krüppel zurück. Meine Weiblichkeit wurde mir gestohlen. Wenn Gott die Teile meines Körpers, die mir heute fehlen, nicht gewollt hätte, warum hat er sie dann erschaffen?

Ich bete darum, daß eines Tages keine Frau mehr diese Qual erleiden muß. Sie soll zu etwas längst Vergangenem werden. Die Menschen sollen sagen: »Hast du schon gehört, die Genitalverstümmelung von Frauen ist in Somalia gesetzlich verboten und unter Strafe gestellt worden?« Und dann dasselbe auch im nächsten Land und im nächsten, und so weiter, bis die ganze Welt für alle Frauen sicher ist. Was für ein glücklicher Tag wird das sein – und darauf arbeite ich hin. *In'shallah*, so Gott will, wird dieser Tag kommen.

Beteiligen Sie sich am Kampf
gegen die Genitalverstümmelung von Frauen (FGM)

Die UNO hat einen Sonderfonds eingerichtet, um die Genitalverstümmelung von Frauen zu beenden. Die eingezahlten Gelder werden zur Förderung von Erziehungsprogrammen und weiterführenden Maßnahmen in dreiundzwanzig Ländern verwendet. Mehr über diese Programme erfahren Sie unter der Adresse:

The Campaign to Eliminate FGM
UNFPA (United Nations Population Fund)
220 E. 42nd Street
New York, NY 10017
USA
Telefon: 001-212-297 5011
Telefax: 001-212-557 6416
E-Mail: hq@unfpa.org

Für den Schutz in Deutschland lebender afrikanischer Mädchen und Frauen gegen die Genitalverstümmelung setzen sich u. a. die Organisationen *Terre des femmes* und *Intact* ein. Über die Initiativen der Organisationen in Deutschland und Afrika informieren Sie sich bitte unter folgender Anschrift:

TERRE DES FEMMES E.V.
Menschenrechte für die Frau
Konrad-Adenauer-Str. 40
72072 Tübingen
Telefon: 0 70 71-79 73-0
Telefax: 0 70 71-79 73-22

INTACT
Internationale Aktion gegen die Beschneidung
von Mädchen und Frauen
Johannisstraße 4
66111 Saarbrücken
Telefon/Telefax: 06 81-3 24 00